Routes et autoroutes
Autoroutes
Autoroutes en construction ou en projet
Routes Nationales
100
200 km
ALLE-
MAGNE
LUXEMBOURG
Meuse
Lorraine
Metz
Francfort
Nancy
Strasbourg
Rhin
Moselle
Vosges
Colmar
sançon
Jura
SUISSE
Berne
Genève
Lac Léman
Chamonix
Rhône
Alpes
Mont-Blanc
Milan
Turin
ITALIE
Turin
enoble
Gênes
MONACO
Nice
Antibes
rranée
Bastia
Corse
Ajaccio

Nord-
Pas-de-Calais
Lille
Haute-
Normandie
Rouen
Amiens
Picardie
Basse-
Normandie
Caen
Ile-
de-France
PARIS
Metz
Strasbourg
Alsace
Bretagne
Rennes
Pays-
de-la-Loire
Nantes
Poitiers
Poitou-
Charentes
Besançon
Comté
Limoges
Auvergne
Lyon
Rhône-Alpes
Bordeaux
Aquitaine
Midi - Pyrénées
Toulouse
Montpellier
Languedoc-
Roussillon
Provence-Alpes-
Côte-d'Azur
Marseille
Corse
Ajaccio
Régions
0
100
200 km

Chemins de fer
Lignes de TGV existantes
Lignes de TGV en construction ou en projet
Autres lignes de chemin de fer
GRANDE-
BRETAGNE
LONDRES
Tunnel
Calais
Amsterdam
Bruxelles
Cologne
Lille
BELGIQUE
ALLE-
MAGNE
LUXEMBOURG
Francfort
Cherbourg
Le Havre
Amiens
Rouen
Reims
Metz
Caen
PARIS
Nancy
Strasbourg
Brest
Rennes
Orléans
Angers
Nantes
Tours
Dijon
Besançon
Bâle
Zurich
SUISSE
Poitiers
La Rochelle
Genève
Limoges
Clermont-
Ferrand
Lyon
St-Etienne
Grenoble
Turin
ITALIE
Bordeaux
Gênes
Nice
Nîmes
Montpellier
Biarritz
Toulouse
Marseille
Toulon
Madrid
Perpignan
ESPAGNE
ANDORRE
Barcelone

Etudes Françaises

Découvertes 3

Série verte*

von

Monika Beutter, Esslingen; Roland Graef, Kempten; Dr. Detlev Kahl, Hamburg; Léo Koesten, Versailles; Dieter Kunert, Toulouse; Ulrike Kunert, Toulouse; Günter Leidinger, Blieskastel-Aßweiler; Wolfgang Spengler, Solingen; Anne-Marie Turbot, Arras

Weitere Mitarbeit:

Dr. Elke Arndt, Gernrode; Bernard Ginsbourger, Bremen; Dr. Alfred Göller, Stuttgart; Dr. Friedholt Heftrich, Freiburg; Uwe Heiligenthal, Urspringen; Walter Hornung, Münster; Roland Meister, Naunhof; Klaus Mengler, Buseck; Dr. Andreas Müller, Hannover; Prof. Dr. Heribert Rück, Biebertal

Begleitende Tonmaterialien zu diesem Band:

- 1 *Kassette für Schüler und Lehrer* mit Lektionstexten, Gedichten und Liedern, Klettnummer 523264.
- 1 *CD für Schüler und Lehrer* (identisch mit der Kassette für Schüler und Lehrer), Klettnummer 523268.
  Lieferung über den Buchhandel oder, wo dies auf Schwierigkeiten stößt, zuzüglich Portokosten per Nachnahme vom Verlag.
- 1 *Kassette für Lehrer* mit Hörverstehenstexten, Klettnummer 523265.
- 1 *CD für Lehrer* (identisch mit der Kassette für Lehrer), Klettnummer 523269.
  Lieferung ausschließlich direkt an Lehrerinnen und Lehrer, Schulstempel erforderlich.

* Von „Découvertes" gibt es auch eine „Série bleue" für Bundesländer mit abweichenden Lehrplänen. Nähere Informationen sind dem aktuellen Fachkatalog Französisch des Ernst Klett Verlages zu entnehmen.

1. Auflage € A 1 17 16 15 14 13 | 2009 2008 2007 2006 2005

Alle Drucke dieser Auflage können im Unterricht nebeneinander benutzt werden, sie sind untereinander unverändert.
Die letzte Zahl bezeichnet das Jahr dieses Druckes.
Ab dem Druck 2002 ist diese Auflage auf die Währung EURO umgestellt.

Internetadresse: http://www.klett-verlag.de

Redaktion: Hélène Gukelberger-Limpaler, Dr. Rudolf Hildebrandt

Umschlaggestaltung: Christian Dekelver, Weinstadt
Zeichnungen: Gilles Bonotaux, Paris
Kartographie: Joachim Krüger, Korntal: Vorsatz vorne; OCCE, Paris: Vorsatz hinten
Typographische Gestaltung: Eveline Wiest, Stuttgart
Satz: Lihs GmbH, Medienhaus, Ludwigsburg
Reproduktionen: Repro-Maurer, Tübingen
Druck: Druckerei Appl, Wemding
ISBN 3-12-523260-0

9 783125 232600

Katharina Rossa
9Fz Koch

Découvertes 3

Série verte

für den schulischen
Französischunterricht

von
Monika Beutter
Roland Graef
Detlev Kahl
Léo Koesten
Dieter Kunert
Ulrike Kunert
Günter Leidinger
Wolfgang Spengler
Anne-Marie Turbot

ERNST KLETT VERLAG
Stuttgart Düsseldorf Leipzig

INHALTSVERZEICHNIS

W = Wiederholung
* Wurde das *Plus-que-parfait* bereits eingeführt, dienen die entsprechenden Übungen der Wiederholung.
** Der Hörtext zu Lektion 2 A ist auf S. XX abgedruckt.

* Der Hörtext zu Lektion 4 A ist auf S. XX abgedruckt.

* Der Hörtext zu Lektion 7 A ist auf S. XX abgedruckt.

* Die Texte zu den Hörverstehensaufgaben des En plus-Teils sind auf der Lehrerkassette (Klettnummer 523265), auf der Lehrer-CD (Klettnummer 523269) und im Lehrerbuch (Klettnummer 523263) zu finden.

⟨ ⟩ Alle Stücke in Winkelklammern sind fakultativ.

Liebe Schülerinnen, liebe Schüler,

hier einige Hinweise, damit ihr euch rasch im dritten Band von **Découvertes** zurechtfindet.

Am Anfang des **Lektionstextes** weist in der Regel das Symbol darauf hin, dass der Text auf der **Schülerkassette** und auf der **Schüler-CD** zu hören ist.

Jeder Textteil wird von vielfältigen **Übungen** begleitet. In der Überschrift einer Übung findet ihr oft einen Hinweis auf die Paragraphen (= §§) des **Grammatischen Beihefts**.

Aufgaben mit dem Symbol solltet ihr möglichst auch **schriftlich** in eurem Heft machen.

Übungen mit dem Symbol können gegebenenfalls ausgelassen werden, ohne dass damit etwas Wichtiges versäumt würde.

Zwischen den Lektionen oder auch zwischen den einzelnen Lektionsteilen findet ihr häufig die Seite **D'un texte à l'autre**. Hier werden nützliche Lerntipps („Stratégies“) gegeben oder es wird der folgende Text vorbereitet.

Nach den Lektionen 1–8 steht der **En plus-Teil**. Zuerst gibt es wieder unter der Überschrift **Ecouter et comprendre** Aufgaben zum **Hören**. Die Texte hierzu befinden sich auf der Lehrerkassette und auf der Lehrer-CD, die jedoch nur eurer Lehrerin/eurem Lehrer zur Verfügung stehen (Symbol).

Dann folgen unter der Überschrift **Zoom sur la grammaire zusätzliche Übungen zur Grammatik**. Um diese Übungen zu machen, braucht ihr nicht zu warten, bis ihr das Buch ganz durchgenommen habt. Vielmehr beziehen sie sich auf die jeweils genannte Lektion. Wenn ihr sie selbstständig durchnehmen wollt, helfen euch die Hinweise auf die Paragraphen und die „Révisions“ im Grammatischen Beiheft. Diese Hinweise findet ihr in der Überschrift der Übung.

Im Anschluss an den En plus-Teil folgen das **Vokabular** und die **Liste des mots**. Diese Wortliste umfasst die **Wörter der Bände 1–3** mit der deutschen Übersetzung.

LEÇON 1

Les lettres de mon petit frère

a ☞ ***A vous.***

Les vacances en famille: sympa? pas sympa?

Qu'est-ce qui vous plaît? Qu'est-ce qui ne vous plaît pas?

b C'est l'été. Une famille française passe ses vacances au bord de la mer, en Bretagne. Il y a le père, la mère et trois de leurs enfants: les deux petits, Antoine et Sylvie, et un garçon de treize ans. Le garçon – on ne connaît pas son prénom – écrit des lettres à son grand frère Christophe, qui est parti en Italie avec un ami. Dans ses lettres, le petit frère raconte au grand frère comment les journées se passent dans la maison au bord de la mer.
Normalement, quand on écrit pendant les vacances, on dit qu'il fait beau et que tout va très bien. Mais les lettres que Christophe reçoit de son petit frère disent la vérité: il pleut sans arrêt et tout va plutôt mal.
Et puis, dans le roman de Chris Donner «Les lettres de mon petit frère», les parents ne sont pas toujours très raisonnables, très prudents, comme vous allez le voir dans cette cinquième lettre.

Lisez toute l'histoire une première fois. Les annotations▽ en bas▽ des pages vont vous aider à comprendre. (Ne regardez pas dans le «Vocabulaire».)
Puis, faites l'exercice 1, page 12.

CINQUIÈME LETTRE

Cher Christophe,

Hier, on était bien tranquilles[1], on regardait la pluie tomber, il n'y avait personne sur la plage. Maman préparait la salade de crabe[2] et ça commençait à sentir le gâteau dans toute la maison.

Tout à coup, papa a arrêté de chanter sa chanson de marin[3] et il a dit:

– Viens. Nous partons en mer.

On a mis nos cirés[4] jaunes, nos gilets de sauvetage[5], et on a poussé le bateau ensemble jusqu'à la plage. La mer était haute, grise, avec des vagues toutes blanches au loin. Il pleuvait sans arrêt et on a hissé les voiles[6] dans le vent, sous la pluie.

Je me disais: maman va venir; au dernier moment, elle va sûrement nous empêcher[7] d'y aller. Mais non, elle nous regardait par la fenêtre, et c'est tout.

Quand on a hissé la grand-voile, le bateau s'est presque couché sur le sable[8]. Papa a commencé à me crier après comme d'habitude quand quelque chose ne va pas. Il a poussé le bateau dans l'eau, et il a crié:

– Allez, moussaillon[9], monte!

Et maman nous a regardés partir sans faire un geste.

Vocabulaire: 1. **tranquille:** ruhig; 2. **un crabe:** ein Krebs; 3. **un marin:** ein Seemann; 4. **un ciré:** eine Seglerjacke; 5. **un gilet de sauvetage:** eine Schwimmweste; 6. **une voile:** ein Segel; 7. **empêcher qn de faire qc:** ne pas laisser qn faire qc; 8. **le sable:** der Sand; 9. **un moussaillon** *(fam.)*: ein kleiner Schiffsjunge

On a quitté la plage. Cinq minutes après, le bateau était comme une piscine[1]. Du vent, de la pluie, et encore du vent, et encore de la pluie. L'eau montait rapidement[2] dans le bateau, mais papa, lui, était content. Il chantait ses chansons de marin: «Houé, houé, houé, olé houé!» Il était dingue[3], complètement dingue.

A un moment, je me suis retourné: on ne voyait plus la côte. Je lui ai demandé:

– Est-ce que tu sais où on va, papa?

Il s'est mis à rigoler.

– On est à moins de deux milles[4] des côtes et tu as déjà peur? Alors, moussaillon, un peu de courage!

Ce n'était pas encore vraiment la tempête, le vent n'était pas très, très fort, mais il arrivait avec des paquets d'eau qui nous coupaient la respiration[5]. A chaque fois qu'on sortait d'une de ces douches, papa éclatait de rire[6] et se remettait à chanter.

A un moment, j'ai crié:

– Là, papa, à tribord[7], le phare[8] de Kerven!

Le phare, je l'avais vu hier matin sur la carte que tu avais donnée à papa avant de partir: je l'ai tout de suite reconnu. Quand on passe tout près de ce phare, ça veut dire qu'on est à quatorze milles des côtes et qu'on dérive[9] vers le sud.

– Faut rentrer, j'ai dit à papa. Faut rentrer immédiatement!

Quand papa a reconnu le phare de Kerven, il a ouvert de grands yeux. J'ai bien vu qu'il ne s'y attendait pas du tout. Pourtant, il a continué à jouer les vieux loups de mer[10].

– Allez, moussaillon! De quoi as-tu peur? Tu veux rentrer? Eh bien, tiens, prends donc la barre[11] et ramène-nous à bon port[12].

un phare sur la côte bretonne

Vocabulaire: 1. **une piscine:** ein Schwimmbad; 2. **rapidement:** vite; 3. **dingue** *(fam.)*: übergeschnappt *(ugs.)*; 4. **un mille:** eine Seemeile (= 1852 Meter); 5. **couper la respiration:** den Atem nehmen; 6. **éclater de rire:** in Lachen ausbrechen; 7. **à tribord:** steuerbord; 8. **un phare:** ein Leuchtturm; 9. **dériver:** abtreiben, abdriften; 10. **un (vieux) loup de mer:** ein (alter) Seebär; 11. **la barre:** das Ruder *(zum Steuern)*; 12. **ramener à bon port:** heil nach Hause bringen

1

J'ai tout de suite crié: «Non! Je ne veux pas!» Mais il avait déjà lâché[1] la barre et s'était levé pour venir s'installer à ma place. La grand-voile commençait à flotter. Alors, j'ai pris la barre parce que je ne pouvais pas faire autrement. Papa, qui riait de me voir vert de peur, a dit:
– Allez, moussaillon! Montre-nous que tu es bon marin.
J'ai crié: «A tribord!» Et j'ai poussé la barre à tribord. Complètement surpris par cette manœuvre, papa s'est levé et a dit:
– Mais non, idiot! Pas sur tribord, tu vas nous mettre dans les rochers[2].

Mais il m'a dit ça trop tard. La grand-voile avait déjà pris son élan[3], elle lui est arrivée par derrière et vlan, elle a jeté[4] papa à la mer. Tu m'avais appris quoi faire dans ces cas-là et je m'en suis souvenu[5]: il faut toujours tourner à côté de l'homme qui est à la mer et non autour de lui, parce que le bateau fait des remous[6] qui empêchent l'homme de venir près du bateau.
J'ai fait exactement ça. Mais papa, quand il a vu le bateau partir, a cru encore une fois que je faisais une fausse manœuvre. Il s'est dit: «Il m'abandonne[7] dans l'eau.»
Il était si paniqué que je ne pouvais pas lui parler, lui expliquer, lui donner les consignes[8]. Il n'entendait rien et ne faisait que gesticuler dans l'eau; il hurlait sans arrêt: «Idiot!»
J'avais pourtant réussi à faire tourner le bateau gentiment, et au cinquième ou au sixième tour, papa a pu prendre la corde[9] que je lui avais lancée[10]. Mais je ne sais pas pourquoi, quand il est arrivé près du bateau, il s'est accroché[11] à la grand-voile de tout son poids[12]. Le bateau s'est retourné et on s'est retrouvés ensemble en pleine mer.
C'est fini: je ne veux plus jamais monter en bateau avec papa.

Vocabulaire: 1. **lâcher:** loslassen; 2. **un rocher:** ein Fels; 3. **prendre son élan:** Schwung bekommen; 4. **jeter:** werfen; 5. **se souvenir de qc:** sich an etwas erinnern; 6. **faire des remous:** *hier:* Wellen machen; 7. **abandonner:** verlassen/im Stich lassen; 8. **une consigne:** eine Anweisung; 9. **une corde:** ein Seil; 10. **lancer:** jeter; 11. **s'accrocher à qc:** sich an etwas klammern; 12. **le poids:** das Gewicht

Heureusement[1], on était près du phare. Le gardien nous a vus et il a tout de suite appelé les secours qui ont été là très rapidement. Les garde-côtes[2] nous ont fait monter dans leur bateau. Ils nous ont enveloppés dans des serviettes et dans des couvertures, et ils nous ont servi du thé sucré et des petits gâteaux. Un garde-côte a relevé notre bateau, sans problème, et il est parti dessus en direction de la plage.

Maintenant, papa est couché dans sa chambre avec 39 de fièvre. Le docteur lui a donné toutes sortes de médicaments. Maman en prend aussi, pour dormir. Elle ne va pas bien. Elle a une peur rétrospective[3]: c'est bien plus grave qu'une peur normale, beaucoup plus long à passer. Je dois donc m'occuper d'Antoine, le faire manger et tout ça. Il s'est remis à faire pipi dans sa culotte[4]. Je t'envoie aussi un os[5] de seiche[6] que Sylvie a trouvé sur la plage après la tempête. Elle a gravé avec son couteau:
AU SECOURS!
Mais je ne sais pas comment tu pourrais nous aider.
Salut!

D'après Chris Donner, «Les lettres de mon petit frère»

Vocabulaire: 1. **heureusement:** glücklicherweise; 2. **un garde-côte/des garde-côtes:** *hier:* Küstenwächter; 3. **rétrospectif, -ive:** nachträglich; 4. **une culotte:** eine Unterhose; 5. **un os** [ɛ̃nɔs]/**des os** [dezo]: ein Knochen/Knochen; 6. **une seiche:** ein Tintenfisch

EXERCICES

1 A propos du texte

a Une des trois phrases suivantes▽ résume▽ le texte.
Trouvez cette phrase et expliquez pourquoi les autres phrases ne résument pas le texte.

1. Dans ce texte, l'auteur▽ décrit le métier des garde-côtes.
2. Dans cette lettre, il est question d'un accident qui se passe dans une maison au bord de la mer.
3. La cinquième lettre raconte un accident en mer devant les côtes de Bretagne.

b

RAPPEL
Stratégies

Comprendre le vocabulaire

Quand vous lisez un texte, il y a souvent des mots que vous ne connaissez pas, mais que vous comprenez quand même.

Ce sont des mots
- qui ressemblent à l'allemand,
- qui ressemblent à l'anglais,
- qui ressemblent à d'autres mots français que vous connaissez,
- qui s'expliquent par le contexte▽ (= les autres mots de la phrase).

Relisez le texte de la leçon. Expliquez pourquoi vous comprenez

- on a hissé les voiles ... (page 8, ligne 10),
- un peu de courage (page 9, ligne 11),
- on regardait la pluie tomber (page 8, ligne 1),
- tu pourrais nous aider (page 11, ligne 19).

Mais attention! Regardez la traduction▽ du mot «crabe» (page 8, ligne 2) et expliquez pourquoi on appelle cette sorte de mot un «faux ami».

c Voilà un titre pour chaque partie du texte:

Les garde-côtes
Des malades à la maison
Premières peurs
Le départ en mer
Un homme à la mer
Le phare de Kerven
Une famille bien tranquille
La fausse manœuvre

Mettez les titres dans le bon ordre et dites de quelle ligne à quelle ligne va la première partie, la deuxième partie, etc.

▽ Wörter mit diesem Zeichen sind in der Übung neu. Sie werden im Vokabelverzeichnis erklärt.

2 Votre avis

☞ **A vous.**

Le père et son fils ont vécu une situation dangereuse. A qui la faute?
Donnez votre avis.
(Pour préparer l'exercice, vous pouvez travailler à deux ou en groupes. Chaque groupe cherche des arguments pour dire que c'est la faute du père, de la mère ou du fils.)

RAPPEL
On dit… *Donner son avis*

Je trouve que…
A mon avis,…
Je pense que…
Je crois que…

Je (ne) suis (pas)	d'accord (avec…)
	de ton avis.
	de l'avis de…

Tu (n') as (pas) raison.

3 Comment former▽ les adverbes en «-ment». (§ 1)

a *Regardez ces quatre groupes d'adjectifs.*

1er groupe	2e groupe	3e groupe	4e groupe
complet/complète	rapide/rapide	vrai/vraie	gentil/gentille
exact/exacte	autre/autre		

Relisez le texte. Trouvez les adverbes en ***-ment*** *qui correspondent▽ à ces adjectifs. (Vous pouvez travailler à deux ou en groupes.) Notez les adjectifs et les adverbes.*

b 

Regardez les adjectifs et les adverbes.

Expliquez la formation▽ des adverbes en -ment.

c *Formez les adverbes et employez-les dans une phrase.*

facile, sûr, joli
heureux, tranquille

4 Le bateau (§ 2)

Adjectif ou adverbe? Complétez.

Au bord de la mer. Un homme et une femme regardent ~ un bateau.	*long*
Elle: Tu veux ~ acheter ce ~ bateau?	*vrai, vieux*
Lui: Mais oui. Je suis ~ que je vais pouvoir le réparer.	*sûr*
Elle: Tu es ~ ~, chéri.	*complet, fou*
Lui: D'abord, je vais le réparer ~.	*provisoire*
Elle: Toi et ta façon ~ de réparer! Hi, hi, hi! Je connais ça!	*provisoire*
Lui: Je te parle ~, et toi, tu ris! Tu n'es pas ~!	*sérieux, sympa*
Elle: Mais non, tu sais que je suis toujours ~ avec toi!	*gentil*
Lui: Ecoute, j'ai envie de téléphoner ~ au propriétaire. Si je	*immédiat*
travaille ~, nous allons faire notre premier tour en bateau	*bon* ⚠
la semaine ~.	*prochain*
Elle: Mais parle-lui ~ pour avoir un ~ prix.	*gentil, bon*

5 Au bord de la mer *(§ 3)*

Mettez les adverbes à leur place dans la phrase.
(Dans quelle phrase y a-t-il deux possibilités▽?)

Exemple: M. Blanchard ~ passe ~ ses vacances au bord de la mer. *(toujours)*
M. Blanchard passe **toujours** ses vacances au bord de la mer.

1. Il ~ aime ~ les promenades. *(beaucoup)*
2. ~ Il rentre à son hôtel ~ avec le petit Clément. *(aujourd'hui)*
3. Il va ~ parler à la mère du garçon ~. *(tout de suite)*
4. Il lui dit: «Voilà votre fils, madame. Lui aussi, il aime ~ les promenades ~.» *(beaucoup)*
5. «Merci, monsieur. Je ~ l'ai ~ cherché partout. *(déjà)* Où est-ce que vous l'avez trouvé?»
6. «Près du phare, madame. Vous savez, je ~ vais ~ jusqu'au phare. *(souvent)*
7. Le gardien me ~ connaît ~ bien. *(déjà)*
8. Quand je ~ vais ~ *(là-bas)*, je ~ bavarde ~ avec lui. *(toujours)*
9. Mais comme il faisait ~ mauvais ~ *(aujourd'hui)*, je me suis ~ arrêté ~. *(avant)*
10. Et là, j'ai vu votre fils qui ~ jouait ~ avec des crabes. *(tranquillement)*
11. Je lui ai ~ dit ~: *(immédiatement)*
12. Tu es seul? Tes parents vont te ~ chercher ~. *(partout)*
13. Viens. On va ~ rentrer ~. *(ensemble)* Et nous voilà.»

6 Dialogues

Imparfait ou passé composé? Choisissez le verbe qu'il faut et complétez le texte.

1. *boire/donner/entrer/voir*

- Tu sais qui je ~ ce matin?
- Non.
- Je ~ un verre au café-tabac quand Sylvie ~ avec des béquilles. Ça me ~ un choc!

2. *écouter/faire/faire/téléphoner*

- Qu'est-ce que tu ~ hier soir?
- D'abord, je ~ à une copine. Puis, je ~ mes devoirs. Ensuite, je ~ le «Top 50»!

3. *avoir/aller/sortir/être*

- Tu ~ souvent le soir quand tu ~ jeune, grand-père?
- Oui. Comme il n'y ~ pas la télé, on ~ souvent au cinéma avec des copains.

4. *marcher/passer/avoir/manger/être*

- Tu ~ tes vacances de Noël chez les Pennec?
- Oui. C' ~ bien, mais ils ~ une mauvaise habitude: pendant qu'ils ~, la télé ~ sans arrêt.

7 *C'est le week-end.* (§ 4)

a C'est le week-end. Que font les élèves de la 3^{e}B?
Employez le présent et le passé composé. Exemple:

Samedi matin, Nicole *(offrir)* → **offre** des fleurs à sa mère pour son anniversaire.

Elle *(se lever)* → **s'est levée** à 7 heures pour aller en acheter au marché.

1. Patrick et ses parents *(aller)* au théâtre▽. Mais on *(ne pas les laisser)* entrer: Son père *(oublier)* les billets à la maison.
2. Samedi soir, Cathy et Isabelle *(arriver)* à la maison vers minuit: Après le cinéma, elles *(bavarder)* longuement et elles *(rater)* le bus.
3. Dimanche matin, les grands-parents de Martin *(ne pas venir)*. Cela *(surprendre)* tout le monde. Les parents de Martin les *(inviter)* et Martin *(aider)* à préparer un bon repas.

b Lundi matin, les élèves racontent leur week-end. *Prenez les rôles de Nicole, Patrick, Cathy et Martin. Employez le passé composé et le plus-que-parfait.*
Exemple:
Nicole: J'ai offert des fleurs à ma mère pour son anniversaire. Je **m'étais levée** …

8 *Encore 200 mètres …* (§ 4)

a *Lisez le texte.*

Samedi 23 août, au refuge du Goûter▽ (3817 m). Il fait très froid, ce matin. Et quand Jean-Pierre et Florent se lèvent, il fait encore nuit. Ils n'ont pas bien dormi à cette altitude. Ils sont venus de Chamonix▽ hier. Aujourd'hui, ils veulent monter au Mont-Blanc et demain, ils doivent rentrer à Chamonix. Au petit déjeuner, le gardien du refuge leur dit de faire bien attention au mauvais temps. A 5 heures, ils partent. Il fait beau, mais tout à coup, vers 8 heures, le vent devient très fort. Jean-Pierre et Florent voient arriver beaucoup de nuages. Il y a encore 200 mètres jusqu'au sommet▽.

devant le refuge du Goûter

b *Racontez au passé*▽. *(Employez le passé composé, l'imparfait et le plus-que-parfait.)*

hier → la veille▽
aujourd'hui → ce jour-là
demain → le lendemain
ce matin → ce matin-là

c ☞ **A vous.**
Imaginez une fin à cette histoire. Vous pouvez travailler à deux ou en groupes.

Stratégies

Faire un résumé

Voilà quelques règles pour vous aider:

1. Employez toujours le présent.
2. Evitez le discours direct.
3. Dites dans la première phrase de quoi le texte parle.
4. Ensuite, résumez chaque partie. Gardez l'ordre du texte.
5. Choisissez seulement les informations importantes.
   Vous pouvez faire un tableau, comme dans ***b***.

Maintenant, résumez le texte de la première leçon.

a Trouvez la première phrase du résumé.
(Dites de quoi le texte parle.)

b Voilà le tableau des trois premières parties du texte et le résumé qui correspond à ces parties.
Continuez le tableau et le résumé pour les autres parties du texte.
(Regardez l'exercice 1 c, page 12.)

Partie	Quand?	Où?	Qui?	Quoi?	Pourquoi?
①	un jour de pluie	à la maison	toute la famille	passer des moments tranquilles	———
②	tout à coup	———	le père	– avoir l'idée de faire de la voile avec son fils – partir ensemble	———
③	———	en mer	le fils	avoir peur	– faire très mauvais temps – il y a de l'eau dans le bateau

C'est un jour de pluie. Toute la famille reste à la maison et passe des moments tranquilles.
Tout à coup, le père a l'idée de faire de la voile avec son fils.
Ils préparent le bateau et partent ensemble.
Quand ils sont en mer, le fils commence à avoir peur: il fait très mauvais temps et il y a de l'eau dans le bateau.

LEÇON 2

A On prépare l'échange.

Aujourd'hui, la classe de Lisa Jäger, la 9a d'une école près de Brême, attend le professeur de français encore moins calmement que d'habitude. Pourquoi? Parce que les élèves de la 3ᵉB du collège Germinal d'Arras – avec qui Lisa et ses camarades vont faire un échange au mois d'octobre – viennent d'envoyer une photo de classe et une cassette pour faire connaissance le plus rapidement possible.
Le professeur de français de la 9a, monsieur Walser, a promis hier à ses élèves d'apporter la photo et la cassette. Ils sont curieux de voir et d'entendre leurs futurs correspondants.
Alors, quand monsieur Walser montre la photo, toute la classe est très énervée.
Eh bien, la voici, cette photo: des visages, des sourires, des noms qu'on va bientôt connaître, et l'envie de se voir très vite! «Qui est qui?» Voilà la question qu'on se pose.
On rêve, on imagine, et tout le monde pense que le mieux, c'est d'écouter la cassette tout de suite.

☞ *Le texte se trouve sur votre cassette/sur votre CD.*
On va vous demander de l'écouter (page 18).
Mais d'abord, lisez les Stratégies.

RAPPEL
Stratégies

Ecouter et comprendre

Pour comprendre un texte que vous écoutez pour la première fois, voici quelques conseils qui peuvent vous aider:

1. *Avant l'écoute:*
   Savez-vous déjà quelque chose sur le texte que vous allez écouter? En connaissez-vous par exemple le titre? Ces informations vont déjà vous donner une idée du texte et vous en faciliter la compréhension.
2. Ecoutez bien le texte et essayez de comprendre de quoi il parle. Ne vous arrêtez pas aux mots que vous ne comprenez pas tout de suite.
3. Ecoutez le texte encore une fois et notez les mots importants. Surtout, n'écrivez pas de phrases complètes!
4. Et si vous voulez en faire plus:
   - Ecoutez souvent les cassettes/les CD de *Découvertes.*
   - Ecoutez aussi – à la radio ou à la télévision – les émissions en français pour jeunes. Ça va vous aider à mieux comprendre les nouveaux textes.

2

a *Avant l'écoute:* Les élèves d'Arras se présentent▽.
De quoi vont-ils parler à votre avis? Faites une liste des thèmes▽ possibles.
b *Maintenant, écoutez tout le texte une première fois.*
Combien d'élèves se présentent? Comment s'appellent-ils?
c *Ecoutez chaque élève une deuxième fois.*
Parlent-ils des thèmes que vous avez sur votre liste?
d *Ecoutez chaque élève une troisième fois. Prenez des notes.*
Que savez-vous maintenant sur ces trois correspondants français?

A EXERCICES

1 Des questions à poser *(§ 5)*

moins / plus / aussi … que
mieux / moins bien que
le moins / le plus (… de)
le mieux / le moins bien (de)

Voici des questions que les correspondants français ont posées dans leurs lettres.

a *Complétez les questions.*

1. Trouves-tu que le français s'apprend ~ que l'anglais ou ~? — *facilement*
2. Trouves-tu que Patrick Bruel chante ~ que Gilles Floret ou ~? — *bien*
3. Lis-tu ~ ou regardes-tu ~ la télé? — *souvent*
4. C'est le lundi matin que je travaille ~. Et toi? — *bien*
5. C'est le dimanche que je dors ~. Et toi? — *tard*

b ☞ **A vous.** *Maintenant, faites un dialogue.*
Une/Un élève pose les questions, sa voisine/son voisin y répond.

2 ☞ A vous de vous présenter.

RAPPEL
a **On dit …**

Se présenter

Je m'appelle …
J'ai eu/Je vais avoir … ans au mois de …
Je fais 1 mètre …
J'ai les yeux … et les cheveux …
Je porte souvent …
Le … est ma couleur préférée.
Mes hobbys/Mes passions sont …
Je n'aime pas …
Je veux devenir …
…

b *Présentez-vous comme les élèves français l'ont fait sur la cassette. Prenez une feuille▽ de papier. Mais attention! Ne mettez pas votre nom parce que votre professeur va prendre toutes les feuilles et les redistribuer▽. Vous allez lire alors devant tout le monde la feuille d'un(e) de vos camarades. A eux de deviner qui c'est.*

c *Votre classe fait un échange. Préparez une cassette ou une cassette vidéo▽ que vous allez envoyer en France.*

3 L'arrivée à Arras

1 Lundi 17 octobre. Les élèves de la 9a se trouvent dans le car qui les conduit à Arras. Le voyage vers la France est bien long: plus de huit heures! Lisa a essayé de relire son carnet de vocabulaire, mais les autres font trop de bruit, surtout Florian, qui est assis à côté d'elle et fait le clown …

Enfin, ils arrivent à Arras. Les familles d'accueil les attendent devant le collège Germinal. Florian est curieux de voir Olivier, son correspondant, mais Lisa a un peu peur. Elle est fatiguée et se dit qu'elle sait encore moins de français que d'habitude. Pour parler avec Charlotte, sa «corres», elle va avoir besoin du dictionnaire toutes les deux minutes … Zut! Il est dans la valise.

Ça y est, on descend. Lisa reconnaît Charlotte d'après la photo qu'elle lui a envoyée et va vers elle. Charlotte et sa mère lui font la bise.

Dans la voiture, madame Rybou lui parle gentiment, et elle lui pose des questions. Lisa ne comprend presque rien, mais elle essaie de deviner et de répondre pour être polie: «Oui, madame … Non, madame … Très bien, madame …» En même temps, Mme Rybou lui montre la ville, ses places immenses …

La voiture s'arrête enfin devant l'immeuble où la famille Rybou habite. Monsieur Rybou, Anthony et Benjamin à ses côtés, ouvre la porte.

– Bonjour, Lisa! Tu as fait bon voyage? Oui? Nous sommes heureux de te recevoir. Je peux te tutoyer, n'est-ce pas?

Et Mme Rybou ajoute:

– Tu as sûrement besoin de te reposer, non? Charlotte va te montrer ta chambre.

Arras: la Grand' Place

2

2 – Vous venez dîner, les filles? Le repas est prêt, dit Mme Rybou. Comme entrée, il y a une quiche. J'espère que ça va te plaire, Lisa.

– Oh oui! J'adore les choses nouvelles. Oh, c'est … délicat …

– Tu veux dire «délicieux»? En veux-tu plus?

– Non, merci beaucoup.

Quelques minutes plus tard, Mme Rybou apporte la viande. Lisa est très gênée: la viande est encore rouge et il y a du sang dans le plat … Comment va-t-elle faire? Ah oui! Le chien, Poker le cocker, il est tout près de sa chaise. Il va peut-être la sauver … ou Clafoutis, le chat … Mais ça ne se fait pas! Mme Rybou la regarde.

– Qu'est-ce qu'il y a, Lisa?

– Rien, madame. Je n'ai plus faim. En Allemagne, le soir, on ne mange pas autant qu'ici.

– Mais tu n'as presque rien mangé!

– Euh … C'est la viande, madame …

– Elle n'est peut-être pas assez cuite?

– Oui, je crois … Excusez-moi!

– Eh bien, je vais la recuire un peu, ce n'est pas grave.

3 Après le dessert, Lisa peut enfin quitter la table. C'est elle qui a pris le moins de gâteau. Pourtant, elle n'en peut plus, elle a l'impression d'éclater … Et il est déjà si tard qu'elle et Charlotte vont tout de suite se coucher.

Sur son lit, elle découvre une sorte de grosse saucisse en tissu. Surprise, elle demande à Charlotte:

– Qu'est-ce que c'est?

– C'est un traversin. Tu ne connais pas? Mais tu préfères peut-être un oreiller?

– Oh oui!

– Je vais t'en chercher un. Et autrement, tu n'as besoin de rien pour cette nuit?

– Non, merci.

Et Lisa n'ose pas dire à Charlotte qu'il manque aussi une couette dans son lit …

3 EXERCICES

1 A propos du texte

Qui dit ou pense quoi à quel moment?

Exemple:

1. Erst drei Stunden Fahrt vorbei!

C'est Lisa qui pense ça dans le car qui va à Arras.

2. Et voilà la Grand' Place.

C'est Madame Rybou qui dit ça quand elle montre la ville à Lisa.

3. Le voyage s'est bien passé?
4. Hoffentlich ist bald Schluss. Essen und Französisch reden, das halte ich nicht mehr aus.
5. C'est toi, Florian?
6. Charlotte? Salut. Bonjour, madame.
7. Und womit soll ich mich zudecken?
8. Hmm! Qu'est-ce que ça sent bon▽! On va se mettre près de l'invitée. Elle va peut-être nous donner quelque chose.
9. Quelle jolie chambre!
10. Ich bin mal gespannt, ob Olivier wirklich so aussieht wie auf dem Foto.

2 De quoi a-t-on besoin? *(§ 6)*

Exemple: Pour écrire une lettre, j'ai besoin **de mon** stylo,
d'une feuille de papier et
d'idées.

a

1. faire cet exercice	(ton aide)
2. partir en vacances	(argent)
3. mettre la table	(assiettes et verres)
4. aller à la piscine	(vélo de mon frère)
5. faire un voyage en France	(mon oreiller)

b

1. Vous partez seul(e) sur une île où il n'y a personne.
   De quoi (n') avez-vous (pas) besoin?
2. Quelles sont les choses les plus/les moins importantes?
   Comparez et discutez.

3 ☞ A vous. Comparez les emplois du temps▽ *(§ 7)*

Voici l'emploi du temps de Claire Roche,
une élève de la 3e A du collège Germinal:

EMPLOI DU TEMPS **NOM** Claire Roche **CLASSE** 3e A

HEURES	LUNDI	MARDI	MERCREDI	JEUDI	VENDREDI	SAMEDI
8 h 15 9 h 10	maths	latin	dessin	EPS	allemand	sciences naturelles
9 h 15 10 h 10	permanence	anglais	géographie		maths	
10 h 20 11 h 15	anglais	français	maths	anglais	musique	français
11 h 20 12 h 15	EPS			club	histoire	
14 h 14 h 55	latin	technologie		maths	histoire	
15 h 05 16 h	allemand	sciences physiques			français	
16 h 05 17 h	éducation civique			latin		

Vocabulaire:
EPS = l'éducation *(f.)* physique [fizik] et sportive. Les élèves disent aussi «sport». – les sciences naturelles *(f.)* [sjɑ̃snatyrɛl]: les élèves disent aussi «biologie» [bjɔlɔʒi] – les sciences physiques [sjɑ̃sfizik]: c'est «physique» et «chimie» [ʃimi] – la technologie [tɛknɔlɔʒi]: Technikunterricht – l'éducation civique [sivik]: Staatsbürgerkunde

1. Combien d'heures de cours avez-vous par semaine?
2. Avez-vous **plus, moins** ou **autant d'**heures de cours **que** les élèves français (au total▽, en latin, anglais, maths, etc.)?
3. Quels sont les jours où les élèves français travaillent le plus/le moins?
4. Trouvez-vous que vos amis français travaillent autant, plus ou moins que vous?
5. Y a-t-il des choses qui vous surprennent dans l'emploi du temps de Claire Roche?

4 A propos du vocabulaire

a *Expliquez le préfixe▽* **re-** *dans les exemples suivants:*

Charlotte a déjà vu Lisa en photo. Au moment où Lisa descend du car, Charlotte la reconnaît.
Madame Rybou comprend que, pour Lisa, la viande n'est pas assez cuite. Elle va la recuire.
Elle va à la cuisine et revient avec la viande bien cuite.

b *Traduisez:*

1. Mira est arrivée ce matin. Elle **repart** déjà ce soir.
2. Madame Sorel a perdu son porte-monnaie. Heureusement, elle l'a **retrouvé.**
3. Charlotte doit **refaire** les exercices. Elle **relit** les exemples.
4. Il **recommence** à pleuvoir!
5. Allô, maman. Peux-tu me **rappeler** au 04.94.33.20.83?

(Devant *o*, *a* et *h* muet▽ re- devient r-.)

c *A vous de trouver des contextes (deux ou trois phrases) où on peut employer les verbes suivants:*

reconstruire / renvoyer / refermer / se rhabiller / reparler de qc / reprendre / retenir

Une journée plutôt longue

1 – Allez, les filles, dépêchez-vous! Ne restez pas trop longtemps dans la salle de bains, je veux encore prendre une douche, dit Mme Rybou. C'est moi qui conduis Anthony et Benjamin à la crèche ce matin et je dois être à la poste à 8 heures … Je vous ai laissé sur la table les choses dont vous avez besoin pour le petit déjeuner.

Elles mangent à toute vitesse. Elles ne s'assoient même pas. Hop! Un bol de chocolat, un peu de baguette et ça y est! M. Rybou, qui part travailler à la banque, conduit les filles au collège. Charlotte et Lisa n'osaient pas trop se parler hier soir, mais maintenant, dans la voiture, elles se mettent à bavarder.

2 Quand elles arrivent au collège, Charlotte présente Lisa à ses copains et au professeur.

– C'est la prof de maths, tu sais, celle dont je t'ai parlé. Elle est très sévère. Elle donne tout le temps des punitions.
– Qu'est-ce qui se passe quand tu as une «punition»?
– Eh bien, ce sont des devoirs en plus!

Le cours de maths n'est pas drôle pour Lisa et le cours de français (qui dure deux heures!) est aussi ennuyeux. Et les élèves écrivent sans arrêt … C'est fou! Lisa se dit que demain, elle va prendre un livre: comme ça, elle ne va pas perdre son temps. De toute façon, elle ne peut pas suivre, elle ne comprend rien et ça l'énerve! Toutes ces phrases … Tiens, celle-là, elle l'a comprise. Après tout, elle peut encore essayer de suivre, et elle décide de se laisser porter par les phrases. Elle sent que ça va déjà un peu mieux.

Mais qu'est-ce qu'elle est contente quand ça sonne! Enfin la «récré» pour pouvoir parler allemand avec ses copains et retrouver ceux qui sont dans d'autres classes!

Après, il y a «permanence» jusqu'à midi. En permanence, il y a un «surveillant» qui surveille les élèves qui n'ont pas cours.

– Comme ça, je vais commencer mes devoirs, dit Charlotte. Mais vous, Lisa et Florian, je vais vous présenter à un surveillant qui n'est pas occupé. Il est sympa. C'est celui qui s'occupe du club-théâtre. Olivier et moi, on va y aller avec vous après la cantine.

A 2 heures, après la cantine et le club-théâtre où elle s'est bien amusée, Lisa n'a plus du tout envie de retourner en cours. Mais elle doit rester avec Charlotte. Heureusement, elles vont sortir ce soir: Olivier, dont c'est l'anniversaire, donne une fête pour tout le groupe. C'est Florian qui l'a annoncé ce matin à la récréation.

pendant une heure de permanence

3 De retour à la maison vers 5 heures et demie, Lisa se prépare pour sortir. Elle se fait belle pendant que Charlotte regarde son cahier de textes et pense: «Hum! Il y a encore beaucoup de travail pour demain.» Elle se demande si elle va pouvoir aller à l'anniversaire d'Olivier et dit à Lisa:

– De toute façon, pour ce soir, il va falloir demander la permission à maman.

A ce moment, Mme Rybou revient du travail; elle trouve Charlotte et Lisa qui discutent.

– Alors, les filles, vous avez passé une bonne journée?
– Oui, maman.
– Ça n'a pas été trop difficile pour Lisa?
– Un peu, je pense ... Lisa a quelque chose à te demander.
– Madame, est-ce qu'on peut aller à l'anniversaire d'Olivier Valborel ce soir, avec le groupe?
– Sortir ce soir? Je regrette, Lisa, mais on reçoit les grands-parents de Charlotte à dîner, et ils sont heureux de faire ta connaissance. Et Anne arrive de Lille à 8 heures parce qu'elle n'a pas cours demain.
– Et mes copains, alors?
– Pas ce soir, Lisa. En plus, Charlotte n'a sûrement pas fini ses devoirs.
– Si, presque, maman.
– Ah oui? Je vois ... Ce n'est pas raisonnable, les filles. Et puis, nous avons besoin de votre aide pour préparer le repas.

Découvertes INFO *L'école en France*

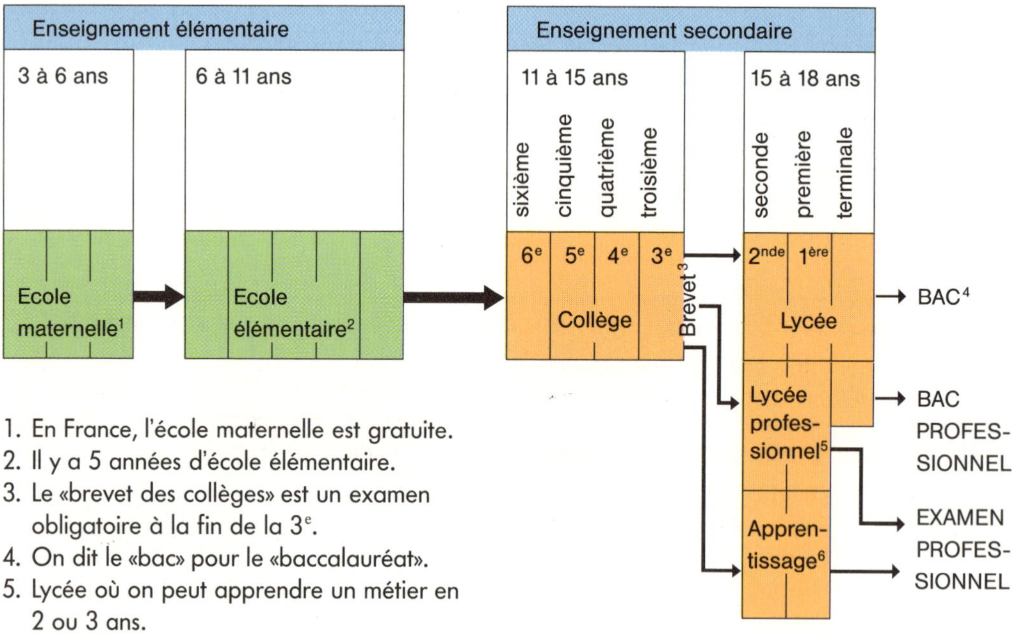

1. En France, l'école maternelle est gratuite.
2. Il y a 5 années d'école élémentaire.
3. Le «brevet des collèges» est un examen obligatoire à la fin de la 3e.
4. On dit le «bac» pour le «baccalauréat».
5. Lycée où on peut apprendre un métier en 2 ou 3 ans.
6. Pour les jeunes qui veulent apprendre leur métier directement dans une entreprise. Il y en a très peu qui choisissent l'apprentissage.

C EXERCICES

Mettre les pieds dans le plat

1 Ça se fait ou ça ne se fait pas?

a Au dîner, la mère de votre correspondant(e) apporte un plat que vous n'aimez pas.
Elle dit: «C'est une spécialité▽ de la région.
Tu me donnes ton assiette?»

Comment réagissez-vous?

- «Beurk! J'aime pas ça.»
- «Excusez-moi, mais je n'en prends pas. Je n'aime pas beaucoup ça.»
- «Non, merci. Je n'ai plus faim. J'ai trop mangé au pique-nique.»

Ins Fettnäpfchen treten

Voyez-vous d'autres possibilités? Quelles sont les meilleures?

b ☞ **A vous.** *Travaillez en petits groupes. Comment réagissez-vous?*

1. Il est 7 heures du matin. Tu es dans la salle de bains depuis 20 minutes. Tu veux encore te laver les cheveux. Ta correspondante frappe à la porte et dit: «Dépêche-toi!»
2. Un mercredi soir, tu veux sortir avec tes amis allemands et tes correspondants français. Les parents de ta/ton «corres» ne sont pas d'accord.

2 Une photo intéressante *(§ 8)*

a *Mettez le pronom démonstratif.*

celui / celui-là / celle / celle-ci / ceux-là / celles

Lisa et Charlotte sont dans le salon. Charlotte regarde les photos que Lisa a apportées. ~ est un peu fatiguée. La journée a été si longue.

Charlotte: C'est qui, le garçon sur cette photo?
Lisa: Quelle photo?
Charlotte: ~ où il y a toute ta famille sur la terrasse.
Lisa: Et quel garçon?
Charlotte: ~ aux cheveux longs.
Lisa: Oh, ~. Il est dans le groupe de rock de Florian.
Charlotte: Comment est-ce qu'ils sont, les amis de Florian?
Lisa: Bof, je ne les aime pas beaucoup, ~. Ils sont toujours avec des filles, tu sais, ~ qui font un peu *groupie*. Tu te souviens? On les a vues au café.
Charlotte: Alors, pourquoi est-ce qu'il est sur la photo de famille?
Lisa: Qui?
Charlotte: Mais tu dors ou quoi? ~ dont je te parle depuis cinq minutes.
Lisa: Ah oui, excuse-moi. Je suis un peu fatiguée. Ecoute, on en reparle demain, d'accord?

b *Imaginez pourquoi ce garçon est sur la photo de famille et pourquoi Lisa ne veut pas en parler.*

3 Pour avoir la vie plus facile (§ 9)

Dans quelle situation peut-on avoir besoin des choses suivantes?

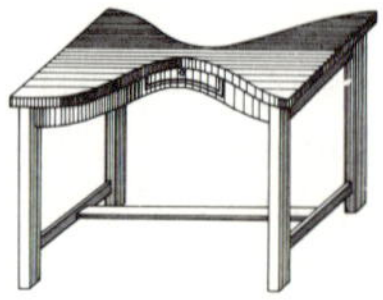

Exemple:
Voilà une table **dont on peut avoir besoin** quand on est amoureux.

Continuez.

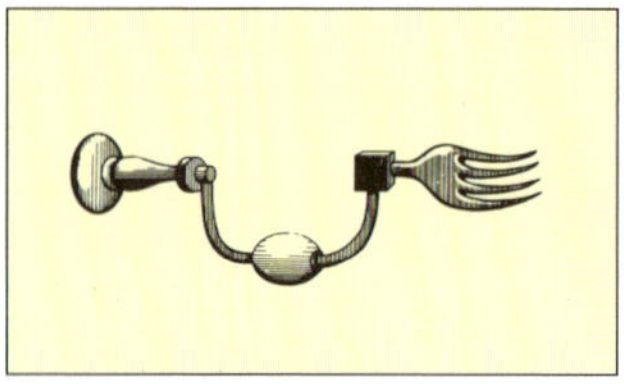

... une fourchette ...

... un vélo ...

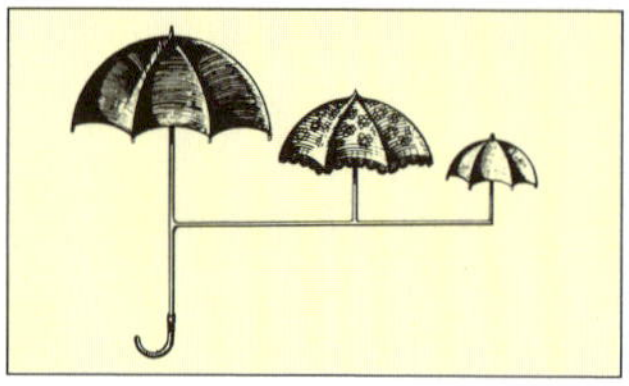

... un parapluie▽ ...

4 Vous en souvenez-vous? (§ 9)

Reliez par le pronom relatif dont.
Exemple: Olivier? Lisa est un peu amoureuse de ce garçon.
→ Olivier, c'est le garçon **dont** Lisa est un peu amoureuse.

1. Caroline? La passion de cette jeune fille est la danse.
2. Chris Donner? Nous avons lu une histoire de cet auteur à la leçon 1.
3. Poker et Clafoutis? Charlotte aime s'occuper de ces deux animaux.
4. Gilles Floret? Tout le monde parle de ce chanteur en ce moment.
5. Les «Bidules»? Je t'ai montré une photo de ce groupe de rock.
6. Les Rybou ont quatre enfants. Deux de ces enfants sont des filles.

5 Recevoir? Suivre? S'asseoir? (§§ 10, 11)

Complétez.

Aujourd'hui, les Rybou ~ Lisa, la jeune Allemande.
« ~ -vous», dit M. Rybou quand Lisa entre chez eux.
«Vous pouvez me tutoyer», dit Lisa. «Alors, ~ -toi. Tu sais, c'est la première fois qu'on ~ une Allemande. Vous avez déjà ~ des Français chez vous?»
«Non, mais l'année prochaine, nous ~ Charlotte, j'espère.»
Plus tard, à table, Lisa est ~ en face de Benjamin et Anthony. Poker et Clafoutis ont ~ Lisa, ils sont sous la table, près d'elle.
Après le dessert, Charlotte dit: « ~ -moi, les petits, on va montrer la chambre à Lisa».
Anthony et Benjamin disent «Bonne nuit» à leurs parents et ~ les deux filles.

Est-ce que ces formes sont correctes?

6 *Faites l'interprète.*

Une rédactrice▽ (R) du journal de votre lycée veut comparer l'école en France et en Allemagne. Elle fait une interview avec une correspondante française (F).
Tu fais l'interprète.

R: Sag mal, geht bei euch eigentlich jeder aufs *collège*?

Toi: Dis-moi, est-ce que chez vous, tous les élèves …

F: Oui, bien sûr. Tout le monde entre en 6e à l'âge de 11 ans. C'est à la fin de la 3e, à l'âge de 15 ans, que les élèves décident s'ils vont au lycée ou pas. Et chez vous?

Toi: …

R: Bei uns entscheiden die Schüler oder die Eltern das früher, nach der Grundschule.

Toi: …

R: Die *école maternelle,* ist das schon eine richtige Schule? Lernen die Kinder dort schon lesen und schreiben?

Toi: …

F: Oui, ils commencent un peu à apprendre à lire et à écrire, et ils aiment ça. En plus, ils jouent beaucoup.

Toi: …

R: Stimmt es, dass ihr 12 Schuljahre habt und schon mit 18 Abitur machen könnt?

Toi: …

F: Oui, c'est vrai. Pourquoi? Vous avez quel âge quand vous passez le bac?

Toi: …

☐ ☞ ***A vous.*** *Donnez la réponse. Puis, imaginez d'autres questions de la rédactrice et continuez l'interview.*

⟨D'un texte à l'autre⟩

Charlotte réfléchit.

Après la soirée passée avec les grands-parents, Charlotte réfléchit dans son lit.

On a raté la boum d'Olivier. La prochaine fois, j'en ***parlerai*** plus tôt à mes parents. Alors, ils ne nous ***diront*** peut-être pas de rester à la maison. De toute façon, Lisa et moi, nous ***sortirons*** ensemble samedi après-midi. Et j'espère que maman ne ***réagira*** pas de la même façon qu'aujourd'hui.
Mais est-ce que Lisa ***sera*** contente d'être avec moi samedi après-midi? Je me le demande. Elle ***aura*** peut-être envie d'être seule avec Olivier. Il y a quelque chose entre Lisa et Olivier, c'est sûr. Aujourd'hui, à la cantine, il lui a demandé: «Tu m'***attendras*** après les cours, cet après-midi?» Eh bien, demain, je ***demanderai*** à Lisa.

a Lisez le texte.
b Retrouvez l'infinitif des verbes en italique.
c Qu'est-ce que la forme de ces verbes exprime?
d Quelles sont les terminaisons de cette forme? (Devinez la terminaison de la deuxième personne du pluriel.)

A Qu'est-ce que le bo

Dans chaque numéro d'Okapi, vous pouvez poser une question. Des lecteurs répondent et donnent leur avis. Voici la question d'aujourd'hui:

«Qu'est-ce que le bonheur pour vous? La famille? Le métier? Pour moi, le bonheur c'est surtout la découverte des autres.»

Nathalie, 15 ans, Lille

«Avoir un métier»

Le bonheur, pour moi, c'est quand il n'y aura plus de guerres. Je pense souvent à ces pauvres enfants qui vivent dans la misère, qui ne peuvent pas manger à leur faim, pour qui la rue est un tombeau.

Et puis, pour moi, il y a aussi le problème du chômage. Quand je travaillerai, il n'y en aura peut-être plus. Parce que c'est un vrai bonheur d'avoir un métier. Et mon métier, je l'apprendrai aux autres, aux Africains, par exemple, aux gens qui n'ont pas eu la chance d'aller à l'école.

Plus tard, le bonheur pour moi, ce sera de vivre à la campagne dans une grande maison où je pourrai avoir beaucoup d'animaux, puis, de fonder une famille et de vivre heureux avec elle jusqu'à la fin de ma vie. Mais surtout, j'espère que mes enfants ne devront jamais vivre dans un pays en guerre.

Philippe, 15 ans, Paris (9e)

«Aimer et le montrer»

Pour moi, le bonheur, c'est vivre, faire des études, être libre. Le bonheur, c'est pouvoir être moi.

Le bonheur, ce sont les promenades dans les Landes, et les fleurs et les herbes qui penchent leur tête sous le vent.

Le bonheur, c'est la découverte d'autres cultures et d'autres religions.

Le bonheur, c'est de marcher dans la forêt quand brillent toutes les couleurs de l'automne. Le bonheur, c'est le printemps et la rosée sur les fleurs, la neige en hiver.

Le bonheur, c'est aimer et le montrer.

Florence, 14 ans, Strasbourg

«Une famille classique»

Je pense que le plus important dans la vie, c'est la famille. J'ai eu une famille «moderne»: une demi-sœur que je n'ai vue que trois ou quatre fois, des parents divorcés, une belle-mère qui avait déjà trois enfants, et j'ai habité un an avec mon père et un an avec ma mère.

Alors, le bonheur pour moi, ce sera (je sais que cette idée n'est pas très moderne) d'avoir plus tard une famille «classique», c'est-à-dire un mari et de nombreux enfants.

Si je peux, j'irai vivre dans un autre pays: j'ai envie de vivre dans un pays plus grand et plus froid, où les gens pensent autrement qu'en France. Mon mari sera donc un étranger; il travaillera pour le gouvernement de son pays et moi, là-bas, je donnerai des cours de français dans un collège ou dans un lycée.

Sophie, 16 ans, Clermont-Ferrand

…eur pour vous?

«Footballeur professionnel»

Pour moi, le bonheur, c'est de réussir dans la vie, et surtout dans le sport, c'est-à-dire dans le football. Je serai vraiment heureux quand je serai devenu professionnel. Mon père aussi a commencé avec des rêves plein la tête, et ses rêves sont devenus réalité parce qu'il a beaucoup travaillé. Mon bonheur, ce sera aussi d'avoir des diplômes. Si je ne peux pas devenir footballeur professionnel, au moins j'aurai des diplômes qui me permettront de trouver plus facilement du travail.
En ce moment, le bonheur, je l'ai: mes parents, mon petit frère et moi-même, nous sommes en bonne santé. Et puis, je joue dans un des meilleurs clubs de la région, le Versailles FC.
Le bonheur pour mes parents, ce sera de retourner au Portugal. Mais moi, je resterai en France parce que j'y suis né, et c'est ici que mes rêves se trouvent. Alors, quand mes parents seront partis, je serai content pour eux et j'irai souvent les voir au Portugal.

Manuel, 17 ans, Versailles

«A mon tour, je le donnerai.»

Le bonheur que je préfère, il est aujourd'hui, il était hier, il sera demain. Il change de couleur chaque jour. Tout le monde le connaît. Peu de gens le reconnaissent, beaucoup ne le voient pas. Moi, mes parents me l'ont donné. A mon tour, je le donnerai. Mon bonheur, c'est la VIE.

Cécile, 17 ans, St-Pierre (Martinique)

«Le soleil brillera tous les jours.»

Le bonheur? Quand j'aurai fini mes études, le gouvernement aura trouvé une solution au problème du chômage. Tout le monde travaillera. Peut-être que nous ne nous souviendrons plus du chômage. Peut-être même que nos enfants ne le connaîtront plus. Le racisme n'existera plus, il n'y aura plus de guerres, le soleil brillera tous les jours, et le monde entier sera heureux. Même moi.

Hélène, 14 ans, Lyon

Et voici la question d'Aurélie. Vos réponses paraîtront dans un prochain numéro.

«Comment est-ce que vous imaginez votre vie dans vingt ans? A quoi est-ce qu'elle ressemblera? Moi, j'aurai fondé une famille et je serai architecte. J'ai envie de dessiner des maisons où les gens se sentiront bien. Je n'aime pas les cages à lapin comme on peut en voir dans les banlieues des villes. Et vous, qu'est-ce que vous avez envie de faire? J'attends vos réponses.»

A EXERCICES

1 A propos du texte

a *Répondez.*

1. Dans quels domaines▽ est-ce que les jeunes croient trouver le bonheur? Faites une liste de ces domaines (par exemple: le sport, la nature, ...).
2. Quel est le domaine qui revient le plus souvent dans les lettres? Le trouvez-vous important, vous aussi? Pourquoi (pas)?
3. Quelle est la lettre qui vous plaît le plus? Et quelle est celle qui vous plaît le moins? Expliquez pourquoi.

b ☞ **A vous.**

Quelles sortes de magazines▽ lisez-vous:
a) souvent?
b) de temps en temps?
c) jamais?

Dites pourquoi.

2 Le vélo du futur? *(§ 12)*

a *Travaillez à deux.* L'un de vous choisit un nombre de A et un nombre de B et dit par exemple: **801** (huit cent un). Le partenaire donne la forme du futur qui correspond à ce nombre: **ils attendront.**
(Pour le contrôle, regardez la «révision des verbes» qui se trouve dans votre livret de grammaire.)

b Vous donnez cinq nombres à votre partenaire qui vous donne aussi cinq nombres. Puis, vous écrivez un petit texte où vous essayez d'employer les cinq formes qui correspondent aux cinq nombres.

3 Le bonheur *(§§ 12, 13)*

a *Mettez les verbes au futur simple.*

Je serai heureux/heureuse quand ...

1. il n'y *(avoir)* plus de guerres
2. le monde ne *(connaître)* plus la misère
3. on ne *(détruire)* plus la nature
4. tout le monde *(vouloir)* le bonheur des autres
5. tu me *(tenir)* la main
6. mon ami(e) me *(dire)* qu'elle/il m'aime
7. mon ami(e) et moi, nous *(pouvoir)* nous voir plus souvent
8. je ne *(être)* plus malade
9. je *(savoir)* conduire une voiture
10. vous, mes copains, vous *(faire)* le tour du monde avec moi
11. je *(courir)* les 5000 mètres en 20 minutes
12. mes parents m' *(offrir)* une mobylette▽
13. il ne *(falloir)* plus jamais préparer d'examens
14. mes parents *(aller)* vivre avec moi dans un pays plus chaud
15. vous, mes parents, vous *(comprendre)* enfin que je ne suis plus un enfant
16. mon frère et moi, nous *(voir)* plus souvent notre père
17. je ne *(devoir)* plus vivre à la campagne

b ☞ **A vous.** *Travaillez en groupes.*
Dans chaque groupe, on écrit «Le bonheur pour moi, c'est ...» *sur un grand papier blanc. Puis, un élève commence, complète la phrase et passe le papier à son voisin.*

Exemple:

Le bonheur pour moi, c'est
– d'être libre
– le soleil qui brille en hiver
– quand il n'y aura plus de chômage

c *Faites un petit poème à propos du bonheur.*

Le bonheur est dans le pré.
Cours-y vite! Cours-y vite!
Le bonheur est dans le pré.
Cours-y vite! – Il va filer.

Paul Fort

4 L'école en France *(§ 14)* Vous en souvenez-vous?

Complétez le texte et mettez les infinitifs au futur antérieur.

A 3 ans, la petite Sophie entrera à l'école ~. Quand elle y *(passer)* 3 ans, c'est l'école ~ qui suivra. Quand elle *(aller)* à cette école pendant ~ ans, elle passera au collège. Les quatre classes du collège s'appellent ~.
Quand elle *(terminer)* ces quatre classes, elle passera un examen qui s'appelle: ~. Ensuite, si elle n'est pas trop mauvaise élève, elle ira au lycée et elle aura encore ~ ans jusqu'au baccalauréat.
Puis, quand elle *(se décider)* pour un métier, elle l'apprendra à l'université ou dans une autre école.

3 EXERCICES

5 Avec des «si» … (§ 15)

Mettez les verbes aux temps qu'il faut.

1. Si je *(travailler)* bien au lycée, je *(passer)* mon bac dans trois ans.
2. Après, si je *(avoir)* mon bac, je *(chercher)* du travail pour trois ou quatre mois.
3. Puis, si mes parents *(être)* d'accord, je *(faire)* le tour du monde.

4. Si tu *(continuer)* à rêver, tu ne *(passer)* pas en seconde.

6 Quand on se dispute … (§§ 15, 16)

Caroline s'est disputée sérieusement avec son copain Philippe.
Elle en parle à Charlotte.

a *Mettez* **si** *ou* **quand.**

D'habitude, tu sais, ~ je rencontre Philippe, je lui fais la bise, mais ~ je le verrai ce soir, je ne lui dirai même pas bonjour. Et ~ il essaie de me parler, je ne lui répondrai pas.

b *Mettez les verbes au présent ou au futur simple.*

Normalement, quand je ~ à la cantine, je me ~ à côté de lui.	*aller* *s'asseoir*
Mais demain, je ne le ~ même pas quand il ~.	*regarder* *arriver*
S'il ne ~ toujours pas que c'est fini entre nous, je lui ~ une lettre.	*comprendre* *écrire*
Même s'il me ~ pardon, je ne ~ plus jamais avec lui.	*demander* *sortir*

☐ **c** *Charlotte:*

Mais qu'est-ce qu'il t'a fait?

Imaginez la réponse de Caroline.

7 Ma vie dans vingt ans

☞ **A vous.**

Relisez la question d'Aurélie (page 29). Répondez-lui.

«Oui, on a le moral.»

Lisa et Florian ont voulu savoir ce que les collégiens français pensent de leur école, de leurs professeurs et s'ils ont le moral. Ils ont d'abord préparé un questionnaire avant leur départ pour Arras, puis ils ont interrogé quelques amis du collège Germinal. Voici ce qu'Olivier, Charlotte et Florence ont répondu aux questions de Lisa et de Florian:

Lisa: Qu'est-ce que vous aimez au collège? Qu'est-ce qui vous plaît?

Charlotte: Je peux déjà te dire ce qui ne me plaît pas: les contrôles tout le temps, les notes, toujours les notes, et le rôle trop important que jouent les maths.

Lisa: Ça, c'est négatif. Mais est-ce que tu peux nous dire, Olivier, ce qu'il y a de positif dans ta vie de collégien, ce que tu aimes le plus dans ton collège?

Olivier: Je me demande ce que j'aime le plus ... Les copains? L'ambiance? Les études quand même?! Peut-être un peu tout ça. Mais surtout les copains.

Florian: Les profs?

Olivier: Ils sont souvent sympa. Ils savent ce qu'ils disent ...

Florence: Pas toujours.

Olivier: ... mais ils répètent trop souvent la même chose et ça m'énerve.

Charlotte: D'après un sondage que je viens de lire, les deux tiers des élèves trouvent que leurs professeurs sont intéressants, et les quatre cinquièmes qu'ils sont compétents.

Florence: Alors moi, je n'ai vraiment pas de chance. Tous mes profs se trouvent dans le groupe des profs incompétents.

Olivier: Tu exagères!

Florian: Qu'est-ce que vous attendez du collège?

Charlotte: A la fin de la 3e, si les résultats le permettent, on passe en seconde, au lycée. Le collège doit me donner les moyens d'entrer au lycée. Moi, c'est ça que j'attends.

Florence: Moi, je n'attends rien. Les études ne m'intéressent pas énormément. Mais je suis contente de retrouver les copines et les copains. Et puis, au collège, c'est toujours mieux qu'à la maison.

Lisa: Vous passez toute la journée au collège, et il y a les devoirs à faire le soir. Est-ce que vous avez le temps de faire autre chose?

Olivier: Pratiquement pas. Avant, je jouais souvent au foot après les cours. Maintenant, je n'ai plus le temps.

Florence: Il y a beaucoup de jeunes qui, après leurs devoirs, terminent la soirée devant la télé. Moi, j'essaie de m'occuper intelligemment au moins deux fois par semaine: je fais du secourisme.

Charlotte: Moi, je travaille beaucoup. J'ai envie de réussir. Mais j'ai quand même suffisamment de temps pour faire du piano. J'aime beaucoup ça. Pourtant, je sais qu'en seconde, – c'est une classe très difficile, tu sais –, je devrai choisir entre les études et la musique.

Florian: Mais vous avez quand même le mercredi après-midi!

Olivier: D'accord, mais pour le jeudi, les profs nous donnent souvent encore plus de devoirs ...

Lisa: Est-ce que d'une façon générale, on peut dire que les collégiens français ont le moral?

Charlotte: Oui et non. Oui, parce qu'au collège, ça ne va pas si mal. Non, quand on pense à l'avenir ...

Florence: Moi, je vois mon avenir de façon positive. Je serai enfin indépendante.

Charlotte: Oui, mais regarde tous les jeunes qui vont dans la rue manifester contre le chômage: ils ont peur pour leur avenir, eux!

Olivier: Je comprends les étudiants et les lycéens qui vont aux manifs. Mais le chômage, il n'y en aura pas toujours! Non, moi, j'ai le moral, malgré tout.

B EXERCICES

1 A propos du texte

1. De quels bons et mauvais côtés du collège parlent les jeunes?
Notez sur un papier à quelles lignes vous avez trouvé ces informations.

2. Voici un portrait▽ d'Olivier:

> C'est quelqu'un qui aime beaucoup ses copains, qui trouve qu'il y a des bons et des mauvais professeurs, qui comprend les jeunes qui manifestent, mais qui a le moral malgré tout.

Maintenant, faites le portrait de Charlotte et de Florence. Vous pouvez travailler en groupes.

2 Un sondage *(§ 17)*

Le magazine «Phosphore» a fait un sondage sur le moral des lycéens▽. En voici le résultat.

Pourquoi êtes-vous content(e)s le matin quand vous allez au collège? Parce que

– vous retrouvez vos copains/copines	69 %▽
– vos études vous intéressent	45 %
– l'ambiance du lycée vous plaît	28 %
– c'est toujours mieux qu'à la maison	20 %
– vous y retrouvez votre ami(e)	12 %
– vos professeurs sont sympa	9 %

Et pourquoi n'êtes-vous pas content(e)s? Parce que

– vos professeurs vous énervent	36 %
– l'ambiance est très mauvaise	34 %
– le lycée ne vous laisse pas assez de temps libre	33 %
– vous êtes mieux à la maison	22 %
– vos études sont ennuyeuses	22 %
– au lycée, on vous prend encore pour des enfants	13 %

(D'après Phosphore 9/92)
(Les élèves ont pu donner deux réponses.)

a *Commentez le sondage.*

On dit …

50 % des élèves La moitié▽ des élèves	sont contents.
Un élève sur deux▽	est content.
75 % des élèves Les trois quarts des élèves Trois élèves sur quatre	sont contents.

Exemple:

– 69 % des élèves sont contents parce qu'ils retrouvent leurs copains au lycée.
– 69 %, c'est plus | des deux tiers des élèves. / de deux élèves sur trois.

– 45 % des élèves …
– 45 %, c'est presque | la moitié des élèves. / un élève sur deux.

b ☞ **A vous.**
Faites le même sondage dans votre classe. Comparez les résultats.

3 A propos du vocabulaire

Formation des mots: On se souvient plus facilement d'un mot si on l'apprend avec son antonyme▽ (= son contraire).
Prenons, par exemple, les adjectifs dont vous connaissez déjà beaucoup d'antonymes. Il y en a plusieurs groupes.
En voici deux.

1er groupe

blanc ≠ noir
grand ≠ petit

2e groupe

direct ≠ **in**direct [ɛ̃dirɛkt]
complet ≠ **in**complet [ɛ̃kõplɛ]
exact ≠ **in**exact [inɛgzakt]
possible ≠ **im**possible [ɛ̃pɔsibl]

a *Expliquez les deux groupes. Parlez aussi des préfixes du deuxième groupe.*

b *1er groupe:* *Trouvez les antonymes.*

			bon/bonne	bon marché	froid(e)
court(e)	facile	triste	gentil/gentille	grand(e)	intelligent(e)
intéressant(e)	vieux/vieil/vieille		négatif/négative	vrai(e)	premier/première

c *2e groupe:* *Complétez.*

1. – Tu trouves cette journaliste de Phosphore incompétente?
   – Mais non, elle est très ~.
2. – C'est un garçon vraiment poli.
   – Avec moi, il est plutôt ~.
3. – Tes notes ne sont pas suffisantes pour passer en troisième. Elles sont même très ~.
4. – Quand ton frère fait de la voile, il n'est pas toujours prudent.
   – Tu as raison. Il est souvent ~.
5. – Tu t'attendais à ce résultat?
   – Non. C'est un résultat complètement ~.
6. – Quand ce reporter explique quelque chose, il n'est jamais précis. Il explique toujours de façon ~.

4 Qu'est-ce qu'un vrai ami?

Aux questions «*Qu'est-ce qu'un vrai ami?*» et «*Qu'est-ce que l'amitié▽?*», un magazine a reçu les réponses suivantes.

qui **que/qu'** **à qui** **sur qui** **dont**

a *Complétez-les.*

Pour moi, un vrai ami, c'est quelqu'un
~ a les mêmes idées que moi,
~ j'aime voir tous les jours,
~ je peux tout dire,
~ j'accepte qu'il me critique,
~ je peux compter,
~ je me souviendrai toujours.

Pour moi, l'amitié, c'est une chose
~ ne se trouve pas facilement,
~ je ne m'occupe pas suffisamment,
~ je n'ai pas encore trouvée,
~ le monde aura toujours besoin,
~ on ne peut pas acheter,
~ me manque beaucoup.

b ☞ **A vous.** *Et pour vous, un vrai ami/une vraie amie, qu'est-ce que c'est?*

5 Caroline et Philippe *(§ 18)*

Vous vous souvenez de l'exercice 6, page 32?
Caroline ne veut plus voir Philippe.
Voici les questions qu'il voudrait lui poser:

a *Complétez-les par* **qui est-ce qui/ qui est-ce que/ qu'est-ce qui/ qu'est-ce que.**

1. ~ se passe?
2. ~ je t'ai fait?
3. ~ t'a raconté des histoires sur moi?
4. ~ je peux faire pour sauver la situation?
5. ~ ne te plaît pas en moi?
6. ~ t'empêche de me parler? *(=2 possibilités)*
7. ~ tu attends de moi?
8. A ~ est-ce que je demande de me passer les devoirs de maths maintenant?

b Philippe demande à Charlotte de poser ses questions à Caroline.

Charlotte à Caroline:

Philippe	se demande	**ce qui**	1. se passe.
Il	te demande	**ce que/ce qu'**	2. …
	voudrait savoir	**qui**	
	ne sait pas		

6 L'histoire continue. *(§ 19)*

a *Mettez les adverbes.*

énorme
intelligent
gentil
méchant
suffisant

Tu sais, Charlotte, Philippe parle ~, mais pas toujours ~. C'est quelqu'un qui me sourit ~, mais deux minutes après, il parle ~ de moi dans mon dos. En plus, il est paresseux, il m'a ~ énervée avec ses devoirs de maths.

b Caroline est d'accord pour parler avec Philippe. *Imaginez leur dialogue.*

7 Un questionnaire ☞ **A vous.** *Vous pouvez choisir entre a) et b).*

a Votre classe va aller en France et faire un échange avec une classe d'un collège français.
Pour savoir ce que vos correspondants français pensent de leur école, vous préparez un questionnaire. *Travaillez en groupes.*

b Vos correspondants français viennent en Allemagne.
Pour savoir ce que vous pensez de votre école, ils ont préparé un questionnaire.
Faites plusieurs groupes:
des groupes qui jouent le rôle des Français et imaginent le questionnaire, et d'autres qui, pendant ce temps, préparent déjà des réponses à la question: «Qu'est-ce que vous pensez de votre école?»
Ensuite, faites des interviews. Vous pouvez les enregistrer▽ sur cassette.

⟨D'un texte à l'autre⟩

La liberté

Sur une guitare, sur un violon
Qu'il soit trop tard, qu'il soit trop long
Sur un boulevard ou sous un pont
Le sans-logis fait sa chanson

Sur une guitare, sur un violon
Sur un tam-tam du Gabon
Sur une batterie à l'occasion
Le sans-patrie fait sa chanson

Si la vérité sort de la bouche du métro
Si le monde entier dit qu'on a tort d'aimer trop
Quand l'hiver est rude et qu'on crie «chaud les marrons»
Le sans-abri fait sa chanson

La liberté
C'est pas la porte à côté
La liberté
C'est le bout du monde

Sur une guitare, sur un violon
Sur des gamelles et des bidons
A tout hasard sous les balcons
Le sans-papiers fait sa chanson

Sur une guitare, sur un violon
Sur un air de Duke Ellington
A bout de souffle, à bout de son
Le sans-le-sou fait sa chanson

Si la vérité sort de la bouche du métro
Si le monde entier dit qu'on a tort d'aimer trop
Quand l'hiver est rude et qu'on crie «chaud les marrons»
Le sans-culotte fait sa chanson

Paroles et musique:
M. Lavoine/F. Aboulker
Interprète: Patricia Kaas

☞ ***A vous.***

1. Quelle sorte de musique aimez-vous? La musique classique, la musique pop, le rock, le blues ...? Les chansons allemandes, anglaises, françaises ...?
2. Ecoutez la chanson «La liberté». De quelle sorte de musique s'agit-il?
3. Ecoutez la chanson et lisez le texte en même temps. Combien de couplets a cette chanson? Y a-t-il un refrain?
4. Qu'est-ce qui manque dans cette phrase: «C'est pas la porte à côté»? Expliquez pourquoi.
5. A votre avis, de quel problème parle la chanson?
6. Est-ce que la chanson vous plaît? Pourquoi (pas)?
7. Connaissez-vous d'autres chansons (allemandes, anglaises ...) qui parlent du même problème? Comparez-les à «La liberté».

LEÇON 4

A Rallye à Arras

le beffroi d'Arras avec, en haut, le lion qui tient un soleil

☞ ***A vous.*** *Bien sûr, vous ne pouvez pas participer à ce rallye et, comme Lisa et Olivier, interroger les gens dans les rues d'Arras pour trouver vite les bonnes réponses. Mais si vous regardez bien le plan d'Arras, les photos et les textes des pages 38 et 39, vous y trouverez toutes les informations dont vous avez besoin. Et s'il y a des mots que vous ne comprenez pas, regardez dans la Liste des mots, pages I à XIX. Bonne chance!*

Questionnaire

1. Quand on parle d'Arras, à quel personnage important de la Révolution française pense-t-on?
2. Où se trouve la maison qui porte son nom?
3. Quel animal y a-t-il en haut du beffroi de l'Hôtel de Ville?
4. Pourquoi tient-il un soleil?
5. Où faut-il aller pour visiter les souterrains d'Arras?
6. A quoi servaient-ils autrefois?
7. Combien de temps faut-il pour aller d'Arras à Londres, si on passe par le tunnel sous la Manche?

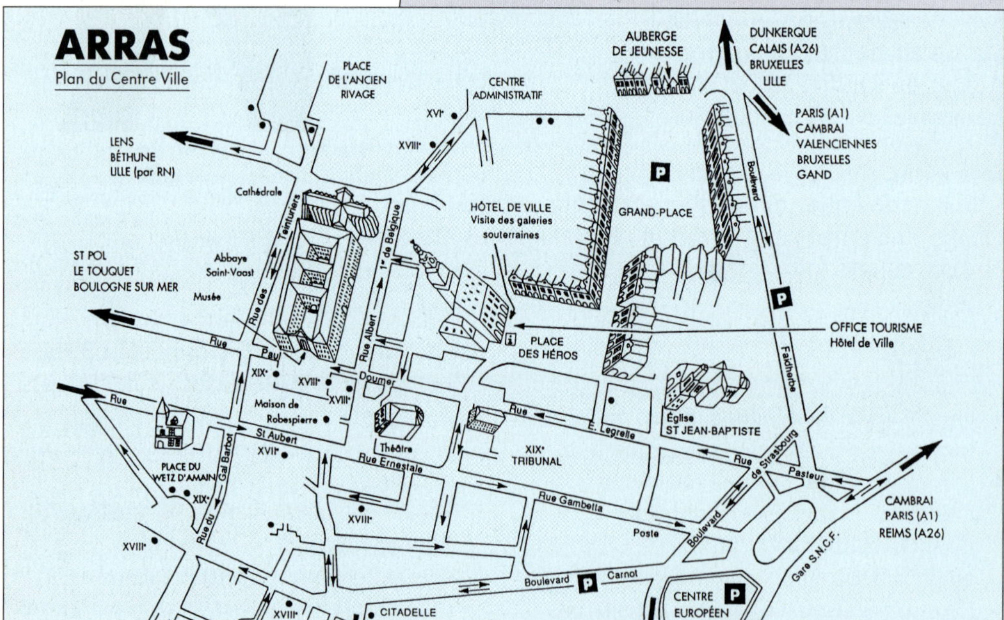

Deux hommes qui ont marqué l'histoire d'Arras

Louis XIV (1638–1715), roi absolu, c'est lui, et lui seul, qui décide de tout dans l'Etat. Il en est le centre. On raconte qu'il a dit: «L'Etat, c'est moi.» On l'appelle le Roi-Soleil. Il vit au château de Versailles qu'on a construit pour lui et sa cour. Il rêve de voir la France devenir la première puissance du monde. Il fait la guerre aux pays voisins et réussit à reprendre, entre autres, les provinces du nord de la France qui appartenaient alors à l'Espagne: la Flandre et l'Artois avec sa capitale Arras.

Maximilien de Robespierre (1758–1794), né à Arras, il y travaille comme avocat avant de partir pour Paris (1789). Il demande la liberté et l'égalité pour tous les Français. Il participe au procès du roi Louis XVI et vote sa mort avec beaucoup d'autres révolutionnaires (janvier 1793). Après être arrivé au pouvoir, il essaie d'imposer son idéal politique par la force. C'est l'époque de la «Terreur» où il envoie des milliers de Français à la guillotine avant d'y mourir lui-même (juillet 1794).

Arras – Londres	Départ	Arrivée
Arras – Lille	18.10	18.47
Lille – Londres	19.39	21.39

(Après être descendus dans les souterrains d'Arras, Lisa et Olivier écoutent le guide:)

Le guide: C'est au Xe siècle qu'on a commencé à creuser les premiers souterrains sous la ville. Depuis, on a construit un grand nombre de couloirs, d'escaliers et de salles. Au XIVe siècle, les gens du quartier ont installé des caves ici, pour y mettre leur vin. Et pendant les guerres, les souterrains ont souvent servi d'abri, surtout pendant la Première Guerre mondiale …

Olivier: Tu comprends ce qu'il dit, Lisa?

Lisa: Non. Tu me le traduis?

Olivier: Ecoute, je ne peux pas te le traduire, c'est trop long … Il dit que c'étaient des caves et des abris.

Lisa: «Des abris», c'est quoi? Je ne connais pas ce mot. Explique-le-moi, s'il te plaît!

Pendant qu'ils discutent, Lisa et Olivier avancent dans les souterrains.

Olivier: Euh … c'est pour se protéger, par exemple, quand on bombardait la ville … Mais dis donc, où est le groupe? Il n'y a plus que nous deux.

Lisa: Je suis sûre qu'ils ne sont pas loin.

Olivier s'inquiète un peu. Lui, il sait qu'on peut se perdre facilement dans les souterrains: il y en a sous toute la ville! Mais Lisa ne le sait pas et il ne veut pas le lui dire*.

*Avant d'écouter la suite de l'histoire sur votre cassette/sur votre CD, regardez l'exercice 1 (Leçon 4) dans votre Cahier d'activités.

4

A EXERCICES

1 A propos du texte

a *Donnez vos réponses au questionnaire et dites où vous les avez trouvées.*

☐ **b** Voilà des textes sur Louis XIV et sur Robespierre.
Quelles erreurs y a-t-il dans ces textes?
Corrigez-les.

Maximilien de Robespierre est un médecin qui est né en 1759 à Arras. Robespierre a joué un grand rôle sous Louis XIV. Il était pour la liberté et l'égalité, et il acceptait toujours les idées des autres. On l'a envoyé à la guillotine en juin 1794.

En haut du beffroi d'Arras, il y a un lion qui tient un soleil.
Le lion est le symbole de Louis XIV.
Louis XIV a marqué l'histoire d'Arras parce qu'il y a construit un grand château.

2 Des photos de l'échange *(§ 20)*

a Charlotte ajoute des petits textes à ses photos. Elle emploie **venir de faire qc** ou **être en train de faire qc.**

Le car – arriver

Nous – dîner

Exemples: → Le car **vient d'arriver.** → Nous **sommes en train de dîner.**

Lisa et Olivier – bavarder

Lisa – se faire belle

Nous – recevoir le questionnaire

Nos corres – nous quitter

b *Regardez les images*▽ *de la première leçon (pages 8 à 12). Faites des phrases avec* **venir de faire qc** *et* **être en train de faire qc.**

3 Comment tu passes ta journée … *(§ 21)*

après avoir/ après être/ avant de

a Ta correspondante veut savoir comment tu passes ta journée.
Tu lui réponds. *Employez* **avant de** *ou* **après avoir/après être.** *Exemple:*

– Qu'est-ce que tu fais le matin après *(prendre)* le petit déjeuner? → **après avoir pris** …
– **Après avoir pris** le petit déjeuner, je …

1. Et qu'est-ce que tu fais avant *(quitter)* la maison? → … **avant de quitter** …
2. Et après *(sortir)* de chez toi? → … **après être sorti(e)** …
3. … après *(arriver)* au collège
4. … après *(quitter)* le collège à midi
5. … avant *(faire)* tes devoirs
6. … avant *(aller)* te coucher

b ☞ **A vous.** *Travaillez à deux. Imaginez d'autres questions. Posez-les ensuite à vos camarades.*

4 Avant le rallye *(§§ 23, 24)*

Complétez les dialogues par les deux pronoms qui conviennent▽.

1. – Je vois que tu as un plan de la ville.
   Tu peux ~ ~ passer, s'il te plaît?
   – Attends. Je ~ ~ donne tout de suite.
   Je regarde encore quelque chose.
2. – Vous avez vu les cartes postales que Lisa a achetées?
   – Non, elle ne ~ ~ a pas montrées.
3. – Il y a encore des questionnaires?
   – Oui, il ~ ~ a encore. En voilà un.
4. – On va prendre un pot après le rallye. Olivier t'en a parlé?
   – Non, il ne ~ ~ a pas parlé. Mais c'est une bonne idée.
5. – S'il y a un mot que ta corres ne comprend pas,
   tu ~ ~ expliques, d'accord?
   – Oui, si elle ~ ~ demande.
   (Attention, maintenant, il y a aussi des impératifs.)
6. – Je n'ai pas compris le mot «beffroi».
   Traduis-~-~, s'il te plaît.
   – Traduire? Hum. Je vais ~ ~ expliquer.
   – Non, ne ~ ~ explique pas. Traduis-~-~!
   – Je ne connais pas le mot en allemand. Je ne peux pas ~ ~ traduire.

5 Quand on ne connaît pas le mot ...

RAPPEL

a On dit ...

Tu es en France. Tu veux dire quelque chose, mais tu ne connais pas le mot. Alors, ne t'inquiète pas.

Tu ne connais pas le mot pour	*Ce que tu peux faire ou dire:*
«lachen»	– *Tu peux imiter un bruit.*
«schneiden»	– *Tu peux faire un geste.*
	– *Tu peux l'exprimer par d'autres mots, donner un exemple ou une définition.*
«neugierig»	On l'est quand on veut toujours savoir ce qui se passe.
«Messer»	C'est ce qui sert à couper la viande à table. C'est l'instrument dont on se sert pour couper sa viande à table. Avec ce truc *(familier!)*, on coupe sa viande à table.
«Hafen»	C'est une sorte de gare pour les bateaux. C'est là qu'on va pour prendre un bateau.
	– *Tu peux employer l'antonyme.*
«alt»	C'est le contraire de «jeune».

b *Regardez dans le «Vocabulaire». Choisissez cinq mots. Expliquez-les à votre voisin/à votre voisine, qui doit les deviner. N'employez pas toujours la même stratégie.*

4

B Le tunnel sous la Manche – Un rêve vieux de 200 ans

Voici ce qu'une revue nous apprend sur l'histoire du tunnel sous la Manche.

En 1802, la France et l'Angleterre viennent de faire la paix. L'ingénieur Mathieu-Favier propose à Napoléon Bonaparte de creuser un tunnel avec une route pour les chevaux et voitures, et des cheminées pour l'aération. Mais la guerre recommence entre les deux pays et son projet tombe à l'eau!

En 1851, Hector Moreau imagine un tunnel en acier, posé sur le fond de la mer, qui permet la circulation des trains à vapeur. Pour des raisons politiques et techniques, on abandonne aussi ce projet et beaucoup d'autres (plus de cent!) qui suivront.

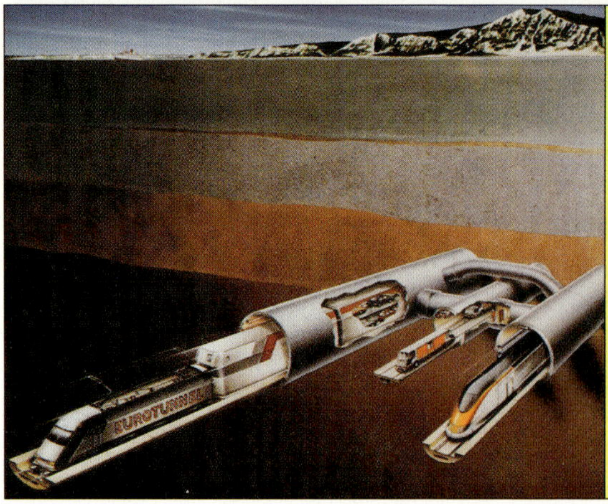

Le projet «Eurotunnel». En 1987, l'Angleterre et la France décident de construire ensemble un tunnel. En mai 1994, on l'ouvre à la circulation. Creusé à 40 m sous la mer, il est long de 50 km. Le transport des passagers et celui des voitures, des cars et des camions n'y est possible que par train: par TGV (Paris – Londres en moins de 3 heures) ou, si on voyage en voiture, avec les trains-navettes qui traversent le tunnel en 35 minutes.

AVEC LE TUNNEL SOUS LA MANCHE

Le Nord-Pas-de-Calais n'est plus une île.

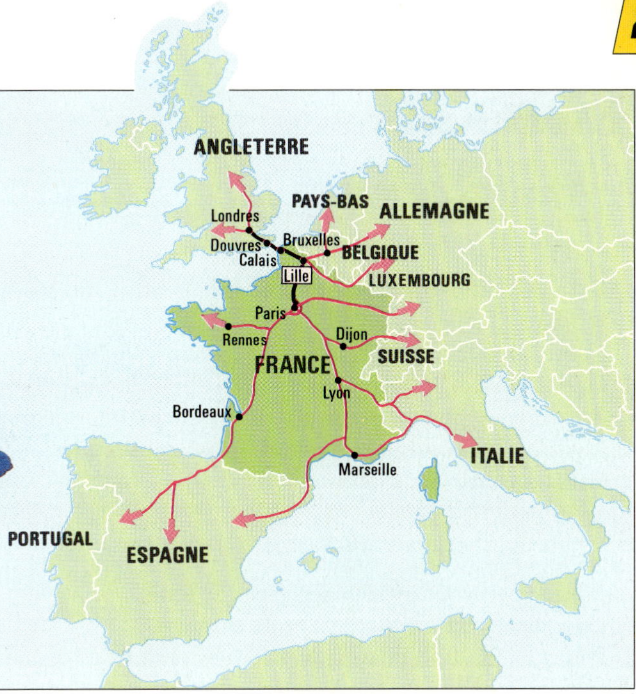

Découvertes INFO — *Paris et la région Nord-Pas-de-Calais*

On dit souvent que «Paris, c'est la France». Mais est-ce que ce sera encore vrai demain? Depuis Louis XIV, qui a centralisé l'Etat et fait de Paris le centre administratif, économique et culturel de la France, beaucoup de choses ont changé, bien sûr, et les villes de province se sont développées.
Pourtant, les activités économiques de la capitale jouent un rôle si important que les gens continuent à venir de partout y chercher du travail. Alors, on crée des banlieues nouvelles. Le résultat: le nombre d'habitants de la région parisienne n'arrête pas d'augmenter et la circulation devient de plus en plus difficile.
L'exemple suivant montre bien la situation exceptionnelle de Paris: pendant longtemps, pour aller en train de Lille à Marseille, il fallait changer de gare à Paris, c'est-à-dire descendre du train à la gare du Nord, traverser la capitale en bus, métro ou taxi, et reprendre le train à la gare de Lyon.
Avec le tunnel sous la Manche, cette situation est en train de changer. C'est grâce à ce tunnel qu'on a construit une nouvelle ligne de TGV, le TGV Nord, pour les gens qui viennent d'Angleterre par le tunnel et qui vont en France, en Belgique, aux Pays-Bas, au Luxembourg et en Allemagne.
Et pour permettre à ceux qui viennent du Midi, d'Espagne, du Portugal ou d'Italie de traverser rapidement la France pour aller dans le Nord, le TGV contourne Paris. Aujourd'hui, on peut aller directement du nord au sud en TGV sans changer de gare à Paris: c'est une vraie révolution!
Et bientôt, ce sera aussi possible pour aller de l'est à l'ouest.
Le projet «Eurotunnel» ne rapproche donc pas seulement la France et l'Angleterre, il permet aussi d'augmenter les échanges entre les autres pays européens. Et c'est une chance pour l'avenir de la région Nord-Pas-de-Calais qui est en train d'installer à Lille, sa capitale, un carrefour européen.
Avec le TGV, Lille n'est plus qu'à 25 minutes de Bruxelles, 1 heure de Paris et d'Anvers, 2 heures de Londres, d'Amsterdam et de Cologne. C'est une situation idéale pour le développement d'activités économiques et touristiques dans la région Nord-Pas-de-Calais. Avec une région forte au nord de la capitale, on dira moins souvent que «Paris, c'est la France».

B EXERCICES

1 A propos du texte

a Le tunnel sous la Manche *(page 42):*

1. Il y a une différence importante entre le projet de Mathieu-Favier et celui d'Hector Moreau. Quelle est cette différence?
   (Pensez à la façon dont on voulait construire le tunnel.)
2. Quelle est la solution qu'on a choisie pour le tunnel sous la Manche?
3. A votre avis, pour quelles raisons a-t-on abandonné autant de projets?
4. A votre avis, pourquoi transporte-t-on, dans le tunnel, les voitures dans des trains-navettes?

b Paris et la région Nord-Pas-de-Calais *(page 43):*

1. Connaissez-vous le nom des gares de Paris?
   Où vont les trains qui partent de ces gares?
2. Pourquoi peut-on dire qu'avec le tunnel sous la Manche, la situation de Paris et celle du Nord-Pas-de-Calais sont en train de changer?
3. On dit souvent que «Paris, c'est la France». Si quelqu'un vous dit que «Berlin, c'est l'Allemagne», que répondez-vous?

2 A propos du vocabulaire La circulation et les moyens de transport▽

1. Souvent, la circulation est difficile parce qu'il y a des bouchons.
   Où, quand et pourquoi y a-t-il des bouchons?
2. Que peut-on faire pour avoir moins de bouchons?
3. Vous allez passer des vacances à Londres. Pour y aller, vous avez le choix entre l'avion▽, le ferry▽ et le train qui passe par le tunnel sous la Manche.
   Pour quel moyen de transport vous décidez-vous?

Discutez en classe.
(Si vous voulez en savoir plus, envoyez dans une agence de voyage▽ un ou plusieurs élèves qui devront noter les horaires▽ et les prix.)

3 Les Bourgeois▽ de Calais *(§ 25)*

a Devant l'Hôtel de Ville de Calais, il y a un monument très connu: «Les Bourgeois de Calais».
C'est Auguste Rodin qui l'a créé en 1895.

Voici l'histoire des Bourgeois de Calais.
Lisez le texte, puis mettez **après avoir/être, avant de, être en train de, sans, pour ne pas, venir de** *(suivis d'infinitifs) à la place des constructions en italique*▽.

C'est le début de la guerre de Cent Ans (1337–1453).	
Le roi d'Angleterre, Edouard III, arrive en France avec ses soldats.	
En 1346, ils sont devant Calais. Les habitants luttent longtemps	
parce qu'ils ne veulent pas laisser leur ville aux Anglais.	pour ne pas
Quand ils ont lutté pendant huit mois, ils n'ont plus rien à manger.	après avoir
Comme les premiers habitants *meurent* de faim, un bourgeois dit:	être en train de
«*Nous ne voulons pas* mourir, nous donnerons notre ville aux Anglais.»	pour ne pas
Mais Edouard III n'accepte pas tout de suite. Il dit: «Six bourgeois	
doivent m'apporter les clés[1] de la ville. *Mais d'abord, ils doivent*	après avoir
mettre une corde à leur cou[2].»	
Tout le monde a peur de faire ce que le roi *a demandé*. Mais tout à	venir de
coup, un des bourgeois les plus importants de la ville dit: «Je vais	
y aller *et je n'aurai pas* peur. Je ferai ma dernière prière[3],	sans
et puis, je mourrai.» Alors, cinq autres bourgeois vont avec lui.	avant de
Quand ils sont arrivés devant le roi, ils attendent la mort.	après être
Mais la reine, qui admire leur courage, leur sauve la vie.	

1. Schlüssel; 2. Hals; 3. Gebet

b *Décrivez le monument de Rodin.*

4 Quelle langue▽ et quel pays? *(§ 26)*

j'habite/je vais ...					je viens ...	
en	France	la	France	*(féminin)*	**de**	France
en	Allemagne	l'	Allemagne	*(féminin)*	**d'**	Allemagne
au	Portugal	le	Portugal	*(masculin)*	**du**	Portugal
aux	Pays-Bas	les	Pays-Bas	*(pluriel)*	**des**	Pays-Bas

a *Regardez la liste dans le «Vocabulaire», p. 121. Puis, travaillez à deux.*

Exemple: Quelle langue parle-t-on en Italie? – En Italie, on parle italien.

(L'élève qui pose la question laisse le livre ouvert et regarde dans la liste pour voir si sa/son camarade a donné la bonne réponse.)

b A la gare de Lille.

Faites les dialogues.
Exemple:
– Je m'appelle Olivier.
– Tu habites **en France?**
– Oui, mais je suis **Belge.**
Ma famille vient **de Belgique.**

1. Florian/Allemagne/Autriche
2. Yvonne/Luxembourg/Pays-Bas
3. Isabelle/Espagne/Portugal
4. Bob/Pays-Bas/Suisse
5. Tom/Angleterre/Danemark
6. Sophie/Grèce/France

c ☞ ***A vous.*** De quels pays viennent les élèves de votre classe?

4 EXERCICES

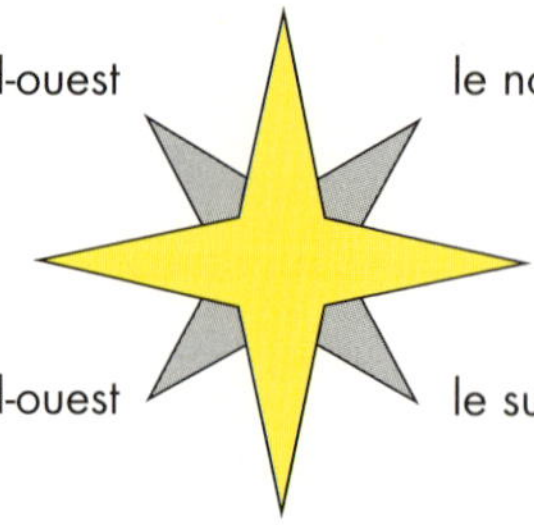

5 Où est-ce?

a On dit...

Arles est **dans** le sud/le midi de la France.
Clermont-Ferrand est **dans** le centre de la France.
Versailles est **à** l'ouest de Paris.

b *Regardez la carte de France. Puis, faites des dialogues. Exemple:*

– C'est	une ville une région	dans le/l'... de la France. au/à l'... de...	– C'est...? –	Oui. Non.

6 Une page de pub pour le Nord-Pas-de-Calais

La région Nord-Pas-de-Calais
est une région assez peu connue.
Beaucoup de Français pensent
- qu'il y fait froid et qu'il y pleut tout le temps
- que le paysage est gris et ennuyeux
- que la région est marquée par la crise du charbon▽
- qu'il n'y a rien d'intéressant à y voir
- qu'on ne peut pas y passer ses vacances.

Imaginez que l'office du tourisme de la région vous demande de faire de la publicité pour le Nord-Pas-de-Calais.

150 km de plages

Faites cette publicité sur une double page de cahier (A4). Servez-vous de tout ce que vous savez sur la région. Les photos du livre vont vous aider. Regardez aussi la page XXII. Travaillez en groupes. (Pour avoir d'autres informations, adressez-vous au Comité Régional du Tourisme Nord-Pas-de-Calais, 26, place Rihour, F-59800 Lille. Regardez dans votre Cahier d'activités pour savoir comment écrire cette lettre.)

82 000 hectares de forêts

Des villes pleines de vie, comme Arras ou Lille, la capitale.

⟨D'un texte à l'autre⟩

Stratégies — Découvrir son dictionnaire (I)

Votre dictionnaire peut vous aider, si vous le connaissez bien.
Prenons, par exemple, la phrase «Les légumes **poussaient** bien.»
Que veut dire le mot «pousser» dans cette phrase?
Regardons dans un dictionnaire.

poussah [pusa] *m* **1.** Stehaufmännchen *n;* **2.** *fig* Fettsack *m.* **pousse** [pus] *f* [1] **1.** Sprießen, Wachsen; *(Zahn)* Kommen *n;* **2.** (junger) Trieb, Spross *m;* **3.** *(Wein)* Umschlagen *n;* **4.** *(Pferd)* Dämpfigkeit *f.* **pousse-café** *m inv* Schnaps *m* nach dem Kaffee. **poussé, e** *a* [8] **1.** *fig* hochgezüchtet, -entwickelt; hochgradig; **2.** *(Studien)* gründlich; tiefschürfend. **poussée** *f* **1.** Stoß, Schub, Druck; Drang *m;* **2.** *(Rakete)* Schub; *phys* Auftrieb *m;* **3.** *med* Ausbruch *m;* **4.** *fig (Preise)* Hochschnellen *n;* Explosion *f.* **pousse-pousse** *m* [7] *inv* Rikscha *f.* **pousser I.** *tr* [6] **1.** stoßen, schieben, drängen, *fam* schubsen; **2.** *(Tür)* auf≈, zu≈stoßen; **3.** (an≈, vorwärts≈)treiben; **4.** aus≈dehnen; **5.** *(Schrei, Seufzer)* aus≈stoßen; **6.** *fig* [4] voran≈treiben, vorwärts≈bringen, fördern, anspornen (*qn* jdm); **7.** *(Motor)* hochzüchten; **II.** *itr* [5] **1.** drücken; **2.** vor≈stoßen, weiter≈machen, -gehen, -fahren, -reisen (*jusqu'à* bis); los≈gehen (*à* auf *acc*); **3.** sprießen, wachsen; **4.** *(Zahn)* durch≈brechen; **5.** *(Wein)* gären; **6.** *(Baum)* aus≈schlagen; **III.** *v prn* [2] *se* ~ **1.** sich e-n Weg bahnen; Platz machen; sich schieben, sich drängen; **2.** ▶ ~ [3] *qc à bout* etw auf die Spitze treiben; ~ *qn à bout* jdn zum Äußersten treiben; Geduld erschöpfen; ~ *sa chance* s-n Vorteil wahr≈nehmen; ~ *du coude, du genou* mit dem Ellbogen, Knie (an≈)stoßen; ~ *à fond (mot)* Vollgas geben; ~ *dehors* hinaus≈stoßen, -schieben; *poussez!* (Tür) drücken! *(mus)* Aufstrich! ~ *à la roue (fig)* übertreiben. **poussette** *f* **1.** Sportwagen *m (für Kinder);* **2.** *mot* (Fahren *n* im) Schneckentempo *n.* **poussier** [pusje] *m* (Kohlen-)Staub *m.* **poussière** *f* **1.** Staub *m;* **2.** *lit* (die) sterblichen Reste *m pl;* **3.** ▶ *et des ~s (fam)* und ein paar Pfennige; **4.** ▶ *faire de la ~ (fig)* Staub auf≈wirbeln. **poussiéreux, se** *a* staubig. **poussif, ive** [pusif, -iv] *a* **1.** *(Pferd)* dämpfig; **2.** *(Mensch)* kurzatmig.

1. Sous quelle entrée principale (Haupteintrag) trouve-t-on le mot «pousser»?
2. Dans les articles d'un dictionnaire, il y a toujours des abréviations (Abkürzungen) et aussi quelques symboles.
   Voici un exercice qui vous montrera si vous en comprenez les plus importants.
   Cherchez dans l'article les numéros qui correspondent aux phrases suivantes.
   Notez les abréviations dans votre cahier. Exemple:

Cette abréviation / Ce symbole signifie	*Notez:*
… que le nom est **féminin.**	1: féminin = f

Continuez:

… que le nom est **masculin.**
… que le mot est un **adjectif.**
… que c'est un **verbe pronominal,** comme *se dépêcher.*
… que c'est un verbe **transitif** (= un verbe qui peut avoir un complément d'objet).
… que c'est un verbe **intransitif** (= un verbe qui ne peut pas avoir de complément d'objet).
… qu'un mot peut avoir un sens **figuré** (eine übertragene Bedeutung).
… qu'on doit mettre le mot principal à la place de ce symbole.

3. Revenons au verbe «pousser».
   – Il y a des chiffres romains (I, II, III). Ce sont les catégories grammaticales.
   – Il y a des chiffres arabes (1, 2, 3). Ce sont les traductions du mot.

   Quelle est la bonne traduction de «pousser» dans la phrase «Les légumes poussaient bien»?
   I 1 – II 2 – II 3 – III 1 ?

Conseils:
- Regardez la liste des abréviations dans votre dictionnaire.
- Ne prenez pas tout de suite la première traduction du mot que vous cherchez. Regardez d'abord toutes les possibilités.

LEÇON 5

Jean de Florette

Provence: village

Avant la lecture:
Relisez les stratégies des pages 12 et 47. Puis, expliquez pourquoi vous comprenez, dans le texte suivant, les mots qui portent un. Pour comprendre les mots qui portent un[D], cherchez-les dans votre dictionnaire.*

L'histoire de Jean de Florette nous conduit dans un petit village du Midi. C'est dans les années 20. Les habitants du village vivent de leur travail dans les champs[D]. Leur vie est dure[D] parce que l'eau est rare*, et sans eau, les plantes* ne poussent pas. Alors, dans ce pays, les puits[D] et les sources[D] sont très importants.

1. Donnez la bonne traduction de «champs, dure, rare, plantes, puits, sources».
2. Trouvez le singulier de «champs, plantes, puits, sources».
3. Est-ce que ce sont des noms masculins ou féminins?
4. Trouvez le masculin de «dure» et de «rare».

Maintenant, lisez le texte suivant. Il raconte librement le roman de Marcel Pagnol Jean de Florette.
Les annotations en bas des pages vont vous aider à comprendre.
S'il y a des mots que vous ne comprenez pas, cherchez-les dans un dictionnaire.

I

Les Bastides Blanches, c'était un petit village de cent cinquante habitants, dans le Midi, au nord de Marseille. Une cinquantaine de maisons y bordaient[1] cinq ou six rues sans trottoir.
Les Bastidiens, qui aimaient bavarder, et qui savaient s'amuser, respectaient strictement la première des deux règles de la morale bastidienne: «On ne s'occupe pas des affaires[2] des autres.» La seconde règle, c'était qu'il fallait dire haut et fort que les Bastides étaient le plus beau village de Provence.

Vocabulaire: 1. **border:** säumen; 2. **une affaire:** eine Sache/eine Angelegenheit

César, que tout le monde appelait le Papet[1], et Ugolin, son neveu[2], étaient les deux derniers représentants d'une des plus riches familles des Bastides, les Soubeyran. De temps en temps, le Papet, qui avait peur de voir disparaître la famille, disait à Ugolin de se marier. Mais Ugolin lui répondait toujours:

- Une femme, il faudrait la nourrir[3], elle me parlerait tout le temps et elle prendrait toute la place dans mon lit. Alors, nous verrons plus tard.

Pour le moment, Ugolin avait autre chose en tête que l'amour[4].

Quelques mois auparavant[5], pendant son service militaire, il avait fait la connaissance d'un garçon très sympathique, Attilio, qui habitait près d'Antibes et qui lui avait dit:

- Moi, je suis paysan comme toi. Je fais des fleurs.

Cette idée avait d'abord paru bizarre à Ugolin. Mais un dimanche, Attilio l'avait invité à dîner chez lui, et là, il avait découvert les magnifiques champs d'œillets[6] de son ami. Et il avait vu que celui-ci habitait dans une grande ferme aussi jolie qu'une maison de la ville.

Sans rien dire au Papet, Ugolin avait planté une trentaine d'œillets qu'Attilio lui avait donnés. Il s'en était occupé avec beaucoup d'amour. Quelque temps plus tard, les fleurs étaient devenues magnifiques. Alors, un jour, il les avait montrées au Papet et il lui avait dit:

- Tu vois, Papet, cette vie que j'ai ici, ce n'est pas intéressant. Je travaille beaucoup dans mes champs, mais je gagne peu. Je vais me mettre à un travail sérieux. Je vais faire des œillets.

Et il avait ajouté:

- Tu ne voudrais pas aller à la ville avec moi? Pour les vendre ...
- Tu veux vendre ça?

Vocabulaire: 1. **le Papet:** *provenzalische Bezeichnung für „Großvater";* 2. **un neveu:** ein Neffe; 3. **nourrir:** ernähren; 4. **l'amour** *(m.)*: die Liebe; 5. **auparavant:** zuvor; 6. **un œillet:** eine Nelke

Et Ugolin, accompagné du Papet, était parti à la ville. Le fleuriste, qui avait admiré les fleurs du jeune homme, lui en avait donné un bon prix. Le Papet, surpris, avait immédiatement proposé son aide à Ugolin.

- Papet, tu es trop gentil.
- L'argent, ce n'est pas à toi que je le donne, c'est aux Soubeyran.
- Mais il y a un problème.
- Un problème? Oh! Quel problème?
- L'eau. Une plante d'œillets, ça boit comme un homme. Sans eau, mes œillets mourront rapidement. Et tu sais bien que mon puits n'a pas beaucoup d'eau. Pour arroser[1] mes trente plantes, ça n'a déjà pas été facile. J'aurais bien aimé avoir la ferme des Romarins parce que, là-bas, il y a une belle source.

La ferme des Romarins, Ugolin en rêvait, surtout maintenant que son propriétaire était mort et que l'héritier[2] n'habitait pas aux Bastides.

- Dis, Papet, nous ne pourrions pas l'acheter, cette ferme?
- Ecoute-moi bien. J'ai une idée. Si on bouchait[3] la source des Romarins, la ferme n'intéresserait personne. Une ferme sans eau, ce n'est pas une ferme. Et ensuite, nous, on achèterait le tout à l'héritier pour pas cher.

II

Deux mulets tiraient[4] avec difficulté une charrette[5] pleine de meubles[6]. Derrière la charrette marchait un homme – un bossu[7] – qui portait une petite fille aux cheveux blonds et, loin derrière eux, suivait une grande femme qui s'arrêtait souvent pour admirer le paysage.
Le groupe se trouvait maintenant près d'Ugolin qui s'était caché[8] derrière un arbre. Le bossu expliquait à sa fille ce qu'il voulait faire à la ferme: l'élevage[9] massif de lapins, la culture[10] de courges pour les nourrir et les légumes pour la famille. Il parlait du retour à la nature, et surtout, du bonheur d'habiter les Romarins, la maison où était née sa mère, Florette Cadoret.

Vocabulaire: 1. **arroser:** (be)gießen; 2. **un héritier:** ein Erbe; 3. **boucher:** verstopfen; 4. **tirer:** ziehen; 5. **une charrette:** ein Karren; 6. **un meuble:** ein Möbelstück; 7. **un bossu:** ein Buckliger; 8. **se cacher:** sich verstecken; 9. **un élevage:** eine Zucht; 10. **la culture:** *hier:* der Anbau

Pendant qu'Ugolin racontait au Papet l'arrivée de l'héritier et lui expliquait que la culture des œillets, c'était fini pour toujours, le vieux souriait.

- Je te le dis, Ugolin, ton bossu est un «fada[1]». Un homme de la ville qui veut jouer au paysan, ça ne marche jamais. Et puis, sans eau, ton «fada», il ne peut rien faire, et il retournera à la ville. Va les voir, rends-leur de temps en temps un petit service. Comme ça, plus tard, c'est à toi qu'ils vendront les Romarins, et pas à un autre.

Jean Cadoret, qu'on appelait Jean de Florette d'après le prénom de sa mère, travaillait beaucoup: on ne devient pas comme ça paysan du jour au lendemain! Pourtant, il était heureux aux Romarins, comme Aimée, sa femme, et Manon, sa fille. Les courges poussaient bien. Les lapins se multipliaient.

Ugolin, qui suivait les conseils[2] du Papet - et qui pensait surtout à ses futurs œillets - était devenu l'ami de Jean. Il lui prêtait[3] son mulet, lui donnait de l'eau de son puits. Il se disait:

- Je l'aide. Je lui fais du bien. Je sais que son affaire ne réussira pas, mais quand même, c'est une bonne action, et le Bon Dieu me le rendra[4].

Ugolin apportait souvent des petits cadeaux à Aimée, des fruits ou des oiseaux[5]. Elle aimait bien le jeune homme. Seule Manon, sans vraiment savoir pourquoi, le détestait.

L'été s'était maintenant bien installé: le soleil brûlait[6] du matin au soir dans un ciel tout bleu, et le vent, qui venait d'Afrique, desséchait[7] toutes les plantes. Il y avait, bien sûr, quelques orages[8], mais les pluies s'arrêtaient presque toujours de l'autre côté de la colline[9], comme si elles ne voulaient pas arroser les champs du plus joli village de Provence.

La citerne[10] des Romarins était vide[11]. Mais les courges et les légumes de Jean Cadoret avaient besoin d'eau. Et de l'eau, il y en avait à une source, à deux heures de marche de la ferme. A chaque voyage, quatre fois par jour, Jean ramenait sur son ânesse[12] quelques dizaines de litres. Mais ce n'était pas suffisant pour calmer[13] la soif des Romarins. Les forces du bossu baissaient.

Vocabulaire: 1. **un fada** *(fam.)*: ein Spinner *(ugs.; provenzalischer Ausdruck)*; 2. **un conseil:** ein Ratschlag; 3. **prêter:** leihen; 4. **rendre qc à qn:** *hier:* jdm. etwas vergelten; 5. **un oiseau:** ein Vogel; 6. **brûler:** brennen; 7. **dessécher:** austrocknen; 8. **un orage:** ein Gewitter; 9. **une colline:** ein Hügel; 10. **une citerne:** eine Zisterne *(Auffangbecken für Regenwasser)*; 11. **vide:** leer; 12. **une ânesse:** eine Eselin; 13. **calmer:** beruhigen, *hier:* stillen

Au village, on disait:

- Et pourquoi le bossu, il va chercher l'eau si loin?
- Il ne sait pas qu'il y a une source aux Romarins.
- Si elle ne s'était pas perdue, il l'aurait trouvée.
- On raconte qu'elle est bouchée ...
- Elle ne s'est sûrement pas bouchée toute seule.
- Hoho! Ce n'est pas des choses à dire. On ne gagne jamais rien à s'occuper des affaires des autres. D'abord, ce bossu, il n'est pas des Bastides, il est né à Crespin. Tu sais comment ils sont, les gens de Crespin?

A la fin de l'été, il n'y avait plus de courges, plus de légumes, et il y avait beaucoup moins de lapins aux Romarins. Jean Cadoret avait alors cherché de l'eau près de sa maison, à l'aide d'une baguette de sourcier. Il avait commencé à creuser un puits là où la baguette avait bougé[1]. Mais la roche[2] était si dure. Alors, il avait mis une mine au fond du trou.

L'explosion. Des milliers de pierres[3] dans le ciel bleu d'automne. Et une pierre, très pointue[4], sur la tête du bossu. Jean Cadoret était mort.

Vocabulaire: 1. **bouger:** sich bewegen; 2. **la roche:** das Felsgestein; 3. **une pierre:** ein Stein; 4. **pointu,e:** spitz

Découvertes INFO

Marcel Pagnol (1895 – 1974)

Marcel Pagnol est un homme du Midi: il est né à Aubagne, en Provence, va au lycée à Marseille, puis fait des études de littérature à l'université d'Aix-en-Provence et devient professeur d'anglais.
Jeune lycéen, Marcel adore déjà les mots. Ceux qu'il aime, il les note sur un petit carnet: «J'en faisais une collection, comme d'autres font des collections de timbres. Les mots que j'avais notés, je me les répétais souvent, quand j'étais seul, pour le plaisir de les entendre.» En 1922, Pagnol part pour Paris où il découvre sa passion pour le théâtre. Les pièces *Marius, Fanny* et *César* sont ses plus grands succès. Elles font vivre des personnages typiquement marseillais.
Après le théâtre, le cinéma. En 1952, Marcel Pagnol tourne l'histoire de Manon et de son père, Jean de Florette. C'est une histoire qu'un paysan lui a racontée quand il avait 13 ans. Dix ans après le film, il a envie d'en faire un roman.
En 1985, Claude Berri tourne la deuxième version du film *Jean de Florette* avec Yves Montand dans le rôle du Papet, et Gérard Depardieu dans celui de Jean Cadoret. Claude Berri tournera ensuite *Manon des sources,* la suite de *Jean de Florette.*

EXERCICES

1 A propos du texte

a *Travaillez en groupes.*

1. Le texte de la leçon a deux chapitres. Donnez un titre à chaque chapitre.
2. Divisez▽ les chapitres en plusieurs parties. Donnez un titre à chaque partie. Discutez les résultats en classe.

b *Répondez aux questions.*

1. Qu'est-ce qui impressionne Ugolin quand il va chez Attilio?
2. Pourquoi est-ce que le Papet dit: «L'argent, ce n'est pas à toi que je le donne, c'est aux Soubeyran»? *(Page 50, ligne 58)*
3. Pourquoi est-ce que les habitants disent: «D'abord, ce bossu, il n'est pas des Bastides, il est né à Crespin»? *(Page 52, ligne 13)*
4. *Ecoutez la cassette.* Les habitants des Bastides parlent avec l'accent▽ du Midi. Avec l'aide de votre professeur, décrivez cet accent.

c *Regardez les photos du film et racontez l'histoire de Jean de Florette.*

d *Résumez le texte. (Avant de commencer, relisez «D'un texte à l'autre», p. 16.)*

2 Votre avis

1. A votre avis, qui est responsable▽ de la mort de Jean Cadoret? Justifiez▽ votre réponse.
2. Que pensez-vous de la règle de morale: «On ne s'occupe pas des affaires des autres»? Décrivez des situations où il est bon/il n'est pas bon de respecter cette règle.

3 Le vélo est bon pour la forme ... *(§ 27)*

a *Regardez le vélo du futur (Exercice 2a, page 30). Faites le même exercice avec les formes du conditionnel.*

b *Choisissez un des verbes et faites des phrases avec «A ta place, ...»*
Exemple:
partir → Tu pars déjà? A ta place, je ne **partirais** pas encore.

4 Des conseils *(§ 29)*

a Quand Ugolin voit Jean Cadoret s'installer aux Romarins, il perd courage. Mais le Papet lui donne des conseils.
Mettez les verbes au conditionnel.

1. A ta place, j' ~ souvent voir Jean Cadoret.	*aller*
2. Tu ~ lui rendre des petits services.	*pouvoir*
3. Ce ~ bien aussi de lui offrir de l'eau de ton puits.	*être*
4. Nous ~ même lui prêter de l'argent.	*devoir*
5. Comme ça, Cadoret et toi, vous ~ des amis.	*devenir*
6. Et c'est à toi qu'il ~ la ferme.	*vendre*
7. Non, à ta place, je n' ~ pas peur!.	*avoir*

b ☞ **A vous.** Donnez des conseils.

Exemple:
Que dirais-tu à un copain qui veut acheter un animal?
→ A ta place, j'achèterais un/une … parce que …

Que dirais-tu à une copine/un copain qui
1. veut apprendre un instrument de musique?
2. cherche un cadeau pour l'anniversaire de son ami(e)?

Travaillez en groupes. Imaginez d'autres possibilités.

5 A propos du vocabulaire

a L'eau

A quels autres mots et expressions pensez-vous quand vous entendez le mot «eau»?

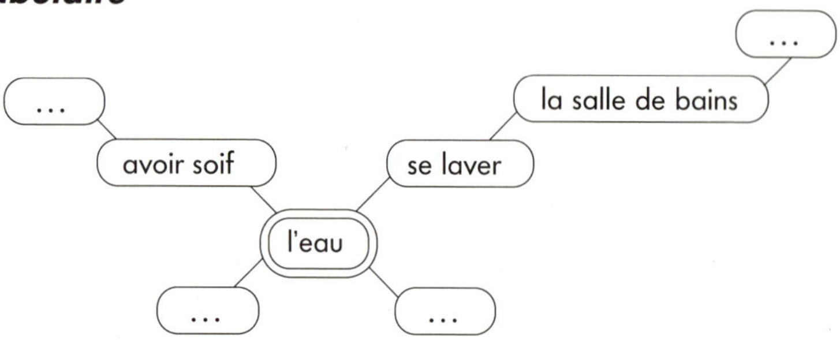

b La famille

Faites une liste. Travaillez à deux.

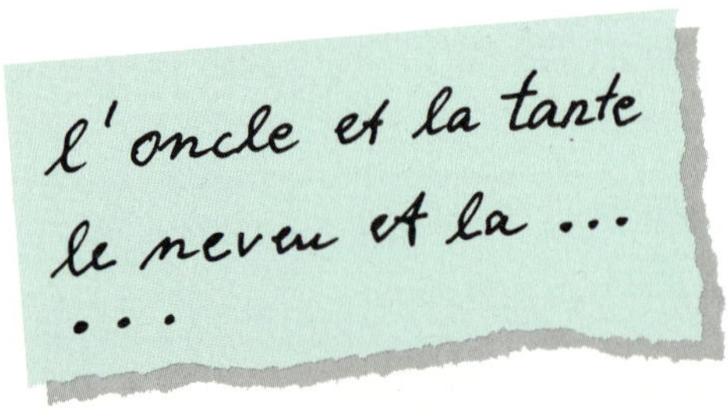

6 *Si seulement il faisait moins chaud!* (§ 30)

C'est le mois d'août. Tes parents et toi, vous passez des vacances en Provence. Vous avez loué une petite maison assez loin de la mer. Vous aimeriez faire des excursions, mais il fait beaucoup trop chaud.
Alors, tu rêves de la mer, d'une piscine …

Qu'est-ce que tu dis à tes voisins français?
– Si seulement la mer **était** plus près!
– Si seulement … *Continuez.*

7 *Parlez plus fort.* (§ 31)

Trouvez les réponses. Elles ne sont pas toujours justes. Corrigez.

parler fort/bas	**coûter cher**
sentir bon/mauvais	**chanter faux/juste**

1. – Je ne t'entends pas.
2. – Tu veux acheter ce vélo?
3. – Voilà des fleurs pour toi.
4. – Tu aimes ce chanteur?

a) – Merci. Elles sentent vraiment mauvais.
b) – Non. Je trouve qu'il chante faux.
c) – Ah bon? Alors, je vais parler plus bas.
d) – Non. Il coûte trop cher.

8 *Proposer quelque chose*

a *On dit …*

Je te propose d'aller J'ai une idée. On va On pourrait aller	au cinéma.
On va Tu es d'accord pour aller Tu as envie d'aller Si on allait	au cinéma?

b

Tu proposes à ta copine/ton copain des activités pour le week-end prochain. Mais elle/il n'est pas toujours d'accord avec toi. Voici ses réponses.

Imaginez le dialogue. Travaillez à deux.

– On va au cinéma? → – Non, je n'ai pas envie.
– … → – Ah non, alors! C'est trop cher!
– … → – Je veux bien. Et s'il pleut?
– … → – Ecoute, tu sais bien que je n'aime pas ça!
– … → – Avec toi? Jamais!
– … → – …
Continuez. → – *Continuez.*
– … → – Ah ça, c'est une bonne idée!

9 Si j'étais un oiseau ... (§ 30)

Faites des phrases avec **si**. *Employez l'imparfait et le conditionnel présent.*

Exemple: je – être un oiseau → Si j'**étais** un oiseau, je **saurais** voler.

1. je – parler 5 langues
2. mon copain – être une star
3. nous – ne pas avoir cours aujourd'hui
4. nous – vivre encore comme nos grands-parents
5. les pierres – savoir parler
6. tous nos rêves – devenir réalité
7. je – être une chanson

10 Encore des «si»! (§§ 28, 30)

Travaillez à deux. Sur une feuille de papier, le premier écrit une phrase qui commence par **si**, *par exemple:* → S'il n'avait pas plu hier,
Il donne la feuille au deuxième qui complète la phrase, par exemple: → nous aurions fait du vélo.
Puis, celui-ci commence une nouvelle phrase avec **si**, *qui doit reprendre l'idée de la première, par exemple:* → Si nous avions fait du vélo,

Maintenant, c'est au premier de continuer.

Faites un texte de cinq phrases. Puis, lisez votre texte devant la classe.
Attention! *Employez toujours le plus-que-parfait et le conditionnel passé.*

11 Manon des sources

Jean Cadoret est mort, mais l'histoire continue. Marcel Pagnol raconte la suite dans son roman «Manon des sources». Manon et sa mère doivent vendre les Romarins. Elles s'installent plus loin dans la montagne, dans une bergerie▽. Manon, qui devient une très belle jeune fille, pense souvent à son père. Il ne serait pas mort s'il avait pu arroser ses champs avec l'eau de sa source, comme le fait maintenant le nouveau propriétaire des Romarins.

a *Essayez de répondre aux questions.*

b Les questions vous aideront à imaginer une suite à l'histoire. *Racontez cette suite en quelques phrases.*

Puis, pour connaître la vraie suite, écoutez le texte qui se trouve sur la cassette/le CD du professeur *(voir page 86)*.

1. Qui est le nouveau propriétaire des Romarins?
2. L'eau de la fontaine▽ des Bastides vient d'une source qui se trouve dans les montagnes. Un jour, le village n'a plus d'eau: quelqu'un a bouché cette source. Qui est-ce?
3. Deux hommes sont amoureux de Manon. Le premier, c'est l'instituteur▽ des Bastides. Qui est le deuxième?
4. A la fin du roman, le Papet apprend que Manon est une Soubeyran. Comment est-ce possible? Le Papet est très malheureux. Pourquoi?

A Ma vie exemplaire

Frank Margerin est né en 1952. Il vit et travaille à Paris. C'est un des grands dessinateurs de la BD francophone. Le «héros» le plus connu de ses BD s'appelle Lucien. Dans la BD suivante, Frank Margerin raconte comment il est devenu dessinateur.

6

Frank Margerin présente:
LA VIE EXEMPLAIRE DE Frank MARGERIN
Le 9 janvier 1952, à Paris, le petit Frank voit le jour… Une fée qui passait dans le quartier se penche sur lui…
IL SERA INGENIEUR…
OU ALORS AVOCAT OU MÉDECIN!
J'VOUDRAIS PAS VOUS DÉCEVOIR, MAIS…
1
CET ENFANT N'AURA QU'UNE PASSION… HEU…
LA B.D!
2
Il a à peine l'âge de tenir un feutre que le petit Franky ébauche sa 1ère BD sous l'œil émerveillé de sa maman…
3
Quelques années plus tard, il entre à l'école, et tout de suite, ses professeurs remarquent ses qualités graphiques.
TCHAK
4
Après la troisième, Frank décide de quitter le lycée…
BOT
5
pour se consacrer à des études artistiques…
6
Cinq années plus tard, il sort diplômé des Arts A. et ne tarde pas à trouver du boulot…
PATRONAGE DE NOISY LE SEC
EN RANG PAR DEUX!
7

D'après Frank Margerin, «La Vie exemplaire de Frank Margerin» *extrait de* «RADIO LUCIEN»

EXERCICES

1 A propos du texte

a *Comprendre le texte*

1. Qui est l'auteur de la BD?
2. Quel est le sujet▽ de la BD?

b *Analyser▽ le texte*

1. *Retrouvez les dessins qui correspondent aux phrases suivantes:*
   a) Elle a un choc quand elle voit qu'il a dessiné partout.
   b) Il dort sur sa table à dessiner.
2. *Lisez les textes qui se trouvent au-dessus de ces dessins. Comparez les textes aux dessins et expliquez comment l'auteur crée un rapport▽ d'ironie▽ entre ces dessins et ces textes.*
3. *Retrouvez le même rapport dans d'autres images de cette BD. Parlez aussi du titre.*

2 Votre avis

☞ **A vous.** Comment trouvez-vous cette BD de Frank Margerin?

On dit...

Je trouve cette BD...

intéressante	ennuyeuse	
originale	exagérée	
amusante	compliquée	parce que...
drôle	bête	
géniale	idiote	

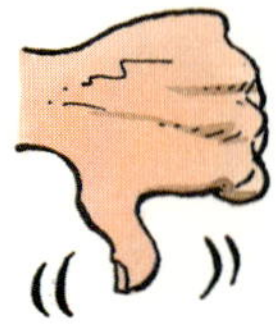

3 A propos du vocabulaire

a Formation des mots

RAPPEL ***Les métiers:*** *Trouvez la forme féminine ou la forme masculine.*

1. un acteur de cinéma et une ~
2. une inspectrice de police et un ~
3. une chanteuse de rock et un ~
4. un vendeur et une ~
5. une pharmacienne et un ~
6. un infirmier et une ~
7. une commerçante et un ~
8. un boulanger et une ~
9. une comptable et un ~
10. un employé de banque et une ~

Attention!

un ingénieur
un médecin
un reporter
un professeur

un prof *(fam.)* — **une** prof *(fam.)*

☐ **b** ☞ **A vous.** Qu'est-ce qui est important quand on choisit un métier? Gagner beaucoup d'argent?/Avoir un travail intéressant?/...

Travaillez en groupes. Trouvez entre cinq et dix aspects▽ importants. Puis, discutez et choisissez les deux aspects que votre groupe trouve les plus importants. Présentez-les devant la classe et dites pourquoi vous les avez choisis. Quels sont les aspects qui reviennent le plus souvent?

c *Choisis un métier et demande à une/un camarade:*

– Est-ce que tu aimerais être...?
– Oui, ça me plairait / Non, ça ne me plairait pas — parce que...

⟨D'un texte à l'autre⟩

Stratégies

La formation des mots

Si vous connaissez les principes de la formation des mots, vous aurez moins de problèmes pour comprendre des mots inconnus. Voici les principes expliqués dans Découvertes 3.

A Quelques préfixes

1. **re-/r-**

(→ p. 22, Ex. 4)

Ce préfixe a souvent le sens de «encore une fois» ou «retour au point de départ».

Exemples:			
faire	→	**re**	**faire**
venir	→	**re**	**venir**

Traduisez en allemand: reconnaître qn, se rhabiller, renvoyer

2. **in-/im-**

(→ p. 35, Ex. 3)

Ce préfixe exprime souvent le contraire.

Exemples:			
dépendant	→	**in**	**dépendant**
prudent	→	**im**	**prudent**
exact	→	**in**	**exact**

Trouvez les antonymes: insuffisant, imprécis, inintéressant

B Quelques suffixes

1. *par exemple:*

(→ p. 60, Ex. 3)

-eur	**-ant**	**-(i)er**	**-teur**	**-é**	**-ien**
-euse	**-ante**	**-(i)ère**	**-trice**	**-ée**	**-ienne**

Ces suffixes servent à former le masculin ou le féminin.

2. **-ion**

(→ p. 65, Ex. 4a)

Ce suffixe se trouve souvent à la fin des noms qu'on forme à partir d'un verbe. Ces noms en «-ion» sont toujours féminins.

Exemples:		
organiser	→	une organisat **ion**
traduire	→	une traduct **ion**

Trouvez les noms: former, comprendre, accuser, construire

C Les mots composés

(→ p. 65, Ex. 4b)

Exemples:

1.	*nom*	*de / du / des*	*nom*	l'argent **de** poche l'emploi **du** temps le brevet **des** collèges
2.	*nom*	*à / au / aux*	*nom/ verbe*	la salle **à** manger le coq **au** vin la tarte **aux** pommes
3.	*nom / verbe / prépos. / adj.*	–	*nom*	le club-théâtre le porte-monnaie l'après-midi le grand-père

Formez trois mots composés à partir des neuf éléments suivants:

feuille	à	chasse
–	sac	dos
neige	papier	de

1. Pour connaître le pluriel des mots composés, regardez la liste dans votre livret de grammaire *(Rév. 1)*.
2. Il y a aussi des noms composés sans trait d'union, p. ex. une cassette vidéo.

B Tintin, Astérix, les Schtroumpfs ... et les autres

1 Sarah Braun et ses parents habitent depuis quelques mois en Belgique. Ce week-end, ils sont invités à Mons, chez les Frappart. M. Braun et M. Frappart sont collègues: ils travaillent ensemble dans un bureau de l'Union européenne à Bruxelles.

– Eh! Formidables, ces BD! Elles sont à toi? demande Sarah à Frédéric devant les étagères du salon pleines de BD.
– A moi et à mon père. La BD, c'est notre passion ... Depuis longtemps, presque tout mon argent de poche passe dans ces albums.
– Et quand on lui demande, ajoute son père, ce qui lui ferait plaisir pour son anniversaire ou pour Noël par exemple, il répond toujours: «Le dernier album de ...» Il a commencé par les aventures de Tintin, puis ça a été Astérix. Regarde notre collection de Tintin, elle est presque complète: Tintin au Congo, Tintin au Tibet, l'Ile noire ... Et aujourd'hui, nous lisons surtout des BD modernes. Elles ne nous racontent pas seulement des aventures, elles nous parlent aussi de problèmes comme ceux de la drogue et de la vie dans les HLM.

Tintin et Milou

Lucky Luke

Gaston Lagaffe

2 – Sarah, demande Frédéric, tu connais Tintin? Tu sais, ce petit reporter qui fait le tour du monde avec son chien Milou. L'auteur, c'est un Belge qui s'appelle Hergé.
– Un Belge? Je croyais qu'il était Français.
– Non, non, dit M. Frappart. Il est né à Bruxelles, en 1907, et son vrai nom était Georges Rémi. Hergé, c'était son pseudonyme: R comme Rémi et G comme Georges.

un Schtroumpf

Boule et Bill

– Tu sais, dit Frédéric, ses albums, on les a traduits en cinquante langues. On en a vendu plus de nonante, oh pardon, quatre-vingt-dix millions d'exemplaires en français et, je crois, cent cinquante millions dans le monde entier. Tu imagines, cent cinquante millions d'exemplaires!

– Il faut dire, ajoute M. Frappart, que ce sont des albums auxquels ne s'intéressent pas seulement les enfants, mais aussi beaucoup d'adultes. D'ailleurs, Hergé n'était pas le seul grand dessinateur belge. Il appartenait à la célèbre Ecole Belge à laquelle la BD francophone doit beaucoup. On y trouve d'autres grands dessinateurs comme Morris avec son Lucky Luke, Franquin avec Gaston Lagaffe, Roba avec Boule et Bill, et Peyo avec ses Schtroumpfs ...

– A propos, Sarah, tu sais d'où vient le nom des Schtroumpfs? demande Frédéric. Eh bien, un jour, pendant le repas, Peyo, très distrait, a demandé à Franquin s'il pouvait lui passer le ... le ... «Schtroumpf» au lieu de dire: «Passe-moi le sel.» Voilà comment le Schtroumpf est né.

3 – Ouf! dit Sarah, impressionnée. J'ai appris beaucoup de choses aujourd'hui ... Tu as de la chance, Frédéric, d'avoir un père qui aime la BD. Ce n'est pas le cas de tout le monde, hein, papa!

– Mes parents, raconte alors M. Frappart, n'aimaient pas non plus la BD. Mon père et mes profs me disaient sans arrêt que les BD, c'était pour les paresseux, et que les lecteurs de BD n'avaient jamais réussi leurs études et ne les réussiraient jamais.

– Quand on pense qu'aujourd'hui, dit Frédéric, il y a un festival de la BD tous les ans à Angoulême. C'est fantastique, hein!

– Oui, et à Bruxelles, il y a même un musée de la bande dessinée, ajoute M. Frappart. Vas-y avec tes parents, Sarah. Cela les intéressera sûrement.

Découvertes INFO

Le Musée de la BD à Bruxelles

Au rez-de-chaussée du musée se trouve la bibliothèque avec tous les albums, toutes les revues et une bonne documentation sur la BD. A côté, il y a aussi un magasin amusant dans lequel on peut acheter des albums et des souvenirs comme la brosse à dents d'Obélix, le bol de Milou ou le T-shirt de Tintin. Au 1er étage, les visiteurs peuvent suivre toutes les étapes de la naissance d'une BD et voir des vitrines dans lesquelles on montre une page de chaque grand créateur de la bande dessinée, de la plus simple à la plus artistique.

B EXERCICES

1 A propos du texte

RAPPEL *Poser des questions sur le texte*

Est-ce que ...?
Qui/Qui est-ce qui ...?
Qui est-ce que ...?
Qu'est-ce qui ...?
Que/Qu'est-ce que ...?
Quel(s)/Quelle(s) ...?
Où ...?
Quand ...?
Comment ...?
Pourquoi ...?
Préposition + qui ...?
Préposition + quoi ...?

a *Travaillez à deux. Relisez d'abord le texte 6 B. Puis, chaque élève écrit trois questions sur ce texte. Elle/Il les donne à sa/son partenaire, qui y répond par écrit. Ensuite, vous corrigez à deux vos questions et vos réponses.*

b *Faites deux groupes dans votre classe. Une/Un élève d'un des deux groupes commence: elle/il appelle une/un élève du deuxième groupe et lui pose une question. Celle-ci/Celui-ci donne la réponse et continue.*

2 A quoi est-ce que tu t'intéresses? *(§ 32)*

Ta correspondante française te pose des questions auxquelles tu réponds ensuite.

– Quel Quelle Quels Quelles	est sont	le sport les films la musique les BD	à + lequel	tu t'intéresses le plus?

le sport: le foot/le tennis/le ski/...
la musique: la musique classique/ la musique moderne/ la musique pop▿/...
les films: les films d'amour/ les films d'aventures/ les films policiers/...
les BD: Astérix/Tintin/ la BD moderne/...

3 Frank Margerin se souvient. *(§ 32)*

Complétez.

pour **sans** **avec** **à** **pendant** **grâce à**	+	**lequel** **laquelle** **lesquels** **lesquelles**

1. Je pense encore souvent au collège et à ces heures de cours ~ je me suis terriblement ennuyé.
2. Je me souviens bien de la première agence de pub ~ je me suis présenté.
3. J'ai même gardé les dossiers ~ je ne sortais presque jamais à l'époque.
4. J'ai encore le feutre ~ j'ai fait ma première BD.
5. Cette BD, ~ j'ai beaucoup travaillé, je ne l'oublierai jamais.
6. Elle a eu un beau succès ~ j'ai pu continuer.

4 A propos du vocabulaire

a Les noms en «-ion»

Voici des mots que vous ne connaissez pas. Mais vous connaissez le verbe ou un nom de la même famille. Notez ces mots. Puis, traduisez le nom et le verbe en allemand.
Exemple:
une explication → expliquer
eine Erklärung – erklären

Formation des mots

documenter une déception
éditer une division exploser
une disparition la centralisation
aérer la protection agir
punir respirer contribuer

b Les mots composés

Expliquez le sens▽ *des mots suivants.*
Exemple:
une brosse à dents

C'est ce qui sert à se brosser les dents.
C'est ce qu'on prend pour se brosser les dents.
C'est | l'instrument avec lequel on se brosse les dents.
| une brosse dont on se sert pour se brosser les dents.

⚠ *Il y a beaucoup d'autres façons d'expliquer le sens d'un mot!*

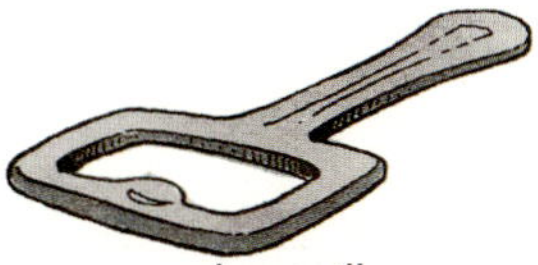
un ouvre-bouteille

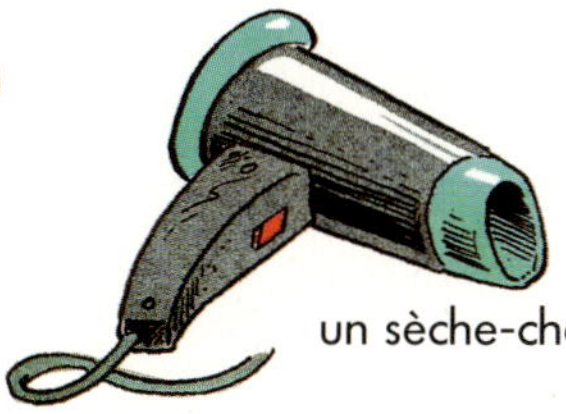
un sèche-cheveu

un verre de vin

un tire-bouchon

un porte-avion

un verre à vin

5 Je ne savais pas que ... *(§ 33)*

Faites des dialogues.

Exemple: – Tu **sais** que Morris **est** Belge?
– | Non, je ne **savais** pas qu'il **était** Belge.
| Oui, je **savais** qu'il **était** Belge.

Tu sais
1. qu'il y a un musée de la BD à Bruxelles?
2. que «Tim» s'appelle «Tintin» en français?
3. qu'Hergé est né à Bruxelles?
4. qu'il a vécu en Belgique?
5. qu'il y aura un festival de la BD cette année?
6. qu'on tournera bientôt un nouvel «Astérix»?

6 Frédéric et Franziska *(§ 33)*

Frédéric a oublié son rendez-vous avec Franziska, une jeune Autrichienne dont la mère travaille aussi dans un bureau de l'Union européenne. Quand Franziska téléphone, Frédéric n'est pas là.
Alors, elle parle avec sa mère.

Racontez ce que Franziska a dit ou demandé.
Exemple:
Elle **a demandé** si Frédéric **était** là.

Employez demander/vouloir savoir/dire/ajouter/raconter.
Faites aussi attention aux mots après lesquels il y a un ⚠.

1. Il a oublié notre ⚠ rendez-vous.
2. Nous voulions acheter une BD.
3. Pourquoi est-ce qu'il n'est pas venu?
4. Qu'est-ce que ⚠ je vais faire alors?
5. C'est vraiment bête.
6. J'ai laissé partir ma ⚠ copine au cinéma.
7. Je resterai chez moi ⚠.
8. Je ferai mes ⚠ devoirs pour demain.
9. Il pourra me ⚠ téléphoner quand il sera rentré?

7 CD, BD – on s'amuse comme on peut.

a Un père entre dans la chambre de son fils qui fait ses devoirs et écoute de la musique rock en même temps.

Faites des groupes. Imaginez le dialogue entre le père et le fils.
Voici des expressions pour vous aider:

On dit ... *Réagir quand on vous critique*

– Tu veux faire tes devoirs avec cette musique-là?	– Tu as raison. Je ne le ferai plus.
– Elle est impossible, cette musique.	– Tu as peut-être raison, mais d'un autre côté ...
– Quand on fait ses devoirs, on a besoin de silence.	– Ce n'est pas vrai ce que tu dis, parce que ...
– Si tu continues comme ça, tu rateras ton bac.	– Ecoute, on en reparlera plus tard. Calme-toi d'abord.
– Ce n'est pas intelligent ce que tu fais.	– Laisse-moi tranquille.

b Une mère va dans la chambre de sa fille pour lui dire bonne nuit.
Celle-ci est en train de lire une BD.
Imaginez le dialogue. Travaillez en groupes.

8 Cette tête-là me dit quelque chose.

Voici une BD que le dessinateur français Boucq a créée pour le 35e anniversaire d'Astérix. Pour faire cette BD, il s'est servi d'une technique moderne qui s'appelle «couleur directe», c'est-à-dire qu'il a mis la couleur directement dans ses dessins. Dans les BD «classiques», on fait d'abord les dessins et, ensuite, on ajoute la couleur sur une copie.

a *Regardez la BD et répondez aux questions.*
1. Qui sont les deux hommes et le chien?
2. A quoi les avez-vous reconnus?

b Que se passe-t-il dans cette BD? *Racontez.*

c Les deux hommes ne se reconnaissent presque plus. Qu'est-ce qui s'est passé? Où et comment vivent-ils maintenant? *Imaginez leur histoire.*

LEÇON 7

A Une petite route perdue …

Le début du texte se trouve sur votre cassette/sur votre CD.
On va vous demander de l'écouter.

a *Avant l'écoute:*

1. *Relisez les stratégies «Ecouter et comprendre» (page 17).*
2. Le début de l'histoire pourrait avoir comme titre:

> «Une journaliste du Républicain Lorrain
> au spectacle franco-allemand du collège Paul-Valéry»

Imaginez de quoi le texte va parler.

b *Maintenant, écoutez le texte une première fois et dites de quoi il parle.*

c *Ecoutez le texte une deuxième fois. Notez les mots importants pour pouvoir dire ensuite tout ce que vous savez sur*

- Claudine Camus
- la journaliste
- le spectacle franco-allemand. *Travaillez à deux.*

d A la fin du texte, Claudine Camus dit:

«**Il faut que** nous **rentrions** à la maison.»

«rentrions» est une forme du ***subjonctif.***
On emploie▿ cette forme, par exemple, après «il faut que».

Voici d'autres formes du subjonctif:

Il faut | que tu **rentres.**
Il faut | qu' ils **rentrent.**

Trouvez la première et la troisième personne du singulier et la deuxième personne du pluriel. Vérifiez▿ dans votre livret de grammaire.

e *Formez des phrases avec le subjonctif.*

Il faut que	je tu Charlotte nous vous Olivier et Florian	*(rentrer)* *(dépenser)* *(flirter)* *(résumer)* *(s'occuper)* *(respecter)*	moins d'argent. moins souvent. à la maison. le texte. plus la nature. de nos correspondants.

Maintenant, lisez la suite de l'histoire.

Une petite route perdue, entre Thionville et Gavisse. Deux énormes poids lourds qui roulent lentement, comme s'ils cherchaient quelque chose …
Dans la voiture des Camus, c'est le bonheur. On est encore sous le charme du spectacle. La petite Séverine rêve de jouer le même concerto pour piano que sa sœur, et d'avoir le même succès. Claudine, elle, se voit très bien devenir pianiste professionnelle. Les parents, eux aussi, sont très contents. La mère, tout d'abord:
– Il faut que je te dise, ma chérie, que tu n'as jamais aussi bien joué que ce soir.
Le père ajoute qu'il a beaucoup aimé tout le spectacle. Il trouve que le collège Paul-Valéry de Thionville est vraiment un très bon collège.
Encore un peu moins d'un kilomètre jusqu'à la maison. Il est tard.
– Je veux que, demain, vous dormiez le plus longtemps possible, dit la mère. Surtout toi, Séverine. Tu es encore petite.
– Ah, maman, tu m'énerves, dit Séverine. D'abord, je ne suis pas petite. Et puis, je ne suis pas fatiguée du tout.
– Je n'aime pas qu'on me réponde de cette façon-là, Séverine …
Les deux énormes poids lourds traversent maintenant la route départementale pour prendre le chemin qui conduit à une usine désaffectée. Les Camus, bloqués par la manœuvre, observent la scène et, bien sûr, s'interrogent. L'usine a repris son activité? Non, ce n'est pas possible. Ils l'auraient remarqué. Et avec le chômage, on en aurait parlé dans la région. Alors, qu'est-ce qu'ils font là en pleine nuit, ces camions?
– On peut aller voir ce qui se passe, propose Claudine.
Mais les parents ne veulent pas: il est trop tard, et qui sait, c'est peut-être dangereux.
Claudine se dit qu'elle ira, le lendemain, faire un tour à l'usine avec les copains. Et elle apprend par cœur le numéro de la plaque du deuxième camion. Ça peut toujours être utile.

7

A EXERCICES

1 A propos du vocabulaire

□ **a** **RAPPEL** *Les sports, les jeux et les instruments de musique:*

☞ **A vous.** *Dis à ta correspondante française/à ton correspondant français*

– *si tu fais du sport:*

– *si tu aimes les jeux:*

– *si tu joues d'un instrument de musique:*

Exemples:

Je fais du vélo.	J'aime jouer aux cartes.	Je joue du piano.
Je joue au / Je fais du foot.	J'aime les jeux vidéo▽.	Je joue de la guitare.
...	...	...
Je ne fais pas de sport.	Je n'aime pas les jeux.	Je ne joue pas d'un instrument de musique.

Si vous ne connaissez pas le nom d'un sport, d'un jeu ou d'un instrument de musique, regardez dans votre dictionnaire.

✎ **b** *Les activités que votre école vous propose:*
Ta correspondante française / Ton correspondant français veut aussi savoir quelles activités votre école propose aux élèves en dehors▽ des cours (fêtes, concerts, clubs, ...).
☞ **A vous.** *Ecris-lui une lettre dans laquelle tu parles de ces activités.*
Dis aussi celles auxquelles tu participes.

2 Ils ne sont pas toujours d'accord. *(§§ 34, 35)*

Des parents discutent avec leur fille/leur fils. *Faites des dialogues. Exemple:*
– Nous aimerions que tu **sortes** moins souvent.
– Eh bien, moi, je voudrais que vous ne me **disiez** pas toujours la même chose.

aimer mieux que aimer que attendre que demander que préférer que proposer que vouloir que il faut / faudrait que	– dormir moins longtemps le matin – ne pas répondre de cette façon-là – ne pas toujours dire la même chose – réfléchir avant de parler – regarder moins souvent la télé – se coucher moins tard le soir – sortir moins souvent	– conduire ta mob▽ plus prudemment – lire moins de BD – se disputer moins souvent – rouler moins vite en voiture – se mettre à travailler plus au collège – se parler plus

⟨D'un texte à l'autre⟩

Stratégies — Découvrir son dictionnaire (II)

A la page 47, vous avez déjà appris comment vous pouvez vous servir d'un dictionnaire **français-allemand.**
Vous connaissez aussi les stratégies que vous pouvez employer quand vous voulez exprimer un mot que vous ne connaissez pas en français. (Relisez la page 41.) Dans ce cas, bien sûr, vous pouvez aussi regarder dans un dictionnaire **allemand-français.**

A Prenons un exemple. Vous voulez dire à votre copain français:

«Unser Nachbar ist ausgezogen. Er wohnt nicht mehr hier.»

Vous cherchez le mot «ausziehen» dans votre dictionnaire.
Voici ce que vous y trouvez:

ausziehbar *a (Tisch)* extensible, à rallonge(s); **aus≈ziehen** ‹*zog aus, ausgezogen*› *tr* ‹*h*› **1.** *(Nagel, Zahn)* arracher, extraire; **2.** *(Tisch)* rallonger; **3.** *(Kleidungsstück)* ôter, retirer, enlever; *(entkleiden)* déshabiller; **4.** *Metall (strecken)* étirer, étendre **5.** *(Stoffe aus e-r Pflanze; Sonne: Farbe* od *Feuchtigkeit; Schrift(steller) exzerpieren)* extraire; **6.** *itr* ‹*sein*› partir (*zu* pour); **7.** *auf Abenteuer* ~ partir à l'aventure, partir courir l'aventure; *(aus e-r Wohnung)* déménager, déloger; **8.** *refl sich* ~ se déshabiller. **Ausziehen** *n (der Kleider)* déshabillage *m.* **Ausziehleiter** *f* échelle *f* à coulisse.

Respectez la même règle que pour l'emploi du dictionnaire français-allemand:
Ne prenez pas tout de suite la première traduction du mot ou de l'expression que vous cherchez.
Regardez d'abord toutes les possibilités, puis choisissez celle qui correspond le mieux à votre contexte.

Maintenant, dites à votre copain français:
1. Unser Nachbar ist ausgezogen.
2. Zieh deine Jacke aus.

B Quand vous voulez traduire des expressions idiomatiques (idiomatische Ausdrücke), il faut faire attention parce que, souvent, on ne peut pas les traduire mot à mot.

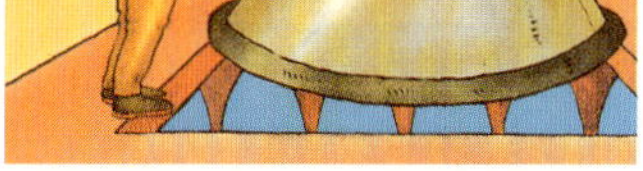

Comparez: Etwas an die große Glocke hängen — Crier quelque chose sur les toits

Dans les articles de votre dictionnaire, les expressions idiomatiques se trouvent après le symbole ►.

Lisez l'article «Schlange», puis dites à votre copain français:

Wir müssen vor dem Kino Schlange stehen.

Schlange *f* ‹-, -n› [ˈʃlaŋə] **1.** serpent *m; fig a.* vipère *f;* **2.** *(Menschenreihe)* queue; *(Auto~)* file *f;* ► ~ *stehen* faire la queue.

B Des bâtiments aux vitres cassées …

Des bâtiments aux vitres cassées, un hangar sans toit, de l'herbe partout: hier, c'était une usine; aujourd'hui, c'est le bout du monde, un monde revenu à la nature et qui appartient à Claudine et à ses amis, un endroit où ils aiment se retrouver pour rire et discuter.
Et derrière le plus grand des bâtiments, au milieu des fleurs sauvages, il y a, ce matin, des traces fraîches de pneus … et des dizaines, des centaines de grosses balles de plastique.

– J'ai peur qu'on prenne notre terrain pour une décharge, dit Claudine à ses amis qui, surpris, regardent cette montagne de plastique.

D'autres jeunes, eux, pensent plutôt que l'usine va reprendre son activité, qu'on va transformer le plastique, le recycler.

– Moi, je trouve bizarre, dit Benjamin, qu'on vienne, comme ça, en pleine nuit, jeter des tonnes de plastique sur ce terrain. Il y a peut-être autre chose que du plastique dans ces balles … Il faut en ouvrir une. Comme ça, on saura.

Avec son canif, il se met au travail. Il essaie d'ouvrir la balle. Mais elle est très dure, et le canif trop petit. Patrick, qui en a un plus grand, vient aider Benjamin. Ils frappent avec force. Ce n'est qu'après une dizaine de minutes qu'ils réussissent enfin à ouvrir le ventre de la balle. Il en tombe, alors, des seringues, des pansements et des déchets de toutes sortes. Patrick crie. Claudine a envie de vomir. Puis, tout le monde court vite à la maison raconter ce qu'ils ont vu.

– Il faut que vous veniez tout de suite, dit Claudine à ses parents.

Les Camus, dont la maison n'est qu'à quatre cents mètres de la «décharge», et les autres habitants de ce petit village tout près de Thionville ne sont pas contents du tout. Ils ne veulent pas qu'on pollue leur environnement. Et ils pensent qu'il y a là, sûrement, quelque chose d'illégal. Ils décident d'aller voir le maire.
Claudine, comme tout le monde, veut qu'on enlève très vite tous ces déchets. Pour ça, elle a une idée. Elle va essayer de trouver le nom de la journaliste du «Républicain Lorrain». Puis, elle va l'appeler pour lui raconter toute l'histoire et lui demander de faire un petit «papier» sur la «décharge». Il est très important, se dit Claudine, que le public apprenne ce qui se passe près de l'usine désaffectée.
Claudine appellera aussi un copain allemand qui joue dans l'orchestre du collège et dont le père travaille à la télé à Sarrebruck: si la télé pouvait en parler …

B EXERCICES

1 A propos du texte

Racontez en quelques phrases ce qui s'est passé dans les textes 7A et 7B.
Voici des éléments pour vous aider:
- spectacle franco-allemand – journaliste – Claudine Camus – pianiste
- retour – succès de Claudine – poids lourds – s'interroger – numéro
- usine désaffectée – balles de plastique – Claudine et ses amis – canif – déchets – quelque chose d'illégal – maire – journaliste – télévision

2 Les balles de plastique *(§§ 36, 37)*

Qu'est-ce que les gens disent ou pensent?

3 Qu'est-ce que la nature pour vous?

a ☞ **A vous.** *Travaillez en groupes.*

Dans chaque groupe, on écrit
«La nature pour moi, c'est ...»
sur un grand papier blanc.
Puis, un élève commence, complète la phrase
et passe le papier à un voisin.

b *Pour faire de votre papier un poster▽, ajoutez des dessins, des photos, etc.*

7

C Signé: Marielle Fournier

Signé: Marielle Fournier. Ça y est. Le «Républicain Lorrain» vient de publier l'article sur le spectacle franco-allemand du collège Paul-Valéry. Le plus important dans l'article, pour Claudine, c'est la signature de la journaliste au bas du «papier». Maintenant, la collégienne connaît le nom de celle qui l'a interviewée: ça va donc être facile de l'appeler. Facile? Il est possible que ce ne soit pas si facile ... Une journaliste n'est jamais là quand on lui téléphone, jamais. Elle est sur les routes, elle a des rendez-vous, elle fait des interviews. Et puis, quand elle est au journal, elle travaille, elle écrit, elle ne veut pas qu'on la dérange.
Le lendemain soir, enfin, Claudine réussit à parler à Marielle Fournier. Bien que celle-ci ait peu de temps, elle écoute avec beaucoup d'attention l'histoire que lui raconte la jeune fille: les deux énormes poids lourds, les centaines de balles de plastique jetées en pleine nuit, la découverte des seringues et des pansements, sans parler de tous les autres déchets.
La jeune journaliste est de l'avis de Claudine: «Il y a là, sûrement, quelque chose d'illégal.»
- Mais il faut que je fasse mon métier avant de publier un papier, c'est-à-dire que je vérifie tout ce que tu m'as dit et que j'aille plus loin encore, que j'en sache plus.

dans une salle de rédaction

Marielle Fournier demande alors à la jeune fille s'il lui serait possible de surveiller la «décharge», sans qu'on la voie, et de l'appeler si elle voyait d'autres camions près de l'usine.
- A propos, dit Claudine, je peux vous donner le numéro de la plaque d'un des deux poids lourds. Je l'ai appris par cœur.
- Tu veux vraiment devenir pianiste? répond Marielle. Parce que tu as tout ce qu'il faut pour devenir journaliste.

«J'espère, pense Claudine après avoir raccroché, qu'elle découvrira quelque chose et le publiera. J'espère qu'on enlèvera tous ces déchets dégoûtants, pour que nous puissions, les copains et moi-même, retrouver cet endroit qui nous appartient un petit peu.»

C EXERCICES

1 Marielle Fournier réfléchit. *(§§ 38, 39)*

Complétez. Mettez les conjonctions et les formes des verbes qui conviennent.

avant que **pour que**
jusqu'à ce que
bien que **sans que**

1. J'aimerais m'occuper de cette affaire ~ je *(ne pas avoir)* beaucoup de temps.
2. Mais il faut que je le *(dire)* à la rédactrice en chef▽ ~ elle *(savoir)* ce que je fais.
3. Je ne ferai rien ~ elle *(être)* d'accord.
4. Il faut que j'*(aller)* la voir le plus rapidement possible ~ nous *(pouvoir)* en discuter.
5. Si elle n'est pas là, je vais attendre ~ elle *(revenir)*.
6. Si elle est d'accord, j'irai chez Claudine ~ elle *(faire)* des bêtises là-bas.

2 Le ski *(§ 39)*

Dans un lycée de Lausanne, des élèves discutent sur les stations de sport d'hiver.

Complétez le texte par **que/qu'/de** *là où il le faut et accordez les verbes si nécessaire▽.*

- J'aime (~) *(faire)* du ski, mais je n'aime pas (~) on *(construire)* des stations de sport d'hiver partout.
- Pour (~) *(protéger)* la nature, il faudrait même (~) *(fermer)* des stations. Et il faudrait aussi (~) on *(montrer)* plus souvent à la télé l'image triste des pistes en été pour (~) tout le monde *(comprendre)* la situation.
- Il faut (~) *(faire)* quelque chose avant (~) il *(être)* trop tard.
- D'accord, mais avant (~) *(fermer)* des stations de sport d'hiver, il faut (~) *(trouver)* une solution pour les habitants.
- On ne devrait rien faire sans (~) *(demander)* leur avis aux habitants, sans (~) les habitants *(être)* d'accord. Eux, ils vivent du ski.

3 Qu'est-ce qui va se passer?

Qu'est-ce que Marielle Fournier va découvrir?

Donnez votre avis.
Puis, lisez son article (texte D).

Le Républicain Lorrain
FRANCE JOURNAL

■ THIONVILLE

Des déchets allemands retrouvés en Lorraine

Gérard Souchet, propriétaire de la société «Transplastique», va devoir s'expliquer devant la justice. Son entreprise, spécialisée dans le traitement du plastique, a importé illégalement plusieurs tonnes de déchets de plastique et les a entreposées, bien que ce soit interdit, dans une usine désaffectée, entre Thionville et Gavisse. A l'intérieur de certaines balles de plastique se trouvent des déchets hospitaliers qui, d'après la douane, viennent d'Allemagne.

La préfecture donne une semaine à «Transplastique» pour réexporter les déchets. Gérard Souchet, que nous avons joint au téléphone, se plaint: «Je prends le travail où il y en a. Et comme je suis moins cher que les Allemands... On devrait avoir le droit de travailler comme on veut. Nous craignons, à «Transplastique», que l'argent que nous allons perdre dans cette affaire nous contraigne à mettre beaucoup d'employés au chômage.»

Ce sont des jeunes qui se promènent souvent sur le terrain de l'usine désaffectée qui ont découvert, un beau matin, la montagne de plastique. Claudine Camus, 15 ans: «Il faut lutter contre ceux qui polluent notre environnement et les punir.» *Marielle Fournier*

D EXERCICES

1 A propos du texte

Répondez aux questions.

1. Dans quel domaine est-ce que la société Transplastique est spécialisée?
2. Pourquoi a-t-on mis les déchets dans l'usine désaffectée?
3. Qu'est-ce qui est illégal dans cette affaire?
4. Qu'est-ce que la préfecture dit à Gérard Souchet de faire?
5. Quels sont les arguments de M. Souchet?
6. Qu'en pensez-vous?

2 *Dialogues* (§ 40)

contraindre / craindre
joindre / se plaindre
(et d'autres verbes)

Accordez les verbes.
Attention aux temps et aux modes!

1. – Vous ~ ce soir à la fête?	*venir*
– Nous ne ~ pas encore. Nous ~ que nos parents nous	*savoir, craindre*
~ à rester à la maison. Ils ~ nos grands-parents.	*contraindre, inviter*
2. – Comment ~ votre père, madame?	*aller*
– Mieux. La semaine dernière, il ~ sans arrêt d'avoir	*se plaindre*
mal. Mais cette semaine, il ~ moins. Je ~ que c'est	*se plaindre, penser*
grâce à son nouveau médicament.	
3. – Charlotte, tu ~ parler à ton oncle hier?	*pouvoir*
– Oui, hier, je l'ai enfin ~ au téléphone. Je ~ qu'il ne	*joindre, se plaindre*
m'~ pas encore envoyé les photos de mon	*avoir*
anniversaire. Il m'a répondu qu'il les ~ à sa	*joindre*
prochaine lettre.	

3 *Faites l'interprète.*

a *On dit ...*

Interdire qc

Il est interdit de	faire qc
Il n'est pas permis de	
Il ne faut pas	
On n'a pas le droit de	

b Des amis français sont chez vous. Tu te promènes avec eux.
Tu leur expliques les panneaux▽ suivants:

c Tu es en France. A la gare, tu vois le panneau suivant:
Explique ce que cela veut dire.
Puis, regarde dans un dictionnaire pour vérifier ton explication.

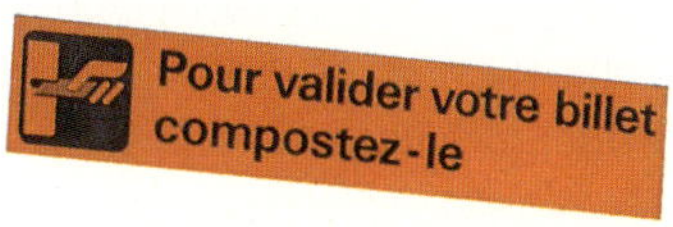

4 Marielle Fournier raconte.

Indicatif, conditionnel ou subjonctif? Réfléchissez bien.

1. J'ai dit à mon chef que je *(vouloir)* écrire un article sur une histoire de déchets hospitaliers.
2. Elle m'a répondu que cela *(pouvoir)* être intéressant et elle a ajouté:
3. «Mais je veux que vous *(faire)* du bon travail.
4. Avant que nous *(publier)* un article sur cette affaire, il est important que vous en *(savoir)* plus.
5. Téléphonez au maire. Il est vrai qu'il n'*(être)* pas toujours sympa avec les journalistes.
6. Mais téléphonez-lui quand même parce que, normalement, il *(savoir)* ce qui *(se passer)* dans son village.
7. Pendant que vous *(parler)* au maire, moi, je vais téléphoner à la police.
8. J'espère qu'ils *(aller)* me donner le nom du propriétaire du camion bien que je *(craindre)* qu'ils ne me *(dire)* rien.
9. C'est une chance que la jeune fille *(avoir)* noté le numéro.»

5 La pollution et la protection de l'environnement

Dans sa classe au collège Paul-Valéry, tout le monde est d'accord avec Claudine. Il faut punir les gens qui polluent l'environnement. Mais est-ce suffisant? Ses camarades ne sont pas de cet avis. Ils se demandent ce qu'ils peuvent faire eux-mêmes pour la protection de l'environnement. Pour commencer, ils vont consacrer une page du journal de leur collège à ce sujet. Ils y donneront des conseils pratiques. Voici les quatre problèmes dont ils veulent parler:

a ☞ **A vous.** *Travaillez en groupes.* Chaque groupe s'occupe d'un problème et note des conseils utiles. *S'il vous manque des mots, regardez dans votre dictionnaire.*

b Chaque groupe présente ses résultats.

c *Préparez la page du journal.*

⟨LEÇON 8⟩

Les lettres de mon petit frère (Suite)

Vous vous souvenez des «Lettres de mon petit frère», ce roman de Chris Donner dans lequel un garçon raconte à son grand frère Christophe ce qui lui arrive pendant ses vacances au bord de la mer? Eh bien, aujourd'hui, nous vous proposons de lire une autre lettre de ce roman, la septième.
Pour mieux comprendre, il faut peut-être se souvenir que les parents du garçon ont loué une maison avec un jardin au bord de la mer, une maison «les pieds dans l'eau». Formidable, direz-vous. Mais pas toujours, parce que, les jours où la mer monte très haut, les gens qui sont sur la plage s'installent contre les murs des jardins. Souvent, ils montent même dessus, ce qui ne plaît pas du tout aux locataires, comme vous pouvez l'imaginer. Mais revenons à la maison que les parents du garçon ont louée. Le mur du jardin est fragile, et le propriétaire leur a dit clairement qu'ils seraient responsables s'il arrivait un accident. Alors, ils ont mis un panneau devant le mur:
«DANGER – DEFENSE DE MONTER SUR LE MUR».
Malgré ça, les gens continuent à monter dessus.

fragile: *hier:* baufällig

SEPTIÈME LETTRE

Cher Christophe,

Hier après-midi, le mur s'est écroulé. Il faisait très beau, et comme d'habitude, les gens de la plage ont commencé à reculer au fur et à mesure que la mer montait, puis ils se sont installés sur le mur: Certains s'adossaient simplement et d'autres montaient directement dessus. Depuis deux jours, on les laissait faire parce que maman n'avait plus la force de crier après eux ou d'essayer de les chasser avec son bâton. Depuis deux jours, elle restait là, dans la maison, assise sur sa chaise sans réagir. Quand elle a entendu crier dehors, elle a compris que le mur s'était écroulé, alors elle a fermé les yeux, lentement, et elle a dit:

– Eh bien voilà, cette fois-ci, nous sommes fichus.

s'écrouler: einstürzen

reculer: zurückweichen; **au fur et à mesure que:** in dem Maße wie; **s'adosser:** sich anlehnen

un bâton: Stock

dehors: draußen

fichu,e *(fam.)*: geliefert

Il y a eu plusieurs blessés qu'il a fallu soigner dans la maison. Ils n'avaient que des égratignures, mais ils criaient exprès pour nous faire honte. Ils disaient que c'était notre faute et qu'on allait le payer cher. Il y avait des blessés partout, sur le canapé, dans les fauteuils, couchés par terre. Les familles venaient demander des nouvelles, elles entraient dans la maison, tout le monde se marchait dessus.

Il paraît qu'on va avoir des procès avec des pensions à payer pendant des années. Je ne sais pas comment on va faire.

Bien sûr, on n'avait pas assez de coton et de mercurochrome pour soigner ces faux blessés, alors maman m'a envoyé à la pharmacie pour en acheter. C'est là, à la pharmacie, que je suis tombé amoureux de Sophie Marineau. Elle était en train d'acheter de la crème pour le visage, elle hésitait entre deux crèmes, et la pharmacienne s'est mise à râler:

– Allons, mademoiselle, décidez-vous, il y a des gens qui attendent derrière vous.

Lentement, assez crâneuse, mademoiselle s'est tournée vers moi avec ses deux tubes de crème dans les mains. Elle m'a regardé.

Alors, au lieu de dire: «Vous êtes une emmerdeuse avec vos crèmes pour le visage», j'ai dit:

– Ne vous en faites pas, mademoiselle, j'ai tout mon temps. Je viens seulement pour acheter du coton et du mercurochrome pour soigner des blessés graves qui sont chez moi. Ils ont déjà perdu beaucoup de sang, mais ça va; ils en ont encore, ils peuvent attendre.

Elle a cru que je plaisantais et elle a rigolé. Alors, j'ai continué:

– Nous avons une maison au bord de la mer, et le mur s'est écroulé sur les gens de la plage; il en reste sûrement quelques-uns sous les pierres, mais ceux-là aussi, ils attendront.

Ça l'a beaucoup fait rire, et moi, ça me plaisait de la voir comme ça; elle a des dents que je trouve vraiment magnifiques. Elle n'a que deux ans de plus que moi, mais elle fait beaucoup plus vieille: on lui donnerait facilement seize ou dix-sept ans.

Elle a acheté sa crème pour le visage, et moi, les trois bouteilles de mercurochrome et les deux kilos de coton pour les blessés. Quand Sophie m'a vu sortir de la pharmacie avec tout ça, elle a encore rigolé: Ce qui est bien, c'est qu'elle a cru que je faisais tout ça pour elle, pour la faire rigoler, et après, pour la draguer.

un blessé: Verletzter; **soigner:** versorgen;

une égratignure: Schramme; **exprès:** absichtlich; **faire honte:** *hier:* schlechtes Gewissen einjagen;
un canapé: Couch; **un fauteuil:** Sessel

une pension: *hier:* Invalidenrente

le coton: *hier:* Watte

le mercurochrome: *rotes Desinfektionsmittel für Wunden*

râler *(fam.)*: maulen

crâneur, -euse *(fam.)*: angeberisch

une emmerdeuse *(fam.):* Nervensäge

ne pas s'en faire *(fam.)*: sich keine Sorgen machen

plaisanter: scherzen

– Où est-ce que tu vas avec tout ça?

– Chez moi, lui ai-je répondu, il faut que j'aille soigner les blessés.

Alors, elle m'a suivi pour savoir la vérité. Elle était sûre que je mentais, et plus je racontais les détails, moins elle y croyait. On a marché comme ça pendant deux kilomètres, moi qui racontais mes vacances, l'histoire du mur, le bateau, tout ça, et elle qui continuait à ne pas y croire et à rigoler. Je n'ai jamais autant fait rigoler une fille.

Arrivés devant la maison, je l'ai invitée à venir vérifier elle-même que tout ce que je lui avais raconté était vrai, mais bien sûr, elle a cru que c'était un piège pour l'embrasser dans un coin.

un piège: Falle

C'est vrai que j'avais très envie de l'embrasser.

– Il faut que je rentre chez moi, a-t-elle dit.

– Bon. Et c'est où, chez toi?

– Au camping. C'est facile à trouver: on a la plus grande caravane.

– Tu as d'autres amoureux? lui ai-je demandé.

Elle n'a pas répondu.

– Est-ce que je pourrais venir te voir dans ta caravane?

– Non, pas chez moi. Demain à six heures derrière le cinéma.

On s'est serré la main, mais je suis sûr qu'elle avait envie de m'embrasser, elle aussi.

serrer: drücken

Je ne sais pas comment tu aurais fait à ma place.

Demain six heures, c'est aujourd'hui dans une demi-heure, mais ça va être la marée haute et maman m'a demandé de monter la garde devant le mur en ruine pour empêcher les gens de s'installer dans le jardin.

la marée haute: Flut
monter la garde: Wache halten

Je ne sais pas comment faire. Je commence à en avoir marre de ces vacances, de ce mur et de cette maison.

en avoir marre *(fam.)*: die Nase voll haben

Quelquefois, je me dis que c'est vraiment moche ce que tu as fait: nous laisser tomber comme ça.

Cette fois, je ne t'envoie rien de la part de Sylvie qui est déjà partie au cinéma pour prévenir Sophie Marineau que je ne peux pas la retrouver ce soir. Sylvie doit lui donner une lettre dans laquelle j'ai essayé d'inventer une histoire drôle, mais je ne suis pas sûr que ça va marcher.

prévenir: benachrichtigen

Salut.

D'après Chris Donner, «Les lettres de mon petit frère».

EXERCICES

1 A propos du texte

1. Le mur s'est écroulé. Trouvez dans le texte des mots ou expressions qui font penser à un accident grave.
2. Quels sont les mots et expressions qui montrent ce que le petit frère pense de cet accident?
3. Comment est-ce que le petit frère essaie d'impressionner Sophie Marineau?
4. Comment réagit-elle?
5. ☞ **A vous.** Qu'est-ce qui vous plaît dans cette histoire? Qu'est-ce qui ne vous plaît pas?

2 A propos du vocabulaire

a Le petit frère emploie quelques mots et expressions qui appartiennent au français familier. Les voici dans d'autres contextes. *Lisez.*

b Voici maintenant des phrases en français standard.

Avec quelles images vont-elles?

- Elle se croit la plus belle.
- Ne flirte pas avec Nicole.
- Je suis perdu!
- J'en ai assez!
- Ne te plains pas sans arrêt!
- Ça ne m'amuse plus!
- Ne t'inquiète pas!

c Quels autres mots et expressions familiers connaissez-vous?

3 On joue avec les mots.

Le «verlan» est une sorte de langue que parlent surtout les jeunes entre eux. Pour parler «verlan», ils inversent▽ les syllabes▽ de certains mots: «l'envers▽» devient «verlan» et «copain», par exemple, devient «painco». Que veulent dire les mots suivants?

guelan

nejeu

zonblou

renoi

zarbi

béton

Vous trouverez la solution à la page XIX.

4 On fait des poèmes.

a Voici un poème de Maurice Carême. Ce poème a trois strophes▽ de quatre vers▽ et des rimes▽. Il s'appelle «Le vieux piano». Attention! Seuls les vers de la première strophe et le premier vers des strophes suivantes sont à leur place. Les vers en italique ne sont pas dans le bon ordre. *Essayez de retrouver le poème original.*

Lorsque je vais chez ma cousine,
Elle ouvre son vieux piano,
Malheureusement, il joue faux,
Le piano de ma cousine.

Mon cousin est sourd comme un pot.
Taper sur son vieux piano
Lorsqu'il voit taper ma cousine
Lorsque j'écoute ma cousine

Mais que peut penser la voisine?
Et il sourit dans la cuisine
Elle doit me trouver bien sot
Sur son vieux piano si faux

Vous trouverez la solution à la page XIX.

b Une jeune fille a écrit le poème suivant et l'a envoyé au journal Okapi. *Lisez-le.*

Pourquoi faut-il rire
Lorsqu'on veut pleurer?
Pourquoi faut-il partir
Lorsqu'on veut rester?
Pourquoi faut-il se taire
Lorsqu'on veut parler?
Pourquoi dire le contraire
Lorsqu'on sait la vérité?
Pourquoi dire non
Lorsqu'on pense oui?
Pourquoi ne dit-on
Que ce qui est déjà dit?

☞ ***A vous.***
Faites un poème d'après ce modèle.

5 On fait une pièce radiophonique, un sketch ou un film.

Faites du texte de la leçon 8 une pièce radiophonique▽, un sketch ou un film (avec une autre fin, si vous voulez). Divisez l'histoire en scènes. Ensuite, pour chaque scène, écrivez les dialogues. Si vous faites une pièce radiophonique, indiquez aussi le bruitage▽ nécessaire. Si vous vous décidez pour le sketch ou le film, il faut décrire les décors▽. Travaillez en groupes.

N'importe quoi

Dis-moi pourquoi t'es comme ça
Pourquoi ça va pas
Pourquoi t'essaies pas
Pourquoi tu veux pas

Dis-moi pourquoi tu souris
Et pourquoi tu pleures
Pourquoi t'as envie
Et pourquoi t'as peur

Dis-moi pourquoi tu dis ça
Pourquoi tu crois pas
Pourquoi tu crois plus
Pourquoi tu sais plus

Tu vois, tu retrouves plus ta rue
T'as paumé l'étage
Je crois bien que t'es perdue
Tu marches pas, tu nages

Et là, tu crois que je vais rester sans rien dire
Ah oui, tu crois que je vais rester planté là
A te voir partir dans tes délires
Et te laisser faire n'importe quoi

Dis-moi pourquoi tu fais ça
Pourquoi t'arrêtes pas
Tu te fous en l'air
Ça a l'air de te plaire

Pourquoi, pourquoi tu comprends pas
Que c'est pas vrai tout ça
Que tu reviendras pas
Si tu t'en vas par là

Et là, tu crois que je vais rester sans rien dire
Ah oui, tu crois que je vais rester planté là
A te voir courir dans tes délires
Et te laisser faire n'importe quoi

Dis, toi, t'es en train de partir
Tu t'es trompée de navire
T'as cassé ta dérive,
T'es en train de couler

Et moi, moi, tu m'as oublié
A moi, tu as pas pensé
A moi, tu m'as juste laissé
Le droit de la fermer

Et tu crois pas que je vais rester sans rien dire
Ah, tu crois pas que je vais rester planté là
A te voir mourir dans tes délires
Te regarder faire n'importe quoi

Paroles: Marion Vernoux, Florent Pagny
Musique et interprète: Florent Pagny

Les grains de sable

Les grains de sable innombrables,
les étoiles indomptables
et moi là-dedans, et moi
parmi ces milliards d'humains?

Vois les lignes de ta main,
de tes doigts vois les empreintes.
Rien n'est pareil. L'être humain
à chaque fois est unique.
L'air est le même pour tous
et l'eau des puits est la même
et la terre où nous marchons.

Mais le feu qui brûle au fond
de toi, tant qu'il te fait vivre,
il est à toi, rien qu'à toi.

Air vif

J'ai regardé devant moi
Dans la foule je t'ai vue
Parmi les blés je t'ai vue
Sous un arbre je t'ai vue

Au bout de tous mes voyages
Au bout de tous mes tourments
Au tournant de tous les rires
Sortant de l'eau et du feu

L'été l'hiver je t'ai vue
Dans ma maison je t'ai vue
Entre mes bras je t'ai vue
Dans mes rêves je t'ai vue

Je ne te quitterai plus.

«Air vif» extrait de
Derniers poèmes d'amour
de Paul Eluard

⟨ EN PLUS ⟩ Ecouter et comprendre

LEÇON 3

Une émission pour les jeunes: «La doc et vous»

a *Avant l'écoute: Répondez aux questions.*

1. Que préférez-vous: regarder la télévision ou écouter la radio? Dites pourquoi.
2. Quelles sortes d'émissions écoutez-vous à la radio?
3. Expliquez les expressions soulignées:
   - Elle est tombée amoureuse.
   - Je t'invite au cinoche.
     (*cinoche* est un mot familier. Comment dit-on en français standard?)

b *Lisez les questions suivantes, puis écoutez le texte une première fois.*
1. Est-ce une émission de radio ou une émission de télévision?
2. De quelle sorte d'émission s'agit-il?[1]
3. Combien de personnes parlent dans cette émission? Quels sont leurs rôles?

c *Ecoutez le texte une deuxième fois, puis dites tout ce que vous avez appris sur Nathalie. Prenez des notes.*

d *Ecoutez le texte une troisième fois.*
Quels conseils[2] est-ce que la doc donne à Nathalie?

e ☞ **A vous.**
1. Que pensez-vous des conseils de la doc?
2. Que pensez-vous de Patrick?
3. Que pensez-vous de cette sorte d'émission?

LEÇON 5

Manon des sources (Pièce radiophonique[3])

a *Avant l'écoute:*

1. Si vous ne l'avez pas encore fait, répondez aux questions de l'exercice 11, page 56.
2. Lisez: Pamphile [pɑ̃fil]: *un prénom;* Cabridan [kabridɑ̃]: *un nom de famille.*
3. Traduisez. Pour les mots et expressions soulignés, vous pouvez regarder dans votre dictionnaire.
   - Je demanderai à mon père de réparer votre table. Il est menuisier.
   - J'adore le fromage de chèvre.
   - Luc ne m'a pas aidé à faire mes devoirs. Il voulait se venger parce que je ne lui prête plus mon vélo.
   - Hier, j'ai oublié de faire les courses. Alors, pour me punir, ma mère ne m'a pas parlé pendant toute la journée. Je n'aime pas cette sorte de punition.
   - Julien est bête et méchant. C'est une vraie brute.
   - Ils ont trouvé une source qui était bouchée. Ils l'ont débouchée.

---

1. **il s'agit de:** es handelt sich um; 2. **un conseïl:** ein Rat(schlag); 3. **une pièce radiophonique:** ein Hörspiel

b *Ecoutez la pièce radiophonique une première fois. Dites ce que vous avez compris.*

c *Lisez les questions suivantes, puis écoutez la première partie.*
1. Qui raconte l'histoire de Manon des sources?
2. Où a-t-il entendu parler de Manon pour la première fois?
3. Qu'est-ce qu'on lui raconte sur la mort de Jean de Florette?

d *Ecoutez la deuxième partie, puis complétez le texte suivant:*
1. L'instituteur est très heureux de rencontrer ~.
2. Elle a trouvé le ~ de l'instituteur.
3. Quand il l'a perdu, elle était dans un ~.

e *Ecoutez la troisième partie, puis répondez aux questions.*
1. Pourquoi est-ce que Manon pleure après avoir écouté Pamphile et Cabridan?
2. Que fait-elle alors pour se venger?

f *Ecoutez la quatrième partie, puis dites pour quelle raison Manon débouche la source. Ensuite, corrigez les phrases suivantes:*
1. Manon et Ugolin se sont mariés.
2. L'instituteur s'est donné la mort.
3. Le Papet a appris qu'il était le père de Manon.

LEÇON 6

Gilles Bonotaux

a *Avant l'écoute:* Vous avez la possibilité de faire une interview avec l'illustrateur de «Découvertes». Notez des questions que vous aimeriez lui poser.

b Vous voulez savoir à quel âge Gilles Bonotaux a décidé de faire une carrière artistique.
Ecoutez le texte une première fois, puis donnez la réponse à votre question.

c *Ecoutez le texte une deuxième fois. Ne faites attention qu'aux quatre questions que l'élève pose à Gilles Bonotaux. Prenez des notes. Puis, dites de quelles questions il s'agit.*

d *Faites quatre groupes. Puis, écoutez le texte encore une fois.*
Chaque groupe fait attention à une des quatre réponses données et note les mots importants. Le premier groupe s'occupe donc de la première réponse, le deuxième groupe de la deuxième réponse, etc. Ensuite, chaque groupe résume «sa» réponse.

e ☞ ***A vous.***
Regardez bien les dessins de «Découvertes».
Puis, dites ce qui vous plaît dans les dessins de Gilles Bonotaux et ce qui ne vous plaît pas.

LEÇON 1

1 La forme et la place de l'adjectif *(Rév. 6)* [1]

Qu'est-ce que vous aimez? Qu'est-ce que vous détestez?

Choisissez. Attention à la forme et à la place de l'adjectif. Exemples:

J'aime | les **petites** plages.
les plages **tranquilles.**
. . .

Je déteste | le **mauvais** temps.
les repas **rapides.**
. . .

vacances	maisons	bateaux	difficile	bon	dangereux
voisins	temps (Wetter)	excursions	intéressant	beau	gentil
promenades	hôtels	situations	petit	gris	heureux
copains	repas	plages	ennuyeux	cher (teuer)	bon marché
sable	musique	. . .	rapide	vieux	tranquille
			blanc	mauvais	. . .

2 L'accord du participe passé *(Rév. 14)*

Le «petit frère» raconte.

Lisez le texte. Accordez les verbes. Puis, écrivez le texte dans votre cahier. Faites attention à l'accord du participe passé.

Hier soir, nous sommes *(arriver)* dans la petite maison que nous avons *(louer)* pour les vacances. Comme il était tard, nous nous sommes *(coucher)* immédiatement. Le lendemain matin, le bruit de la mer nous a *(réveiller)* très tôt. Nous nous sommes *(lever)*, et je suis *(sortir)* dans le jardin pour voir la mer. Puis, maman s'est *(occuper)* d'Antoine, et Sylvie l' a *(aider)*. A un moment, ma mère a *(appeler)* papa qui lisait un livre sur la terrasse. Elle lui a *(demander)* d'aller faire les courses. Je l'ai *(accompagner)*. Nous avons tranquillement *(faire)* le tour du village et nous nous sommes *(arrêter)* devant presque toutes les maisons. Quand nous sommes *(rentrer)*, mes parents se sont *(disputer)* parce que ma mère, qui n'avait pas *(pouvoir)* préparer le repas, attendait les légumes que nous avions *(acheter)*. Les vacances commencent bien.

3 C'est/Ce sont . . . qui/que *(Rév. 7)*

Traduisez. Pour traduire les mots en italique, employez **c'est/ce sont . . . qui/que.**

Exemple: Wir gehen einkaufen. → **C'est nous qui** faisons les courses.

1. – *Du* kümmerst dich um den Hund, Fabienne.
   – Immer muss *ich* mich um den Hund kümmern.
2. – Stéphane fragt, ob du mit ihm oder mit seiner Schwester ins Kino gehen willst.
   – Ich will *mit ihm* ins Kino gehen.
3. – Deine Cousins haben angerufen. Sie fragen, warum du ihnen nicht mehr schreibst.
   – *Sie* schreiben mir nicht mehr!
4. – Suchst du *mich*?
   – Nein, ich suche Papa.
5. – Habt *ihr* diese CD gekauft?
   – Ja, *wir* haben sie gekauft.

---

1 *Vous trouverez les «Révisions» dans votre livret de grammaire.*

4 Les prépositions *(Rév. 9)*

Complétez par des prépositions. (Quelquefois, il y a plusieurs possibilités.)

Un Américain ~ Chicago est ~ Paris ~ la première fois. Il visite la ville ~ taxi. Les voilà ~ la place Charles-de-Gaulle. ~ de cette place, il y a l'Arc de Triomphe. Le chauffeur raconte ~ son client qu'on a travaillé ~ quinze ans pour construire l'Arc. «~ nous à Chicago», répond l'Américain, «nous avons aussi un arc, mais trois fois plus grand. On l'a construit ~ quinze jours.» Puis, ils vont ~ palais de Chaillot. ~ la terrasse, on a une vue magnifique ~ la tour Eiffel. «Voilà la tour Eiffel», dit le chauffeur, «on a mis deux ans ~ la construire.» L'Américain répond: «A Chicago, nous avons une tour qui est haute ~ 500 mètres. On a travaillé ~ arrêt pour la construire et on l'a terminée ~ deux mois.» Le chauffeur de taxi ne dit rien. Puis, ils arrivent ~ Notre-Dame. L'Américain demande ~ son guide: «Qu'est-ce que c'est?» Le chauffeur répond alors ~ un petit sourire: «Je ne sais pas. Hier soir, ça n'y était pas encore.»

LEÇON 2

1 Les degrés de l'adjectif et de l'adverbe *(§ 5)*

a Les degrés de l'adjectif

Mettez les adjectifs à la forme demandée (comparatif +/–; superlatif ++/– –; égalité =).

1. Julie et Yasmina parlent du *(nouveau)* film de Jean-Jacques Annaud:
2. – Tu as vu le *(dernier)* film de Jean-Jacques Annaud?
3. – Non, mais on dit que c'est son *(++ bon)* film.
4. – Je l'ai vu. J'ai trouvé les paysages *(= beau)* que dans ses autres films, mais pour moi, il est *(+ ennuyeux)*.
5. – Je vais le voir quand même. A mon avis, ce n'est pas son film (– – intéressant). Mais j'attends encore un peu: il passe au Cinémax, le cinéma *(++ cher)* de la ville. Les petits cinémas sont (– *cher*).

b Les degrés de l'adjectif et de l'adverbe

Mettez les adjectifs ou les adverbes à la forme demandée (comparatif +/–; superlatif ++/– –; égalité =).

1. Julie et sa mère parlent du *(prochain)* championnat des collèges.
2. – Quelle est la fille de votre classe qui court le 100 mètres *(++ rapide)*?
3. – Muriel Cornille. C'est la fille *(++ rapide)* du collège.
4. Elle court le 100 mètres (+ vite) que les garçons.
5. Oui, elle court vraiment *(bon)*.
6. – J'espère que vous avez organisé ce championnat *(+ bon)* que la *(dernier)* fois.
7. – Oui, on n'avait jamais eu de championnat *(= mauvais)* organisé. Mais je suis sûre que cette fois-ci, l'organisation va être *(– mauvais)*.

⟨ EN PLUS ⟩ Zoom sur la grammaire

2 *L'article partitif* *(Rév. 3)*

Faisons la fête.

Qu'est-ce qu'il faut pour réussir une fête?

Complétez par **du/de la/de l'/des/de.**

1. Il faut ~ place, ~ amis qui vous aident, ~ invités et aussi un peu ~ argent.
2. Puis, il faut ~ boissons, par exemple ~ coca, ~ eau minérale et aussi quelques bouteilles ~ jus de fruits.
3. Il faut aussi quelque chose à manger, par exemple ~ pain, ~ salades, ~ fruits, ~ fromage, ~ gâteaux et ~ quiches.
4. Enfin, il faut ~ bonne musique: ~ rock et surtout ~ slows, ça met ~ ambiance.
5. Mais il ne faut pas ~ voisins qui n'aiment pas les jeunes!

3 *«il faut qc» et «avoir besoin de qc»* *(§ 6)*

Traduisez. Employez **il faut** *ou* **avoir besoin de.**

1. – Dieser Text ist schwierig. Ich brauche *(avoir besoin)* Hilfe.
2. – Nein. Du brauchst *(avoir besoin)* keine Hilfe.
3. – Aber man braucht *(avoir besoin)* Zeit und ein Wörterbuch, um ihn zu verstehen.
4. – Ja, man braucht *(il faut)* Zeit, aber man braucht *(il faut)* kein Wörterbuch.
5. Man braucht *(avoir besoin)* nicht alles zu verstehen.
6. Man braucht *(il faut)* keine Angst zu haben.

4 *Les déterminants et les pronoms démonstratifs* *(§ 8)*

Faites des dialogues.

Exemple:
- Je peux prendre **ce** vélo?
- Ah non! Il est à mon frère. Il a besoin de son vélo. Prends **celui** de ma sœur.

1. la valise
2. les skis
3. le casque
4. les patins à roulettes
5. le skateboard
6. la tente
7. les cassettes
8. les BD
9. l'ordinateur

5 *Les pronoms relatifs* *(§ 9)*

Complétez par **dont, qui** *ou* **que.**

Qu'est-ce que c'est? ?	Qui est-ce? ?
C'est un objet ~ peut être joli, ~ j'ai souvent dans mon porte-monnaie, ~ on peut acheter à la poste et ~ on a besoin pour téléphoner.	C'est une personne ~ vous voyez presque tous les jours, ~ fait même des voyages avec vous, à ~ vous devez souvent parler et ~ vous parlez souvent.

LEÇON 3

1 La forme des verbes *(Rév. 16)*

Travaille avec une/un partenaire.
Prenez votre livret de grammaire et regardez la «Révision des verbes».
Vous y trouvez des verbes et des formes que vous avez déjà appris:
présent, impératif, imparfait, passé composé, futur simple.

Puis, ta/ton partenaire doit fermer son livret de grammaire.
Tu choisis un verbe et tu demandes par exemple: **avoir – je – imparfait.**
Ta/Ton partenaire doit te répondre: **j'avais**
et elle/il doit écrire cette forme sur une feuille de papier.
Pour le contrôle, tu regardes dans ton livret de grammaire.
Après 10 verbes, vous changez de rôle.
Si vous faites cet exercice une fois par semaine, vous serez bientôt des champions.

2 Les nombres

a Qui va le plus loin? **1 – 11 – 111 – 1111 …** *Continuez.*
Puis, commencez par d'autres nombres (2/3/…).

b *Lisez.* Gilles Floret est né **le 26 janvier 1966.**
Sa $\mathbf{1^{\text{ère}}}$ chanson sur disque est sortie le $\mathbf{1^{\text{er}}}$ **juin 1984.**

c Les participants d'un marathon racontent: «Je suis arrivé(e) $\mathbf{12^{e}}$.»
Continuez: $3^{e}/5^{e}/11^{e}/26^{e}/31^{e}/74^{e}/97^{e}/102^{e}/218^{e}/389^{e}$.

3 Poser des questions *(Rév. 11)*

Sonia voudrait fonder un journal dans son collège. Elle note des questions qu'elle veut poser à ses camarades. *Complétez.*

que	**quel**	**qu'est-ce que**
à qui	**comment**	**qui est-ce qui**
qui	**quand**	**qui est-ce que**
de quoi	**où**	**qu'est-ce qui**

1. ~ vous pensez de l'idée de fonder un journal dans notre collège?
2. ~ proposez-vous comme titre?
3. ~ veut travailler dans l'équipe du journal? *(=2 possibilités)*
4. ~ et ~ est-ce que l'équipe pourra se rencontrer? Moi, je propose le mercredi après-midi chez moi.
5. On demande à un prof de nous aider? ~ pouvons-nous demander?
6. ~ allons-nous trouver de l'argent? On demande aux parents?
7. ~ magasins et ~ entreprises seront d'accord pour mettre de la publicité dans notre journal?
8. ~ parlerons-nous dans notre premier numéro?
9. ~ nous prendrons pour faire des photos et des dessins?
10. ~ va se passer si les professeurs ne sont pas d'accord avec un article?

⟨EN PLUS⟩ Zoom sur la grammaire

4 Les pronoms relatifs *(Rév. 8)*

Traduisez.
Faites attention aux pronoms relatifs.

dont	**qui**	**ce qui**
où	**avec qui**	**ce que**
	que	

1. Die Schule *(le collège)*, **von der** ich träume, existiert noch nicht.
2. Es ist eine Schule, **wo** ich lernen kann,
3. **was** mich wirklich interessiert.
4. Eine Schule, **deren** Stundenpläne den Schülern mehr freie Zeit lassen.
5. Eine Schule mit Lehrern, **die** immer gerecht sind.
6. Mit Lehrern, **mit denen** wir gern *(aimer)* arbeiten,
7. **die** wir akzeptieren und
8. **die** uns nicht immer sagen,
9. **was** wir machen müssen.
10. Das ist ein Traum, **den** ich oft habe *(faire)*.

5 La formation des adverbes *(§§ 1, 19)*

Complétez par les adjectifs et les adverbes.

1. Benjamin est très ~. Il fait tout ~.
2. Anthony est ~. Il répond toujours ~.
3. Son frère n'est pas vraiment ~, mais il parle souvent ~ de ses copains.
4. Claudine explique très ~. Elle est vraiment ~.
5. Nos nouveaux voisins sont ~. Hier, ils nous ont reçus ~.
6. Mme Roche est une conductrice ~. Elle conduit toujours ~.
7. Son mari est plutôt ~ et il conduit souvent ~.
8. Ce n'est pas un aussi ~ conducteur que sa femme. Il conduit beaucoup moins ~.

rapide
poli
méchant
précis
gentil
prudent
agressif
bon

LEÇON 4

1 Les pronoms objets et «y/en» *(§ 23)*

Complétez par un ou par deux pronoms.

Charlotte: Tu veux voir ma collection de timbres? Je voudrais bien ~ ~ montrer.
Lisa: C'est une bonne idée. Montre-~-~. Tu as combien de timbres?
Charlotte: J'ai cinq albums. Dans cet album-ci, il ~ ~ a déjà 491. Je ~ ai comptés la semaine dernière.
Lisa: Oh, mon Dieu! Ne ~ ~ montre pas tous. Montre-~~ les plus intéressants seulement.
Charlotte: Alors, prenons un autre album. J'~ ai mis la série «Peintres célèbres».
Lisa: Tu ~ as tous?
Charlotte: Non, il ~ ~ manque un: Auguste Renoir. Mais je vais ~ ~ acheter.
Lisa: Tu sais, mes parents ont aussi une collection de timbres. Ils ~ ont de très jolis.
Charlotte: Eh bien, s'ils aiment les timbres français, je vais ~ ~ envoyer. Tiens, prends déjà ceux-ci et donne-~-~ avec le bonjour de ma part.

2 On me l'a présenté(e)./On m'a présenté(e) à lui/elle. (§ 23)

Faites des dialogues.

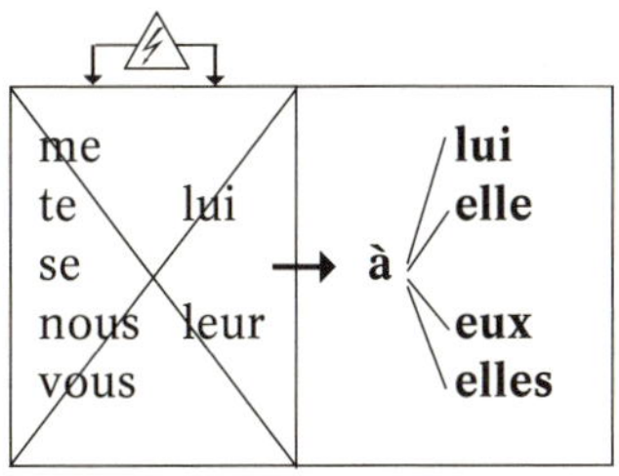

Exemples:

Olivier à Florian:
- On **t'**a présenté **Caroline?**
- Oui, on **me l'**a présentée.
- On **t'**a présenté **à Charlotte?**
- Oui, on **m'**a présenté **à elle.**

1. On t'a présenté **à** M. et Mme Rybou?
2. On t'a présenté Anne?
3. On t'a présenté **à** Vanessa?
4. On t'a présenté Fanny et Yasmina?
5. On t'a présenté **à** Laurent?
6. On t'a présenté **à** Hélène et Françoise?

3 Les temps du verbe

Un groupe d'élèves d'Arras vient de faire un voyage à Londres.
Après son retour, Jean-Pierre raconte le voyage à des camarades.

Mettez les infinitifs aux temps qui conviennent.

«Nos corres anglais nous *(inviter)* depuis longtemps. Mais avant de nous *(décider)*, nous *(discuter)* un bon moment. Il y *(avoir)* des élèves qui *(vouloir)* prendre l'avion. Il y en *(avoir)* d'autres qui *(être)* pour le ferry. Mais après *(comparer)* les prix et les horaires, nous *(se décider)* pour le tunnel. Alors, nous *(écrire)* aux Anglais: ‹Nous *(prendre)* l'Eurostar. Nous *(arriver)* le vendredi 25 novembre à 10h43 et nous *(rester)* jusqu'au mardi matin.› Je *(trouver)* le voyage en Eurostar vraiment chouette. Surtout pour le retour. Vous savez pourquoi? Eh bien, comme mardi matin, l'entrée du tunnel *(être)* bloquée par un accident, nous *(pouvoir)* rester une demi-journée de plus à Londres. Nous ne *(rentrer)* que mardi soir.»

4 Les compléments du verbe (Rév. 15)

a M. Rybou et Poker. *Traduisez.*

1. Poker ist ein sehr intelligenter Hund. Wenn Herr Rybou seine Einkäufe macht, **hilft** er **ihm**.
2. Wenn Herr Rybou **zu ihm spricht, hört** er **ihm zu**.
3. Wenn Herr Rybou nicht zu Hause ist, **wartet** er **auf ihn**.
4. Wenn Herr Rybou das Haus verlässt, will er **ihm folgen**.
5. Sie **spielen** sogar **Fußball** zusammen.
6. Poker liebt Herrn Rybou, aber er **glaubt ihm** nicht immer.
7. Poker weiß, dass Herr Rybou **ihn belügt**, wenn er sagt, dass er nur *(ne… que)* ihn liebt: Es gibt Clafoutis, diese schreckliche Katze…!

b *Travaille avec une/un partenaire. Prenez votre livret de grammaire et regardez la Révision sur les compléments du verbe. Vous y trouvez des verbes que vous avez déjà appris. Puis, ta/ton partenaire doit fermer son livret de grammaire et tu choisis un verbe, par exemple:* **continuer.**
Ta/Ton partenaire doit te répondre: **continuer à faire qc.**
Puis, c'est à toi de faire une phrase, par exemple: **Je continue à faire cet exercice.**

LEÇON 5

1 «si» ou «quand» *(§ 16)*

Pendant ses vacances d'hiver, Charlotte va rendre visite à Lisa. Celle-ci lui propose de venir vendredi et non samedi. Dans une lettre, elle lui explique pourquoi.

a *Complétez par* **si** *ou* **quand.**

Ce samedi, mes parents doivent aller à Hambourg. ~ tu arrives vendredi, tu pourras venir avec nous. Nous prendrons le train. ~ nous allons à Hambourg, nous prenons toujours le train. ~ nous serons arrivés, je te montrerai d'abord le centre-ville et, ~ nous en avons envie, nous pourrons ensuite visiter le port, mais seulement ~ il fait beau. Téléphone-moi pour me dire ~ tu pourras venir vendredi. ~ tu ne peux pas venir vendredi, je n'irai pas à Hambourg. De toute façon, dis-moi ~ tu arriveras.

b *Traduisez la lettre en allemand.*

2 La proposition conditionnelle *(§§ 15, 30)*

Accordez les verbes.

Fabienne attend Sébastien devant le cinéma.
Il n'arrive pas.
Elle se dit:

1. S'il *(ne pas arriver)* tout de suite, j'irai voir le film seule.
2. Il serait déjà arrivé, s'il *(ne pas oublier)* notre rendez-vous.
3. Si j'avais su, je *(ne pas venir)*.
4. Même s'il me le *(demander)*, je ne sortirais plus jamais avec lui.
5. Si je le vois demain, je ne le *(regarder)* pas.
6. Tout *(être)* plus facile, si j'étais moins amoureuse de lui.

3 Quelle heure est-il?

Exemples:

a
A la radio:
Il est **vingt** heures.

b
Toi, tu dis:
Il est **huit** heures.

4 Les saisons, les mois et les jours de la semaine

a Comment s'appellent les saisons, les mois et les jours de la semaine?

b *Traduisez.*
- Kannst du Samstag kommen?
- Diesen Samstag kann ich nicht kommen. Ich besuche meine Schwester in Lille. Sie arbeitet samstags nicht.

c *Traduisez et répondez.*
1. Wann habt ihr im Sommer, im Herbst, im Winter und im Frühjahr Ferien?
2. Wann hast du Geburtstag?
3. In welchem Jahr bist du geboren?
4. Der Wievielte ist heute?
5. Was machst du im August?

5 Les déterminants possessifs *(Rév. 4)*

Complétez par des déterminants possessifs.

son / sa / ses – votre / vos – leur / leurs

Après la mort de Jean Cadoret, Manon et ~ mère n'avaient plus beaucoup d'argent. Alors, Ugolin leur a dit: «Gardez ~ bergerie. Gardez aussi ~ meubles et toutes ~ affaires. Mais vendez ~ ferme.» Alors, Manon et sa mère ont vendu ~ ferme. Elles se sont installées dans ~ bergerie avec ~ meubles et ~ affaires. Avec la bergère, qui était devenue ~ amie, Manon parlait souvent de ~ père. Manon est devenue bergère elle-même. Elle aimait se promener dans les collines avec ~ bêtes.

LEÇON 6

1 Comment traduire «was» en français?

Il y a eu un accident. Les gens se posent des questions.

Traduisez.

1. **Was** ist passiert?
2. Weißt du nicht, **was** passiert ist?
3. Siehst du **was**?
4. **Was**? Ein Unfall mit vier Autos?
5. **Was** machen die Fahrer?
6. Siehst du, **was** die Fahrer machen?
7. **Was** sagen sie?
8. **Was** brauchen *(avoir besoin)* sie, um sich zu einigen *(se mettre d'accord)*?
9. Sie wollen die Polizei rufen, **was** keine schlechte Idee ist.

qu'est-ce qui

qu'est-ce que

ce qui

ce que

que

de quoi

quelque chose

quoi

⟨EN PLUS⟩ Zoom sur la grammaire

2 Le discours indirect *(§ 33)*

Cécile a écrit à un village de vacances. Elle veut louer un appartement pour elle et ses trois copines. Voici la réponse.

a *Lisez la lettre.*

> Mademoiselle,
>
> 1. Nous avons bien reçu votre lettre du 23 mars.
> 2. Malheureusement, nous n'avons plus d'appartement à louer pour le mois de juillet.
> 3. Mais en juillet et en août, nous installerons quelques tentes au bord du lac.
> 4. Elles seront suffisamment grandes pour quatre personnes.
> 5. Est-ce que cela vous convient?
> 6. Vous trouverez les prix dans la liste.
> 7. Pourriez-vous nous répondre rapidement?
>
> Meilleures salutations
>
> Aurélie Moreau (Secrétaire)

b Qu'est-ce que la secrétaire a écrit à Cécile? *Complétez.*

1. D'abord, elle a écrit qu'ils avaient ~.
2. Puis, elle a dit qu'ils ~.
3. Mais elle a ajouté qu'en juillet et en août, ils ~.
4. Elle a expliqué ~.
5. Ensuite, elle a demandé à Cécile ~.
6. Elle a ajouté ~.
7. A la fin, elle a demandé ~.

3 Poser des questions *(Rév. 11)*

Thorsten est en France. On lui pose beaucoup de questions.
Voici ses réponses.

1. Je m'appelle **Thorsten.**
2. J'habite **à Berlin.**
3. Je suis arrivé **samedi dernier.**
4. **J'ai une sœur, mais pas de frère.**
5. Elle s'appelle **Mira.**
6. **Oui, j'aime les langues.**
7. J'apprends le français **depuis trois ans.**
8. Mes parents?
   Non, ils ne parlent pas français.

Trouvez les questions.

a *Employez l'interrogation avec* est-ce que.
Exemple: Comment est-ce que tu t'appelles?

b C'est une amie de son correspondant qui lui pose les questions.
Employez l'interrogation par intonation ou l'interrogation avec le mot interrogatif à la fin.
Exemple: Tu t'appelles comment?

c C'est un professeur qui lui pose les questions.
Employez l'interrogation par inversion.
Exemple: Comment t'appelles-tu?

LEÇON 7

1 Les conjonctions *(Rév. 10)*

Dans le texte suivant, on raconte la cinquième lettre du petit frère (leçon 1). *Complétez le texte par des conjonctions. (Quelquefois, il y a plusieurs possibilités.)*

avant que bien que jusqu'à ce que pour que sans que

mais et ou alors

alors que pendant que parce que

que si *(ob)* **si** *(wenn)* **quand**

C'est l'histoire d'un père ~ de son fils qui font de la voile en mer ~ il fasse très mauvais temps. Le fils s'est demandé ~ sa mère allait les empêcher de partir ~ il soit trop tard. ~ elle n'a rien dit.
Peut-être qu'elle ne voyait pas le danger; ~ elle pensait à autre chose. Bientôt, leur bateau a dérivé vers le sud ~ ils l'aient remarqué. ~ le père a vu le phare de Kerven, il a ouvert de grands yeux. Puis, il est tombé à l'eau ~ son fils a fait une fausse manœuvre. ~ le père gesticulait dans l'eau, son fils a fait tourner le bateau ~ il soit près du père. Alors, celui-ci s'est accroché à la grand-voile: c'est pourquoi le bateau s'est retourné. Heureusement, le gardien du phare a vu ~ ils étaient en danger. Il a appelé les garde-côtes ~ ils viennent les sauver. ~ deux des garde-côtes les enveloppaient dans des serviettes, un autre a relevé leur bateau. Rentré à la maison, le fils s'est dit: Ah, ~ mon grand frère était là!

2 Les négations *(Rév. 12)*

ne ... jamais **ne ... pas du tout**
ne ... jamais de **ne ... personne**
ne ... pas (5 x) **ne ... plus (2 x)**
ne ... pas de **ne ... rien**
ne ... pas de ... non plus

Voici des phrases à propos de la leçon 2.
Corrigez-les. Mettez les expressions en italique à la forme négative.
Exemple:
La classe de Lisa *est* calme aujourd'hui.
→ La classe de Lisa **n'est pas** calme aujourd'hui.

1. Les élèves *veulent encore* attendre pour écouter la cassette.
2. Il y a des élèves qui *sont déjà allés* en France.
3. Quand Mme Rybou lui montre la ville, Lisa *comprend tout.*
4. Quand Lisa arrive chez les Rybou, elle *parle* beaucoup.
5. C'*est facile* d'arriver dans une famille où on *connaît tout le monde.*
6. Pour Lisa, la viande *est* assez *cuite.*
7. Elle *mange toujours de la* viande rouge.
8. Après le dessert, elle *a encore* faim.
9. Dans son lit, il *y a un* oreiller.
10. Et il *y a aussi une* couette.
11. Au collège, Charlotte explique à Lisa: «Les surveillants *sont* des professeurs.»
12. Lisa *aime* le cours de maths.
13. Après la cantine, Lisa *a très* envie de retourner en cours.

3 La forme des verbes et les infinitifs avec «à», avec «de» et sans préposition

Faites-vous toujours l'exercice 1, page 91, une fois par semaine? Bravo!
Le faites-vous seulement deux fois par mois? Ce n'est peut-être pas suffisant.
Ou encore moins souvent? Alors, au travail!
Et n'oubliez pas les formes du conditionnel et du subjonctif.

Pensez aussi aux infinitifs avec «à», avec «de» et sans préposition, et faites souvent l'exercice 4 b, page 93.

4 Les pronoms et les déterminants indéfinis *(Rév. 5)*

Qu'est-ce que le bonheur pour vous?
Voici des phrases qui pourraient faire partie de la leçon 3.
Complétez-les.

quelqu'un	**les autres**
tous les	**certain**
tout	**chaque**
quelque chose	**plusieurs**

Pour moi, le bonheur, c'est
1. quand je sais que ~ m'aime,
2. quand ~ sont aussi heureux que moi,
3. quand il fait beau ~ jours pendant les vacances,
4. quand je peux faire ~ ce que je veux,
5. quand un ~ camarade de classe est gentil avec moi,
6. quand je peux faire du ski ~ fois par hiver,
7. quand ~ jour m'apporte ~ de nouveau.

Moi, personnellement, je pense qu'avec ou sans accent, cela n'a pas d'importance!

Hinweise zum Aufbau des Vocabulaire

Das *Vocabulaire* hat drei Spalten.
Die mittlere Spalte hilft dir beim Lernen der Vokabeln. Decke die linke Spalte ab und versuche das neue Wort aus dem Satzzusammenhang in der mittleren Spalte zu erschließen. Es ist dort durch eine **Tilde** (~) ersetzt. Die Tilde kann ein einzelnes Wort oder auch eine Folge von mehreren Wörtern ersetzen. Verändert sich das Wort im Beispielsatz, so findest du in einer Fußnote die richtige Form.
Die mittlere Spalte hat noch andere Funktionen:

- Sie zeigt dir in französischen Beispielsätzen eine typische Verwendung des neuen Wortes.
- Du findest dort auch nützliche Tipps. Diese sind immer schräg gedruckt.

Das Zeichen ←→ bedeutet, dass du auf einen bestimmten Unterschied achten sollst. Meist geht es um Unterschiede zwischen den Sprachen, z. B. um Unterschiede im grammatischen Geschlecht. Geht es um die Schreibweise, so steht in der mittleren Spalte nur der Teil des französischen Wortes, der besonders zu beachten ist. Der Rest der Buchstaben ist durch waagerechte Striche ---- wiedergegeben.

Symbole und Abkürzungen

→	Vergleiche mit …	*m.*	*masculin* (= maskulin)
≠	das Gegenteil von …	*pl.*	*pluriel* (= Plural)
←→	Achte auf den Unterschied zwischen …	*qc*	*quelque chose* (= etwas)
*	Wörter, die zur Vervollständigung zusätzlich erwähnt werden. Sie werden in den folgenden Lektionen nicht als bekannt vorausgesetzt.	*qn*	*quelqu'un* (= jemand)
		inv.	*invariable* (= unveränderlich)
		Adv.	Adverb
F	Französisch	*etw.*	etwas
D	Deutsch	*jdn.*	jemanden
E	Englisch	*jdm.*	jemandem
par ex.	*par exemple* (= zum Beispiel)	+ *subj.*	mit Subjonctif
fam.	*familier* (= umgangssprachlich)	*u. a.*	unter anderem
ugs.	umgangssprachlich	⟨ ⟩	fakultativ
f.	*féminin* (= feminin)		

1 VOCABULAIRE

LEÇON 1

Einige seltenere neue Wörter des Lektionstextes brauchen nicht gelernt zu werden. Sie sind deshalb nicht im Vocabulaire aufgeführt.

Les lettres de mon petit frère

Page 7

Sylvie [silvi]		*weibl. Vorname*
Christophe		*männl. Vorname*
l'Italie *(f.)*		Italien
partir en Italie	En été, beaucoup d'Allemands ~[1].	nach Italien fahren
normal/normale; *pl.* normaux/normales		normal
normalement [nɔrmalmɑ̃]	~, je me couche à 10 heures du soir.	normalerweise
la vérité	Elle ne ment jamais. Elle dit toujours ~.	die Wahrheit
plutôt	Tu vas bien? – Non, je vais ~ mal.	eher/vielmehr/ziemlich
Chris Donner [krisdɔnɛr]		*frz. Schriftsteller, geb. 1956*
raisonnable [rɛzɔnabl]	Antoine fait beaucoup de bêtises. Il n'est pas ~.	vernünftig
prudent/prudente	A vélo, il faut être ~.	vorsichtig
une annotation [ynanɔtasjõ]		eine Anmerkung
bas/basse [ba/bas]	≠ haut/haute	niedrig, tief
en bas de	Regardez l'annotation ~ la page.	unten auf/unten an

Page 8

tranquille [trɑ̃kil]	C'est vraiment ennuyeux, un dimanche trop ~!	ruhig/still
la pluie [laplɥi]	→ il pleut	der Regen
un crabe [ɛ̃krab]	[F] = <u>un</u> ~ ←→ [D] = <u>eine</u> *Krabbe*	ein Krebs
sentir le gâteau	Tu fais un gâteau? Je trouve que ça ~[2] ici.	nach Kuchen riechen
un marin	~ aime la mer.	ein Seemann
partir en mer	Il y a une tempête. On ne peut pas ~.	aufs Meer fahren
pousser qc	La route monte trop. Il faut ~ les vélos.	etw. schieben/stoßen
des vagues toutes blanches	Quand le vent est fort, il y a ~ .	ganz weiße Wellen
hisser qc [ise]		etw. hissen
une voile [ynvwal]	Hissons seulement ~ . Le vent est trop fort.	ein Segel
sûrement	On a fait la cuisine. Maman va ~ être contente.	sicher/sicherlich *(Adv.)*
empêcher qn de faire qc [ɑ̃peʃe]	Laisse-moi tranquille. Ne ~[3] pas de travailler.	jdn. daran hindern, etw. zu tun
le sable	Les petits enfants aiment jouer avec ~.	der Sand

---

[1] partent en Italie – [2] sent le gâteau
[3] m'empêche

Page 9

une piscine [ynpisin]	En été, nous allons souvent à la ~.	ein Schwimmbad
rapide	Le TGV est ~.	schnell
rapidement	Si on veut arriver à 9 heures, il faut marcher ~.	schnell *(Adv.)*
complet/complète [kõplɛ/kõplɛt]	Une collection n'est presque jamais ~[1].	komplett, vollständig
complètement	Enfin, j'ai ~ fini mon travail!	komplett/vollständig/ganz *(Adv.)*
dingue *(fam.)* [dɛ̃g]	On fait du camping? – En hiver? Tu es ~!	übergeschnappt *(ugs.)*
se retourner [rəturne]	La voiture a raté le virage et ~[2].	sich umdrehen/umkippen
le courage [ləkuraʒ]	Il faut souvent avoir du ~ pour dire la vérité.	der Mut
vraiment	C'est si difficile? – Oui, c'est ~ difficile.	wirklich *(Adv.)*
la respiration [larɛspirasjõ]		die Atmung
couper qc	Il me faut un couteau pour ~ le pain.	etw. (ab)schneiden
couper la respiration à qn		jdm. den Atem nehmen
à chaque fois que		jedes Mal wenn
éclater	Luc a eu un accident? – Oui, un pneu ~[3].	platzen
éclater de rire	Quand le clown tombe, le public ~[4].	in Lachen ausbrechen
un phare	~, c'est un guide pour les bateaux.	ein Leuchtturm
Kerven [kɛrvɛn]		*Ort an der bretonischen Küste (vom Autor erfunden)*
avant de faire qc	Réfléchis ~ écrire.	bevor man etw. tut
reconnaître qn/qc	On s'est déjà vus. Tu ne me ~[5] pas?	jdn./etw. wieder erkennen
le sud [ləsyd]	Marseille est dans ~ de la France.	der Süden
immédiat/immédiate [imedja/imedjat]		unmittelbar, direkt
immédiatement	tout de suite	unmittelbar/sofort *(Adv.)*
ouvrir de grands yeux	On peut aussi dire: «Il a ouvert des grands yeux», mais il est mieux de dire: «Il a ouvert de grands yeux».	große Augen machen
s'attendre à qc	Avec cette vieille voiture, il faut ~ tout.	sich auf etw. gefasst machen/auf etw. gefasst sein
ramener qn [ramne]	Il est malade. Il faut le ~ en voiture.	jdn. zurückbringen

Page 10

lâcher qc	~ le volant est très imprudent.	etw. loslassen
s'installer	Pour bien voir, tu peux ~[6] ici.	sich niederlassen
flotter [flɔte]	La voile ~[7] au vent.	flattern
autrement	Tu ne comprends pas? Alors, je vais t'expliquer ça ~.	anders *(Adv.)*

---

[1] complète – [2] s'est retournée – [3] a éclaté – [4] éclate de rire – [5] reconnais [6] t'installer – [7] flotte

vert de peur		blass vor Angst
une manœuvre [ynmanœvr]	Une fausse ~, et le bateau se retourne.	ein Manöver
un rocher [ɛ̃rɔʃe]	Une côte pleine de ~[1] est dangereuse.	ein Fels
par derrière	Un jeune est arrivé ~ et a volé le sac de la vieille dame.	von hinten
Vlan! [vlɑ̃]	~! Un choc très fort. Les enfants crient.	Wumms!
jeter qc/qn [ʒəte]	Dans la cour, Luc ~[2] le ballon contre le mur.	etw./jdn. werfen
un cas [ɛ̃ka]	Son ~ est difficile: il n'a pas d'excuse.	ein Fall
se souvenir de qc	J'aime ~[3] mes vacances en Bretagne.	sich an etw. erinnern
exactement [ɛgzaktəmɑ̃]	Pour décrire ~, il faut d'abord bien regarder.	genau *(Adv.)*
abandonner qn	Je ne peux pas vivre sans toi. Ne ~[4] pas.	jdn. verlassen/im Stich lassen
être paniqué/paniquée	Il y a des gens qui ~[5] quand ils sont en danger.	von panischer Angst ergriffen sein
une consigne [ynkɔ̃siɲ]	Fais attention aux ~[6] avant de commencer ton travail.	eine Anweisung
ne faire que faire qc	Nous n'aimons pas ce professeur parce qu'il ~[7] critiquer.	nichts anderes tun als
gentiment	On l'aime parce qu'elle réagit toujours ~.	nett *(Adv.); hier:* ruhig
une corde	A la montagne: Ici, il faut ~ pour monter.	ein Seil
lancer qc à qn	~[8]-moi la corde!	jdm. etw. zuwerfen
s'accrocher à qc	~[9]-toi à la corde pour ne pas tomber.	sich an etw. klammern
le poids [ləpwa]	Quel est ~ de ce paquet? – 2 kilos.	das Gewicht
de tout son poids		mit seinem ganzen Gewicht
en pleine mer	~, on rencontre peu de bateaux.	mitten im Meer/auf hoher See
Page 11		
heureux/heureuse [ørø/ørøz]	Il a enfin trouvé un emploi. Il est ~.	glücklich
heureusement	Le bateau s'est retourné. ~, nous étions près de la côte.	glücklicherweise
un gardien/une gardienne	~ doit surveiller son phare.	*hier:* ein Leuchtturmwärter/eine Leuchtturmwärterin
envelopper qc/qn [ɑ̃vlɔpe]	Pouvez-vous m'~ ce cadeau?	etw./jdn. einwickeln
une serviette	Lave-toi les mains. Voilà ~.	ein Handtuch
servir qc	A la fin du repas, on ~[10] le dessert.	etw. servieren
sucrer qc	→ le sucre	etw. zuckern
relever qc [rəlve]	Notre tente s'est retournée. Il faut la ~.	etw. aufheben/wieder aufrichten
dessus [dəsy]	Il est sur le bateau? – Oui, il est ~.	darauf
toutes sortes de	Dans une bonne boulangerie, il y a ~ pain.	alle möglichen (Arten von)

[1] rochers – [2] jette – [3] me souvenir de [4] m'abandonne – [5] sont paniqués [6] consignes – [7] ne fait que – [8] Lance/Lancez – [9] Accroche – [10] sert

faire manger qn	Le soir, je ~[1] mon petit frère.	jdn. füttern
se remettre à faire qc	A chaque fois que je lui donne à boire, il ~[2] crier.	wieder anfangen etw. zu tun
faire pipi *(fam.)*		Pipi machen *(ugs.)*
une culotte	La mère achète des ~[3] pour ses enfants.	eine Unterhose
graver qc	Les amoureux ~[4] leurs noms sur les arbres.	etw. (ein)gravieren

Exercices

1	**suivant/suivante** [sɥivɑ̃/sɥivɑ̃t]	nachfolgend
	résumer qc	etw. resümieren/zusammenfassen
	un auteur [ɛ̃notœr]	ein Autor/eine Autorin
	un rappel	eine Erinnerung
	un contexte	ein Kontext/(Satz oder Text)Zusammenhang
	une traduction	eine Übersetzung
3	**former qc**	etw. bilden
	correspondre à qc	einer Sache entsprechen
	la formation	die Bildung
5	**une possibilité**	eine Möglichkeit
6	**Noël** *(m.)* [nɔɛl]	Weihnachten
7	**le théâtre** [ləteatr]	das Theater
8	**un refuge**	eine (Schutz)Hütte
	le refuge du Goûter	*Name einer Schutzhütte*
	Chamonix [ʃamɔni]	*Stadt in den frz. Alpen*
	le sommet [ləsɔmɛ]	der Gipfel
	le passé	die Vergangenheit
	raconter au passé	in der Vergangenheit erzählen
	la veille [lavɛj]	der Vortag

⟨D'un texte à l'autre⟩

employer qc [ɑ̃plwaje]	etw. verwenden
éviter qc	etw. vermeiden
le discours direct [lədiskurdirɛkt]	die direkte Rede
un tableau/des tableaux	*hier:* eine Tabelle/Aufstellung

Révisions

Verbes

ramener	je ramène, nous ramenons, ils ramènent; j'ai ramené
jeter	je jette, nous jetons, ils jettent; j'ai jeté
lancer	je lance, nous lançons, ils lancent; j'ai lancé
servir	je sers, nous servons, ils servent; j'ai servi
relever	je relève, nous relevons, ils relèvent; j'ai relevé

[1] fais manger – [2] se remet à – [3] culottes
[4] gravent

2 VOCABULAIRE

Commencer une discussion et donner son avis

Qu'est-ce que tu penses	Was hältst du
du père?/	von dem Vater?/
du *comportement du père?	von dem Verhalten des Vaters?
Est-ce que tu trouves que	Findest du, dass
le père a fait des fautes?/	der Vater Fehler gemacht hat?/
c'est la faute du père?	der Vater schuld ist?
Je trouve que …	Ich finde, dass …
A mon avis, …	Meiner Meinung nach …
Je pense que …	Ich denke, dass …
Je crois que …	Ich glaube, dass …
Je ne comprends pas pourquoi …	Ich verstehe nicht, warum …
Premièrement / D'abord, je pense que …	Erstens / Zunächst denke ich, dass …
Ensuite, il ne faut pas oublier que …	Dann darf man nicht vergessen, dass …
Et puis, il y a encore un autre argument.	Schließlich gibt es noch ein weiteres Argument.
Je (ne) suis (pas) de ton avis.	Ich bin (nicht) deiner Meinung.
Je (ne) suis (pas) d'accord avec toi.	Ich bin (nicht) mit dir einverstanden.
Je (ne) suis (pas) de l'avis de …	Ich bin (nicht) der Meinung von …
Tu as peut-être raison, mais …	Vielleicht hast du Recht, aber …
C'est vrai.	Das stimmt.
Tu (n')as (pas) raison.	Du hast (nicht) Recht.

En France

La Bretagne

La Bretagne se trouve dans l'ouest de la France. Elle a plus de 1000 km de côtes, un grand nombre de ports de *pêche et des grandes plages de sable pleines de touristes en été.
Mais dans cette région, on ne vit pas seulement de la pêche et du *tourisme, il y a aussi beaucoup d'agriculteurs. Les plus vieux d'entre eux parlent encore le breton. L'industrie n'y est pas très importante, sauf à Rennes où on construit des automobiles. Rennes, qui a aussi une université très connue, est la capitale de la région. Brest, avec son grand port, est la deuxième ville de Bretagne.

*la pêche: der Fischfang   le tourisme: der Tourismus

LEÇON 2

A On prépare l'échange.

un échange [ɛ̃neʃɑ̃ʒ]	Beaucoup de lycées organisent ~.	ein Austausch
Brême [brɛm]		Bremen
calme	Elle s'inquiète? – Non, elle est ~.	ruhig
calmement	Il n'y a pas de danger. Sortez ~.	ruhig *(Adv.)*
moins calmement que …		weniger ruhig als …

Germinal [ʒɛrminal]		*Titel eines Romans des frz. Schriftstellers Emile Zola (1840–1902) über einen Bergarbeiterstreik in Nordfrankreich*
Arras [aras]		*Stadt in Nordfrankreich*
une photo de classe		ein Klassenfoto
possible [pɔsibl]	J'ai gagné un million. – Ce n'est pas ~!	möglich
le plus rapidement possible	Réponds-moi vite, ~.	so schnell wie möglich
promettre à qn de faire qc	~[1]-moi de ne plus mentir.	jdm. versprechen etw. zu tun
curieux/curieuse [kyrjø/kyrjøz]	Elle veut tout savoir. Elle est ~[2].	neugierig, merkwürdig, seltsam
être curieux de faire qc	Les élèves ~[3] voir leur nouveau professeur.	gespannt sein etw. zu tun
futur/future	Une correspondante peut être une ~[4] amie.	(zu)künftig
voici	Tu as les tickets? – Oui, les ~.	hier ist/hier sind
un visage	Je le trouve sympa. Il a ~ ouvert.	ein Gesicht
un sourire	→ sourire	ein Lächeln
le mieux, c'est de faire qc	Quand on est malade, ~ se coucher.	es ist am besten etw. zu tun
l'écoute *(f.)*	→ écouter	das Hören
faciliter qc	→ facile	etw. erleichtern
la compréhension	→ comprendre	das Verständnis
se présenter	Est-ce que je peux ~[5]? Je m'appelle Lacroix.	sich vorstellen
un thème	Le ~ de la leçon 2A est la préparation d'un échange.	ein Thema

A *Exercices*

2 **une feuille** [ynfœj]		ein Blatt
une feuille de papier		ein Blatt Papier
redistribuer qc [rədistribɥe]		etw. wieder/erneut verteilen
une cassette vidéo		eine Videokassette

B *L'arrivée à Arras*

une arrivée	→ arriver	eine Ankunft
un car	Les groupes font souvent leurs voyages en ~.	ein Reisebus
plus de huit heures	J'ai travaillé ~. C'est assez.	mehr als acht Stunden

[1] Promets/Promettez – [2] curieuse – [3] sont curieux de – [4] future – [5] me présenter

relire qc	→ lire	etw. noch einmal/erneut lesen
s'asseoir [saswar]	~[1]-toi sur mon lit.	sich setzen
être assis/assise	Les élèves sont ~ en face de leur professeur.	sitzen
un accueil [ɛ̃nakœj]	J'ai reçu un très bon ~.	ein Empfang/eine Aufnahme
une famille d'accueil	Ma ~ est venue me prendre à la gare.	eine Gastfamilie
Olivier		*männl. Vorname*
moins de français que	Je sais ~ ma sœur.	weniger Französisch als
avoir besoin de qc/de faire qc [bəzwɛ̃]	J'ai soif. J'~[2] quelque chose à boire.	etw. brauchen/tun müssen
un dictionnaire [ɛ̃diksjɔnɛr]	F = ------nn---- ←→ E = *dictionary*	ein Wörterbuch
Zut! *(fam.)* [zyt]	~! J'ai oublié mon porte-monnaie.	Verflixt! *(ugs.)*
une valise	Quand on fait un voyage, on a besoin d'~.	ein Koffer
Ça y est! [sajɛ]	~! J'ai enfin fini mes devoirs.	Uff!/Geschafft!
d'après	~ le dictionnaire, il y a une différence entre «car» et «bus».	nach/gemäß/laut
Rybou [ribu]		*Familienname*
poli/polie	Elle dit «s'il vous plaît» et «merci». Elle est ~[3].	höflich
immense [imɑ̃s]	Le ciel est ~.	riesig/immens
Anthony [ɑ̃tɔni]		*männl. Vorname*
Benjamin [bɛ̃ʒamɛ̃]		*männl. Vorname*
Tu as fait bon voyage?	~? Tu n'es pas trop fatiguée, Sylvie?	Hattest du eine gute Reise?
tutoyer qn	On ~[4] les amis.	jdn. duzen
prêt/prête	On peut partir, Julie? Tu es ~[5]?	fertig/bereit
une chose	C'est une bonne ~, un échange.	eine Sache
délicat/délicate	Les paysans ne peuvent pas avoir des mains ~[6].	empfindlich, fein, zart
délicieux/délicieuse	La salade de crabes, c'est ~.	köstlich
plus [plys]	Tu as beaucoup de cassettes. Mais moi, j'en ai ~.	mehr
la viande [lavjɑ̃d]	Normalement, on mange ~ avec des légumes.	das Fleisch
gêné/gênée [ʒene]	Il est ~ quand il doit parler devant la classe.	verlegen, betreten
Poker [pɔkɛr]		*hier: Name eines Hundes*
un cocker [ɛ̃kɔkɛr]	Les ~[7] sont des chiens très gentils.	ein Cockerspaniel
une chaise [ynʃɛz]	Prenez cette ~ et asseyez-vous.	ein Stuhl
Clafoutis [klafuti]		*hier: Name einer Katze*
Ça ne se fait pas.		Das macht man nicht./Das gehört sich nicht.
autant que	J'ai des BD, mais pas ~ toi.	so viel wie
cuire qc [kɥir]	Le garçon: Comment voulez-vous la viande? Bien ~[8]?	etw. braten

[1] Assieds – [2] ai besoin de – [3] polie
[4] tutoie – [5] prête – [6] délicates
[7] cockers – [8] cuite

recuire qc		*hier:* etw. noch einmal in die Pfanne tun
le moins de gâteau	Maman a pris ~. Elle surveille son poids.	am wenigsten Kuchen
Elle n'en peut plus.	Fanny a pris trop de gâteau. ~.	Sie kann nicht mehr.
une impression [ynɛ̃prɛsjɔ̃]	Ta nouvelle copine m'a fait une très bonne ~.	ein Eindruck
avoir l'impression de faire qc	Il fait chaud. On ~[1] être en été.	den Eindruck haben etw. zu tun
gros/grosse [gro/gros]	Ma sœur ne mange plus de sucreries. Elle se trouve trop ~[2].	dick
une saucisse [ynsosis]	Offre-lui de la viande. Il n'aime pas la ~.	eine Wurst
un traversin [ɛ̃travɛrsɛ̃]	En France, il y a souvent des ~[3] dans les lits.	eine Schlummerrolle
un oreiller [ɛ̃nɔreje]	En Allemagne, on préfère les ~[4].	ein Kopfkissen
une couette [ynkwɛt]	Les Allemands veulent aussi ~.	ein Federbett

B Exercices

1	**sentir bon**	gut riechen
3	**un emploi du temps**	ein Stundenplan
	au total [otɔtal]	insgesamt
4	**un préfixe**	eine Vorsilbe/ein Präfix
	le h muet [ləaʃmɥɛ]	das stumme h

C Une journée plutôt longue

se dépêcher [sədepeʃe]	Il est l'heure de partir. ~[5]-toi!	sich beeilen
une crèche	Ma petite sœur a 2 ans. Elle est à la ~.	eine Krippe/ein Tagheim
dont	Voilà le livre ~ nous avons parlé hier.	*Grundbedeutung:* wovon/dessen *(Relativpronomen)*
un bol [ɛ̃bɔl]	En France, les enfants boivent dans ~.	*eine Art Trinkschale*
partir faire qc	Après le petit déjeuner, Mme Grande ~[6] les courses.	losgehen/weggehen/abfahren/aufbrechen um etw. zu tun
une banque [ynbɑ̃k]	Je dépense peu. Je mets mon argent à la ~.	eine Bank/ein Geldinstitut
oser faire qc [oze]	Il est si gêné qu'il n'~[7] pas parler.	wagen etw. zu tun
celui/celle/ceux/celles qui …	Regarde ces garçons. ~[8] qui est à gauche est mon ami.	der, die, das/diese(r), dieses *(Demonstrativpronomen)*
celle dont …	Et la fille à droite est ~ nous venons de parler.	die, von der …
sévère	Ce professeur est ~, mais c'est un bon professeur.	streng

[1] a l'impression d' – [2] grosse
[3] traversins – [4] oreillers – [5] Dépêche
[6] part faire – [7] ose – [8] Celui

2 VOCABULAIRE

une punition	Pauvre Charlotte! Elle a encore eu ~.	eine Strafe/Bestrafung
le cours de maths *(fam.)*		die Mathe-Stunde *(ugs.)*
durer	Ce film va ~ deux heures.	dauern
suivre (qn)	[F] = ~ *qn* ←→ [D] = *jdm. folgen*	(jdm.) folgen
celui/celle-ci/-là	A qui sont ces livres? – ~[1] est à moi, et ~[2] est à toi.	diese(r) hier/da
après tout	Tu as fait quelques fautes. Mais ~, c'est assez bien.	schließlich/alles in allem
ceux qui ...	J'aime ~ m'aiment.	die(jenigen), die/welche ...
la permanence	Un étudiant surveille les élèves en ~[3].	*beaufsichtigte Freistunde in der Schule*
un surveillant/ une surveillante	→ surveiller qn	*in der frz. Schule: Personen, die nur für die Aufsicht zuständig sind, nicht unterrichten; häufig Studenten*
un club-théâtre [ɛ̃klœbteatr]	A notre école, il y a plusieurs clubs, par ex. le ~.	eine Theater-AG
ne ... plus du tout	Après le dîner d'accueil, Lisa ~ a ~ faim.	überhaupt nicht/ kein(e/en) ... mehr
retourner en cours	Après la récréation, il faut ~.	in den Unterricht zurückkehren
de retour à la maison	~, Olivier monte dans sa chambre.	wieder zurück zu Hause
le cahier de textes	Le professeur dit: «Notez cela dans vos ~[4].»	*in der frz. Schule: spezielles Heft, in das die Schüler eintragen, welche Hausaufgaben sie aufhaben*
Hum! [œm]	Tu viens avec moi? – ~! Peut-être.	Hm!
la permission	Maman, tu me donnes ~ de faire une boum?	die Erlaubnis
regretter qc	Vous avez l'heure? – Non, je ~[5].	etw. bedauern
recevoir qn à dîner		jdn. zum Abendessen da haben
être heureux de faire qc	Elle ~[6] avoir rencontré la star.	glücklich sein etw. zu tun

Découvertes Info

l'enseignement *(m.)* [lɑ̃sɛɲəmɑ̃]	Les élèves discutent sur ~ de l'allemand en France.	der Unterricht/das Unterrichtswesen
l'enseignement élémentaire *(m.)*		der Grundschulunterricht

[1] Celui-ci – [2] celui-là – [3] permanence
[4] cahiers de textes – [5] regrette – [6] est heureuse d'

l'enseignement secondaire *(m.)* [lɑ̃sɛɲəmɑ̃səgɔ̃dɛr]	~, c'est le collège et le lycée.	der weiterführende Unterricht
la seconde [səgɔ̃d]		die „seconde" *(erste Klasse des „lycée"; entspricht der 10. Klasse)*
la première		die „première" *(2. Klasse des „lycée"; entspricht der 11. Klasse)*
la terminale	Les classes du lycée sont: la seconde, la première et ~.	die „terminale" *(letzte Klasse des „lycée"; entspricht der 12. Klasse)*
l'école maternelle *(f.)*	~ est pour les enfants de 3 à 6 ans.	der Vorschulunterricht/Kindergarten
gratuit/gratuite	L'enseignement est ~ en France.	kostenlos, gratis
l'école élémentaire *(f.)*	Les élèves de ~ ont entre 6 et 11 ans.	die Grundschule
le brevet des collèges [ləbrəvɛ ...]	A la fin du collège, on passe ~.	Abschlussprüfung/Abschlusszeugnis nach dem „collège"
un examen [ɛ̃nɛgzamɛ̃]	Le brevet des collèges est ~.	eine Prüfung
obligatoire	L'école maternelle n'est pas ~.	obligatorisch/Pflicht-
le baccalauréat [ləbakalɔrea]	Si on veut aller à l'université, il faut passer ~.	das Abitur
le bac *(fam.)*		das Abi *(ugs.)*
professionnel/professionnelle	Les joueurs de football ~[1] gagnent beaucoup d'argent.	Berufs-/beruflich
le lycée professionnel	~ prépare les élèves à leur métier.	*Schule, die eine abgeschlossene Berufsausbildung vermittelt*
le bac professionnel	Après 3 ans de lycée professionnel, on passe ~.	das berufliche Abitur
l'apprentissage *(m.)*	On peut choisir entre le lycée professionnel et ~.	die Lehre
directement	On prend un café? – Non, je rentre ~ chez moi.	direkt/unmittelbar *(Adv.)*

C Exercices

1	**une spécialité**	eine Spezialität
3	**un parapluie**	ein Regenschirm
6	**un rédacteur/une rédactrice**	ein Redakteur/eine Redakteurin

[1] professionnels

2 VOCABULAIRE

⟨D'un texte à l'autre⟩

en italique	kursiv/schräg gedruckt
une terminaison	eine Endung

Révisions

Verbes

s'asseoir	je m'assois, nous nous asseyons, ils s'assoient; je me suis assis(e)
tutoyer	je tutoie, nous tutoyons, ils tutoient; j'ai tutoyé
cuire	je cuis, nous cuisons, ils cuisent; j'ai cuit
suivre qn	je le (la) suis, nous le (la) suivons, ils le (la) suivent; je l'ai suivi(e)
recevoir	je reçois, nous recevons, ils reçoivent; j'ai reçu

Se présenter

Je m'appelle Stéphane.	Ich heiße Stéphane.
Je vais avoir 15 ans au mois de mai.	Im Mai werde ich 15 Jahre alt.
Je fais 1 mètre 68.	Ich bin 1,68 groß.
J'ai les yeux verts et les cheveux bruns.	Ich habe grüne Augen und braune Haare.
Le jaune est ma couleur préférée.	Gelb ist meine Lieblingsfarbe.
Mes passions sont la BD et le cinéma.	Meine Hobbys sind Comics und Kino.
Je n'aime pas la danse.	Ich tanze nicht gern.
Je veux devenir architecte.	Ich möchte Architekt werden.

A table

– **Tu peux me passer le pain, s'il te plaît?**	Kannst du mir bitte das Brot reichen?
– **Oui, voilà.**	Ja, hier.
– **Tu veux de l'eau?**	Möchtest du Wasser?
– **Oui, je veux bien. J'ai soif.**	Ja, gern. Ich habe Durst.
– **Il y a encore de la mousse au chocolat. Tu en veux?**	Es ist noch Schokoladencreme da. Möchtest du etwas davon?
– **Non, merci, je n'ai plus faim.**	Nein danke, ich habe keinen Hunger mehr.
– **C'est délicieux, mais je n'en peux plus.**	Es ist köstlich, aber ich kann nicht mehr.

Pour aller en France

Si vous voulez préparer un *séjour individuel en France, vous pouvez écrire à ces adresses:

Deutsch-Französisches Jugendwerk (DFJW)
Rhöndorfstraße 23
53604 Bad Honnef

Le DFJW donne des informations sur les possibilités de séjours dans des familles françaises, sur les échanges individuels et les rencontres de jeunes.

* le séjour: der Aufenthalt　　individuel(le): individuell/Einzel-

Gesellschaft für übernationale Zusammenarbeit e.V. (GÜZ) **Bachstraße 32** **53115 Bonn**	Organise des rencontres de groupes français et allemands avec cours de langues et activités *diverses.

* divers(e): verschieden

LEÇON 3

A Qu'est-ce que le bonheur pour vous?

le bonheur [ləbɔnœr]	Tout le monde cherche ~.	das Glück
un lecteur/une lectrice	Tous les ~[1] de bandes dessinées connaissent Astérix.	ein Leser/eine Leserin
un/une autre	On prend ce gâteau? – Non, plutôt ~.	ein anderer/eine andere
libre	Cette place est encore ~? – Je regrette, non.	frei
les Landes [lelɑ̃d]		*Heidelandschaft an der südfranzösischen Atlantikküste*
l'herbe *(f.)* [lɛrb]	Regarde ces jolies fleurs dans ~.	das Gras
pencher qc	Les fleurs ~[2] la tête. Donne-leur de l'eau.	etw. neigen
la culture	A l'université, il y a des cours sur les ~[3] étrangères.	die Kultur
la religion [larəliʒjõ]	Tu ne crois pas en Dieu? Tu n'as pas de ~?	die Religion
la rosée [laroze]	Le matin, il y a de ~ sur l'herbe.	der Tau
Florence [flɔrɑ̃s]		*weibl. Vorname*
une guerre [yngɛr]		ein Krieg
la misère	En France, au 19e siècle, beaucoup de gens vivaient dans ~.	das Elend
manger à sa faim	Quand on vit dans la misère, on ne peut pas ~.	sich satt essen
vivre à la campagne		auf dem Land leben
fonder qc	Pour ~ une entreprise, il faut de l'argent.	etw. (be)gründen
Philippe		*männl. Vorname*
classique	≠ moderne	klassisch, traditionell
une demi-sœur	Ma ~ n'a pas le même père que moi.	eine Halbschwester
ne … que	Mon père travaille beaucoup. Je ~ le vois ~ le soir.	nur
divorcé/divorcée	→ le divorce	geschieden
une belle-mère	C'est la seconde femme de mon père, ma ~.	eine Stiefmutter/ Schwiegermutter
c'est-à-dire [sɛtadir]	Julien a dépensé 30 euros, ~ tout son argent de poche.	das heißt
un mari	M. Rigot est le ~ de Mme Rigot.	ein Ehemann

[1] lecteurs – [2] penchent – [3] cultures

3 VOCABULAIRE

nombreux/nombreuse	Sur cette route, les accidents sont ~.	zahlreich
le gouvernement [ləguvɛrnəmɑ̃]	~ français est à Paris.	die Regierung
Sophie [sɔfi]		*weibl. Vorname*
un footballeur/une footballeuse [futbolœr/futboløz]	un joueur/une joueuse de football	ein Fußballspieler/eine Fußballspielerin
réussir dans la vie	Pour ~, il faut travailler beaucoup.	im Leben Erfolg haben
un professionnel/une professionnelle	Il connaît son métier. C'est ~.	ein Profi
avoir des rêves plein la tête	Les adolescents ~[1].	den Kopf voller Träume haben
un diplôme [ɛ̃diplom]	Il a fini ses études. Il a maintenant son ~ d'ingénieur.	ein Diplom
au moins	Si tu n'as pas faim, mange ~ le dessert.	wenigstens
permettre à qn de faire qc	Tu ~[2] sortir ce soir, maman?	jdm. erlauben etw. zu tun
moi-même	J'ai fait ce gâteau ~.	ich selbst
être en bonne santé	≠ être malade	bei guter Gesundheit sein
Versailles [vɛrsaj]		*Stadt bei Paris*
le Portugal	Il habite au ~.	Portugal
aller voir qn	rendre visite à qn	jdn. besuchen
Manuel [manɥɛl]		*männl. Vorname*
à mon tour	Tu m'as aidé. Maintenant, je t'aide ~.	meinerseits
changer de couleur	Elle était si gênée qu'elle a ~[3].	die Farbe ändern/wechseln
Cécile [sesil]		*weibl. Vorname*
la Martinique	~ est une île française.	Martinique *(Insel der kleinen Antillen; gehört zu Frankreich)*
St (= Saint)-Pierre		*Stadt auf Martinique*
une solution	Tu as trouvé la ~ du problème?	eine Lösung
peut-être que ...	Elle n'est pas venue. ~ elle est malade.	vielleicht *(am Satzanfang)*
le racisme [lərasism]	~ a déjà tué beaucoup de gens.	der Rassismus
entier/entière [ɑ̃tje/ɑ̃tjɛr]	On connaît la tour Eiffel dans le monde ~.	ganz, vollständig
Aurélie [ɔreli]		*weibl. Vorname*
paraître	Ce journal ~[4] le soir.	erscheinen
se sentir bien	Tu ~[5] dans ton nouvel appartement?	sich gut/wohl fühlen
une cage à lapin	Un immeuble avec trop de locataires ressemble à ~.	ein Kaninchenstall
la banlieue [labɑ̃ljø]	Ces cages à lapin se trouvent surtout dans ~ des grandes villes.	der Vorort/Vorstadtbereich

---

[1] ont des rêves plein la tête – [2] me permets de – [3] changé de couleur – [4] paraît
[5] te sens bien

A Exercices

1	**un domaine** [ɛ̃dɔmɛn]	F = *un* ~ ←→ D = *eine Domäne*	ein Bereich, eine Domäne
	un magazine [ɛ̃magazin]	----*zine* ←→ *magasin*	eine Zeitschrift/ein Magazin
3	**une mobylette** [ynmɔbilɛt]		ein Mofa

B Oui, on a le moral.

le moral [ləmɔral]	Comment est ~ de la classe avant le bac? – Bon.	die Stimmung/innere Verfassung
avoir le moral	La classe ~[1].	in guter Stimmung/„gut drauf“ sein
un collégien/une collégienne	→ le collège	ein Schüler/eine Schülerin eines „collège“
interroger qn [ɛ̃terɔʒe]	Le professeur ~[2] les élèves sur la leçon.	jdn. befragen
ce que	Dis-moi ~ tu veux.	was *(neutrales Relativpronomen, Objekt)*
ce qui	Dis-moi ~ s'est passé.	was *(neutrales Relativpronomen, Subjekt)*
négatif/négative	Elle a reçu une réponse ~[3].	negativ
positif/positive	≠ négatif/négative	positiv
les études *(f., pl.)*	Elle est mauvaise élève. Elle n'aime pas ~.	*hier:* das Lernen
un sondage	On fait ~ pour savoir l'avis des gens sur une question.	eine Meinungsumfrage
les deux tiers [ledøtjɛr]	D'après un sondage, ~ des gens sont pour le gouvernement.	zwei Drittel
les quatre cinquièmes	4 sur 5, ce sont ~.	vier Fünftel
compétent/compétente	Un professionnel est ~ dans son métier.	kompetent, sachkundig
incompétent/incompétente	≠ compétent	inkompetent
exagérer qc [ɛgzaʒere]	Notre prof d'anglais est incompétent. – Mais non, tu ~[4].	etw. übertreiben
un résultat [ɛ̃rezylta]		ein Ergebnis; *hier:* eine Note/ein Zeugnis
passer en seconde	On ~[5] si on a les résultats qu'il faut.	in die „seconde“ versetzt werden
un moyen	Ecouter des cassettes, c'est ~ d'apprendre le français.	ein Mittel/eine Möglichkeit
énorme	Le Louvre est un bâtiment ~.	enorm/riesig
énormément	Tu aimes lire? – Mais oui, ~.	enorm/außerordentlich *(Adv.)*
intelligemment [ɛ̃teliʒamɑ̃]	Lire, c'est s'occuper ~.	intelligent *(Adv.)*/auf intelligente Weise
le secourisme [ləsəkurism]	→ le secours	die erste Hilfe
faire du secourisme	J'admire les jeunes qui ~[6].	in der ersten Hilfe tätig sein

[1] a le moral – [2] interroge – [3] négative
[4] exagères – [5] passe en seconde – [6] font du secourisme

suffisant/suffisante	Ses notes sont ~[1] pour passer en 1ère.	genug, ausreichend
suffisamment	assez	genug *(Adv.)*
général/générale; *pl.* généraux/générales	Ce que tu dis est trop ~, pas assez précis.	allgemein
d'une façon générale	~, les collégiens trouvent leurs professeurs compétents.	im Allgemeinen
l'avenir *(m.)*	≠ le passé	die Zukunft
indépendant/indépendante	[F] = --------*ant* ←→ [E] = *independent*	unabhängig
aller dans la rue		auf die Straße gehen
une manifestation	→ manifester	eine Demonstration
une manif *(fam.)*		eine Demo *(ugs.)*
malgré	Le moral est bon ~ la pluie.	trotz

B Exercices

1	**un portrait**	ein Porträt/Bildnis/Abbild
	faire le portrait de qn	jdn. beschreiben
2	**Phosphore** [fɔsfɔr]	*frz. Schülerzeitschrift*
	un lycéen/une lycéenne [lisẽ/ynliseɛn]	ein Schüler/eine Schülerin eines „lycée"
	un pour cent	ein Prozent
	la moitié	die Hälfte
	un élève sur deux	einer von zwei Schülern
3	**un antonyme** [ɛ̃nɑ̃tɔnim]	ein Antonym/Gegensatzwort
4	**l'amitié** *(f.)*	die Freundschaft
7	**enregistrer (sur cassette)** [ɑ̃rəʒistre]	(auf Kassette) aufnehmen

Révisions

Verbes

paraître	je parais, il paraît, nous paraissons, ils paraissent; il a paru
interroger	j'interroge, nous interrog**e**ons, ils interrogent; j'ai interrogé
exagérer	j'exagère, nous exagérons, ils exagèrent; j'ai exagéré

Commenter un sondage

La moitié des élèves sont contents.	Die Hälfte der Schüler ist zufrieden.
50 pour cent des élèves sont contents.	50 Prozent der Schüler sind zufrieden.
Un élève sur deux est content.	Einer von zwei Schülern ist zufrieden.
Les trois quarts des élèves sont contents.	Drei Viertel der Schüler sind zufrieden.
75 pour cent des élèves sont contents.	75 Prozent der Schüler sind zufrieden.
Trois élèves sur quatre sont contents.	Drei von vier Schülern sind zufrieden.

[1] suffisantes

L'école

avoir cours/classe	Unterricht haben	**la permanence**	die beaufsichtigte Freistunde
avoir la moyenne	die Hälfte der höchsten Punktzahl erreichen/ eine 4 haben	**le professeur**	der Lehrer/die Lehrerin
		la punition	die Strafarbeit
une cantine	eine Kantine	**la récréation**	die Pause
le bulletin	das Zeugnis	***redoubler**	wiederholen/sitzen bleiben
un contrôle	eine Klassenarbeit		
rater un contrôle	eine schlechte Klassenarbeit schreiben	**les résultats**	die Noten/das Zeugnis
		J'ai eu 13 (sur 20) en latin.	Ich habe die Note 13 in Latein bekommen.
faire des devoirs	Hausaufgaben machen		
en cours/classe	im Unterricht	**être mauvais en anglais**	schwach in Englisch sein
les matières	die Fächer		
passer un examen	eine Prüfung machen	**être fort en maths**	stark in Mathe sein
passer au lycée	ins „lycée" kommen	**un surveillant/ une surveillante**	eine Aufsichtsperson
passer en seconde	in die „seconde" versetzt werden		

⟨D'un texte à l'autre⟩

La liberté

la liberté	die Freiheit
une guitare [yngitar]	eine Gitarre
un violon	eine Violine
qu'il soit [kilswa]	sei es
un boulevard	ein Boulevard
un sans-logis [ɛ̃sɑ̃lɔʒi]	ein Obdachloser
un tam-tam [ɛ̃tamtam]	ein Tam-Tam *(afrikanische Trommel)*
le Gabon [ləgabõ]	Gabun *(Staat in Westafrika)*
une batterie [ynbatri]	ein Schlagzeug
à l'occasion *(f.)*	bei Gelegenheit
un sans-patrie [ɛ̃sɑ̃patri]	ein Heimatloser
une bouche	ein Mund; *hier:* ein Eingang
le monde	die Welt
avoir tort de faire qc	Unrecht haben, wenn man etwas tut
rude	rau/hart
un marron	eine Marone/Esskastanie
un sans-abri [ɛ̃sɑ̃zabri]	ein Obdachloser
le bout du monde	das Ende der Welt
une gamelle	ein Blechgeschirr
un bidon	ein Kanister
à tout hasard [atuazar]	auf gut Glück
un balcon	ein Balkon
un sans-papiers [ɛ̃sɑ̃papje]	ein Mensch ohne Ausweis
un air [ɛ̃nɛr]	eine Melodie/eine Weise
Duke Ellington	*amerik. Jazzmusiker, 1899–1974*
à bout de souffle [abudsuflə]	atemlos
à bout de son [abudsõ]	*hier:* ohne Stimme
un sans-le-sou [ɛ̃sɑ̃lsu]	ein Habenichts
un sans-culotte [ɛ̃sɑ̃kylɔt]	ein Sansculotte *(radikaler Anhänger der frz. Revolution, der lange Hosen und nicht die Kniehosen der Adligen trug)*

un/une interprète [ɛ̃n/ynɛ̃tɛrprɛt]	ein Interpret/eine Interpretin
Patricia Kaas [patrisjakas]	*frz. Popsängerin, geb. 1966*
la musique pop	die Popmusik
le blues [ləbluz]	der Blues
il s'agit de	es handelt sich um
un couplet	eine Strophe
un refrain [ɛ̃rəfrɛ̃]	ein Refrain

LEÇON 4

A Rallye à Arras

un rallye [ɛ̃rali]	[F] = *un* ~ ←→ [D] = *eine Rallye*	eine Rallye
être en train de faire qc	Ne le dérange pas. Il ~[1] réfléchir.	gerade etw. tun
un personnage	Napoléon est ~ important de l'histoire de France.	eine Persönlichkeit/eine Figur
une révolution [ynrevɔlysjõ]	En 1789, les Français ont fait la ~.	eine Revolution
en haut de [ãodə]	~ la page, il y a le titre de la leçon.	oben auf
le beffroi [ləbefrwa]	~ est la tour d'une ville.	der (Stadt)Turm
l'Hôtel de Ville	~ est souvent un bâtiment magnifique.	das Rathaus
un souterrain [ɛ̃sutɛrɛ̃]	Pour traverser la rue, vous pouvez prendre le ~.	ein unterirdischer Gang
servir à qc	Un couteau ~[2] couper.	zu etw. dienen
un tunnel [ɛ̃tynɛl]	Sous le Mont-Blanc, il y a ~.	ein Tunnel
la Manche	Le tunnel sous ~ est resté un rêve pendant longtemps.	der Ärmelkanal
participer à qc	Tous les élèves ~[3] l'échange.	an etw. teilnehmen
une information	→ un informaticien/une informaticienne	eine Information
un lion/une lionne [ɛ̃ljõ/ynljɔn]	Le ~ est un animal fort et dangereux.	ein Löwe/eine Löwin
marquer qc/qn	Ses maladies l'ont ~[4].	*hier:* etw./jdn. prägen
un roi/une reine [ɛ̃rwa/ynrɛn]	Louis XIV a été ~[5] de France pendant 72 ans.	ein König/eine Königin
absolu/absolue [apsɔly]	Louis XIV a été un roi ~.	absolut, unumschränkt
décider de qc	Le professeur a ~[6] jour de l'excursion.	über etw. entscheiden
l'Etat	Le roi était le premier homme dans ~.	der Staat
le centre	L'Auvergne se trouve au ~ de la France.	das Zentrum
le Roi-Soleil	On appelle Louis XIV ~.	der Sonnenkönig
un château/des châteaux	Le roi habitait dans ~.	ein Schloss/Schlösser
rêver de faire qc	→ un rêve	davon träumen, etw. zu tun
une puissance		eine Macht
le monde	→ tout le monde	die Welt
faire la guerre à qn	Hitler a ~[7] beaucoup de pays.	gegen jdn. Krieg führen
voisin/voisine (de)	L'Allemagne est ~[8] la France.	benachbart (mit)
reprendre qc	→ prendre	etw. zurücknehmen; *hier:* etw. zurückerobern

[1] est en train de – [2] sert à
[3] participent à – [4] marqué(e) – [5] roi
[6] décidé du – [7] fait la guerre à – [8] voisine de

une province	La Bretagne et la Vendée sont des ~[1] de France.	eine Provinz
le nord [lənɔr]	≠ le sud	der Norden
le nord de la France	Arras se trouve dans ~.	Nordfrankreich
alors	à cette époque-là	*hier:* damals
l'Espagne *(f.)*	→ un Espagnol	Spanien
la Flandre		Flandern *(Gegend im heutigen Nordfrankreich und im heutigen Belgien)*
l'Artois *(m.)* [lartwa]	La Flandre et ~ sont deux provinces du nord de la France.	das Artois *(Gegend in Nordfrankreich)*
un avocat/une avocate [ɛ̃navɔka/ynavɔkat]	F = av---- ←→ D = *Advokat*	ein Rechtsanwalt/eine Rechtsanwältin
partir pour Paris	Après mon bac, je vais ~ Paris.	nach Paris gehen/fahren
la liberté	→ libre	die Freiheit
demander la liberté		die Freiheit fordern
l'égalité *(f.)*	~ absolue était un rêve de la Révolution.	die Gleichheit
un procès [ɛ̃prɔsɛ]	Cet avocat a gagné beaucoup de ~.	ein Prozess
Louis XVI		*Ludwig XVI., 1754–1793, König von Frankreich von 1774 bis 1792*
voter qc [vɔte]		für etw. stimmen
la mort	→ mort/morte	der Tod
un/une révolutionnaire	→ la révolution	ein Revolutionär/eine Revolutionärin
après avoir fait qc	Elle s'est couchée ~ dîné.	nachdem man etw. getan hat
le pouvoir	→ pouvoir faire qc	die Macht
imposer qc	Pour ~ leur pouvoir, les révolutionnaires ont tué beaucoup de gens.	*hier:* etw. durchsetzen
un idéal	→ une idée	ein Ideal
politique	L'égalité est un idéal ~.	politisch
la force	→ fort/forte	die Gewalt/Kraft
la «Terreur»		*die Schreckensherrschaft unter Robespierre 1793–1794*
des milliers *(m.)* **de**		Tausende von
la guillotine [lagijɔtin]		die Guillotine/das Fallbeil
mourir	Des milliers de Français ~[2] pendant la Terreur.	sterben
creuser qc [krøze]	~ un tunnel demande beaucoup de temps.	etw. graben
un couloir	Un souterrain est une sorte de ~ sous la terre.	ein Gang/Korridor
un escalier	Pour monter au sixième étage, tu peux prendre l' ~ ou l'ascenseur.	eine Treppe

[1] provinces – [2] sont morts

4 VOCABULAIRE

une cave	La ~ est sous la maison.	ein Keller
servir de qc		als etw. dienen
un abri	A la montagne, un refuge sert d' ~[1].	ein Schutzraum/ein Unterstand
la Première Guerre mondiale	A la ~, il y a eu 10 millions de morts.	der Erste Weltkrieg *(1914 – 1918)*
traduire qc	→ une traduction	etw. übersetzen
se protéger	Pendant la dernière guerre, il fallait souvent aller dans les abris pour ~.	sich schützen
bombarder qc		etw. bombardieren
se perdre	Dans une grande ville, on ~[2] facilement.	sich verlaufen/verirren

A Exercices

2	**une image**	ein Bild
4	**convenir**	passen/entsprechen

B Le tunnel sous la Manche – Un rêve vieux de 200 ans

vieux de 200 ans		200 Jahre alt
l'Angleterre *(f.)*	La Manche se trouve entre la France et ~.	England
la paix [lapɛ]	≠ la guerre	der Frieden
faire la paix	≠ faire la guerre	Frieden schließen
Albert Mathieu-Favier		*frz. Ingenieur des 19. Jahrhunderts*
un cheval/des chevaux [ɛ̃ʃval/deʃvo]	Mon frère aime faire du ~.	ein Pferd/Pferde
une cheminée [ynʃmine]	Que cette banlieue est triste avec toutes ces ~[3] d'usine!	ein Kamin
l'aération *(f.)* [laerasjõ]	Dans une cuisine, il faut une bonne ~.	die Lüftung
un projet [ɛ̃prɔʒɛ]	Quels sont tes ~[4] pour les vacances?	ein Plan/Projekt
Hector Moreau		*frz. Ingenieur des 19. Jahrhunderts*
l'acier *(m.)* [lasje]	Un couteau est en ~[5].	der Stahl
le fond	Le tunnel sous la Manche est sous ~ de la mer.	der Grund
la vapeur [lavapœr]	Quand l'eau est très chaude, il y a de ~.	der Dampf
un train à vapeur	Ce vieux train est ~.	ein Dampfzug
une raison [ynrɛzõ]	Tu as raté le gâteau? Mais ce n'est pas ~ pour pleurer.	ein Grund
technique [tɛknik]		technisch
pour des raisons techniques	Le musée reste fermé ~.	aus technischen Gründen

[1] abri – [2] se perd – [3] cheminées
[4] projets – [5] acier

abandonner un projet	J'ai ~[1] parce qu'il était trop cher.	ein Projekt aufgeben
le projet Eurotunnel *(m.)* [ørotynɛl]		das Eurotunnelprojekt
être long de 50 km		50 km lang sein
le transport		der Transport/die Beförderung
un passager/une passagère	Cette voiture sert au transport de ~[2].	ein Passagier/Fahrgast
voyager	→ le voyage	reisen
une navette		*ein Verkehrsmittel im Pendelverkehr*
un train-navette		*hier: Zug, der Autos, LKWs und Busse durch den Tunnel befördert*
le Nord-Pas-de-Calais		*Region im Norden Frankreichs mit Lille als Hauptstadt*

Découvertes Info

centraliser qc		etw. zentralisieren
administratif/administrative	Paris est le centre ~ de la France.	Verwaltungs-
économique	La puissance ~ de la région de Paris est énorme.	Wirtschafts-/wirtschaftlich
culturel/culturelle	A Paris, les musées jouent un rôle important dans la vie ~[3].	Kultur-/kulturell
se développer [sədevlɔpe]	Les pays pauvres ~[4] très lentement.	sich entwickeln
un habitant/une habitante	Paris a plus de 2 millions d'~[5].	ein Einwohner/eine Einwohnerin
parisien/parisienne	de Paris	von Paris
la région parisienne	~ a 10 millions d'habitants.	der Großraum Paris
de plus en plus [dəplyzɑ̃ply]	Les villes de province se développent ~ vite.	immer mehr
un taxi	Il n'y a plus de bus. Il faut prendre ~.	ein Taxi
grâce à	J'ai réussi ~ à ton aide.	dank
la Belgique	La Flandre est une partie de ~.	Belgien
les Pays-Bas *(m., pl.)*	~ sont au nord de la Belgique.	die Niederlande
le Luxembourg [ləlyksɑ̃bur]	~ est un très petit pays.	Luxemburg
le midi	Marseille est dans ~ de la France.	der Süden
le Midi	Beaucoup de gens passent leurs vacances dans ~.	Südfrankreich
contourner qc	Nous prenons quelle route pour ~ Paris?	etw. umgehen/-fahren
l'est *(m.)* [lɛst]	Nous sommes arrivés à la gare de ~[6].	der Osten
l'ouest *(m.)* [lwest]	→ l'est	der Westen
rapprocher qc		etw. annähern
européen/européenne [ørɔpeɛ̃/ørɔpeɛn]	Les Pays-Bas et la Belgique sont des pays ~[7].	europäisch

[1] abandonné le projet – [2] passagers
[3] culturelle – [4] se développent
[5] habitants – [6] l'Est – [7] européens

4 VOCABULAIRE

un carrefour	Au premier ~, il faut tourner à gauche.	eine (Verkehrs)Kreuzung; *hier:* ein Knotenpunkt
Anvers [ɑ̃vɛr]	~ est la deuxième ville de Belgique.	Antwerpen
Londres	~ se trouve dans le sud de l'Angleterre.	London
Amsterdam [amstɛrdam]		Amsterdam
idéal/idéale	→ un idéal	ideal
le développement [lədevlɔpmɑ̃]	→ se développer	die Entwicklung
touristique	→ un touriste	touristisch

B Exercices

2	**un moyen de transport**	ein Verkehrsmittel
	un avion	ein Flugzeug
	le ferry [ləfɛri]	die Fähre
	une agence de voyage [ynaʒɑ̃sdəvwajaʒ]	ein Reisebüro
	un horaire [ɛ̃nɔrɛr]	eine Fahrplanangabe
3	**un bourgeois/une bourgeoise** [ɛ̃burʒwa/ynburʒwaz]	ein Bürger/eine Bürgerin
	Auguste Rodin [ɔgystrɔdɛ̃]	*frz. Bildhauer, 1840–1917*
	une construction	eine Konstruktion
	en italique	kursiv/schräg (gedruckt)
	Edouard III [edwar]	Edward III., *1312–1377, König von England von 1327 bis 1377*
4	**une langue**	eine Sprache
6	**le charbon**	die Kohle

⟨D'un texte à l'autre⟩

une entrée	*hier:* ein Eintrag
principal/principale; *pl.* principaux/principales	hauptsächlich/Haupt-
une entrée principale	*hier:* ein Haupteintrag
une abréviation	eine Abkürzung
signifier qc	etw. bedeuten
un sens [ɛ̃sɑ̃s]	*hier:* ein Sinn/eine Bedeutung
le sens figuré	die übertragene Bedeutung
le sens propre	die wörtliche Bedeutung
un chiffre	eine Ziffer/Zahl
romain/romaine	römisch
arabe	arabisch

En France

La circulation dans la région parisienne

On a essayé de trouver des solutions aux problèmes de circulation de cette région qui a 10 millions d'habitants aujourd'hui. Au début du XXe siècle, on a construit le métro. C'est le moyen de transport le plus rapide dans Paris. Dans les années soixante-dix, on y a ajouté le R.E.R. (*Réseau Express Régional) qui *relie Paris avec la banlieue. Pour les voitures, on a construit des routes rapides au bord de la Seine et une *voie express qui contourne la ville. Pour contourner Paris plus vite, on peut prendre *l'autoroute. Mais il y a encore beaucoup de bouchons.

---

* un réseau: ein Netz relier: verbinden une voie express: eine Schnellstraße une autoroute: eine Autobahn

Révisions

Verbes

mourir	je meurs, nous mourons, ils meurent; il mourra; il est mort/elle est morte
traduire	je traduis, nous traduisons, ils traduisent; j'ai traduit
protéger	je protège, nous protégeons, ils protègent; j'ai protégé

Nom de pays		***Nationalité***	***Langues***
l'Allemagne *(f.)*	Deutschland	allemand(e)	l'allemand
l'Angleterre *(f.)*	England	anglais(e)	l'anglais
(la Grande-Bretagne	Großbritannien)		
l'Autriche *(f.)*	Österreich	autrichien(ne)	l'allemand
la Belgique	Belgien	belge	le français, le néerlandais, l'allemand
le Danemark	Dänemark	danois(e)	le danois
l'Espagne *(f.)*	Spanien	espagnol(e)	l'espagnol
la France	Frankreich	français(e)	le français
la Grèce	Griechenland	grec/grecque	le grec
l'Italie *(f.)*	Italien	italien(ne)	l'italien
le Luxembourg	Luxemburg	luxembourgeois(e)	le français, l'allemand, le luxembourgeois
la Norvège	Norwegen	norvégien(ne)	le norvégien
les Pays-Bas *(m., pl.)*	die Niederlande	néerlandais(e)	le néerlandais
(la Hollande	Holland	hollandais(e)	le hollandais)
la Pologne	Polen	polonais(e)	le polonais
le Portugal	Portugal	portugais(e)	le portugais
la République tchèque	die Tschechische Republik	tchèque	le tchèque
la Suède	Schweden	suédois(e)	le suédois
la Suisse	die Schweiz	suisse	l'allemand, le français, l'italien, *le romanche
la Turquie	die Türkei	turc/turque	le turc
la Russie	Russland	russe	le russe
les Etats-Unis *(m., pl.)*	die Vereinigten Staaten	américain(e)	l'anglais (l'américain)
l'Europe *(f.)*	Europa	européen(ne)	

* le romanche: das Rätoromanische

Pour commencer une lettre officielle

Mesdames, Messieurs, …	Sehr geehrte Damen und Herren, …
Chère Madame, / Cher Monsieur, …	Sehr geehrte Dame, / Sehr geehrter Herr, …

Pour terminer une lettre officielle

Meilleures salutations **Je vous prie de croire, Mesdames, Messieurs, / Monsieur, / Madame, à l'expression de mes sentiments les meilleurs.**	Mit freundlichen Grüßen

LEÇON 5

Jean de Florette

Page 48

Jean		*männl. Vorname*
Marcel Pagnol [marsɛlpaɲɔl]		*frz. Schriftsteller und Filmschaffender, 1895–1974*
Jean de Florette		*Titel eines Romans von Marcel Pagnol*
librement	On est entre amis. Tu peux parler ~.	frei *(Adv.)*
les Bastides Blanches		*Name eines Dorfes (wörtl.: die weißen Landhäuser)*
une cinquantaine de maisons [ynsɛ̃kɑ̃tɛndəmɛzõ]		etwa fünfzig Häuser
border qc	Souvent, des arbres ~[1] la route.	etw. säumen
un trottoir [ɛ̃trɔtwar]	Il est plus sûr de marcher sur ~.	ein Geh-/Bürgersteig
un Bastidien/ une Bastidienne [ɛ̃bastidjɛ̃/ynbastidjɛn]		*ein Einwohner/eine Einwohnerin der „Bastides Blanches"*
respecter qc [rɛspɛkte]	Il faut toujours ~ la liberté des autres.	etw. respektieren/beachten
strict/stricte [strikt]	Notre prof de maths est trop ~.	strikt/streng/genau
strictement [striktəmɑ̃]		strikt/streng *(Adv.)*
une règle [ynrɛgl]	On n'aime pas jouer avec les gens qui ne respectent pas la ~ du jeu.	eine Regel
la morale [lamɔral]	*la-----e ←→ le moral*	die Moral
bastidien/bastidienne		der Bastides/den „Bastides Blanches" zugehörig
une affaire	Ça ne te regarde pas. C'est mon ~.	eine Sache/eine Angelegenheit
dire qc haut et fort	Cette affaire ne l'intéresse pas. Il l'a ~[2].	etw. laut und deutlich sagen
la Provence	*la P---e--- ←→ la province*	die Provence *(Gegend in Südfrankreich, erstreckt sich vom Rhônedelta bis zur italienischen Grenze)*

Page 49

César		*hier: männl. Vorname*
le Papet		*provenzalische Bezeichnung für „Großvater"*

[1] bordent – [2] dit haut et fort

Ugolin		*männl. Vorname*
un neveu/une nièce	C'est mon oncle. Je suis donc son ~ et ma sœur est sa ~.	ein Neffe/eine Nichte
un représentant/une représentante	L'avocat est le ~ de l'accusé.	ein Vertreter/eine Vertreterin
riche	≠ pauvre	reich
Soubeyran [subɛrɑ̃]		*Familienname*
de temps en temps [dətɑ̃zɑ̃tɑ̃]	Je ne le vois pas souvent. Mais je lui téléphone ~.	von Zeit zu Zeit
disparaître [disparɛtr]	Mon porte-monnaie ~[1]. Qui l'a vu?	verschwinden
se marier	Elle aime sa liberté. Elle ne veut pas ~.	heiraten/sich verheiraten
nourrir qn	Il travaille beaucoup pour ~ sa famille.	jdn. ernähren
l'amour *(m.)*	→ amoureux/amoureuse	die Liebe
auparavant	avant	vorher/zuvor *(Adv.)*
le service militaire	En ce moment, mon frère fait son ~.	der Wehr-/Militärdienst
Attilio		*männl. Vorname*
Antibes		*Stadt in der Nähe von Nizza*
un champ	Le paysan travaille dans ~.	ein Feld/Acker
un œillet	~ est une fleur.	eine Nelke
un champ d'œillets		ein Nelkenfeld
planter qc	En automne, mon père va ~ un arbre.	etw. pflanzen
une trentaine de ...		etwa dreißig ...

Page 50

un/une fleuriste	Un ~ vend des fleurs.	ein Blumenhändler/eine Blumenhändlerin
une plante	→ planter	eine Pflanze
un puits	Le paysan creuse ~ pour avoir de l'eau.	ein Brunnen
arroser qc	Il ~[2] ses plantes parce qu'il ne pleut pas.	etw. (be)gießen
un romarin		ein Rosmarin; *hier: Name eines Landguts*
une source	Regarde cette eau qui sort du rocher. C'est ~!	eine Quelle
un héritier/une héritière	C'est un riche ~. Son père lui a laissé un château.	ein Erbe/eine Erbin
boucher qc		etw. zu-/verstopfen
acheter qc pour pas cher *(fam.)*	acheter qc bon marché	etw. für wenig Geld kaufen *(ugs.)*
tirer qc	Maman, Julien m'a ~[3] les cheveux!	etw. ziehen
une difficulté	→ difficile	eine Schwierigkeit
une charrette	Le cheval tire ~.	ein Karren
un meuble [ɛ̃mœbl]	Une table, une chaise, un lit: ce sont des ~[4].	ein Möbel(stück)
un bossu/une bossue		ein Buckliger/eine Bucklige
se cacher	Je te vois! Tu ~[5] derrière l'arbre.	sich verstecken

[1] a disparu – [2] arrose – [3] tiré
[4] meubles – [5] te caches

un élevage	L'oncle de Marie vit de l'~ de chevaux.	eine (Auf)Zucht
massif/massive	Avant Noël, ce magazine a fait une publicité ~[1] pour les vêtements.	massiv; *hier:* groß angelegt
la culture	~ des œillets demande beaucoup d'eau.	*hier:* der Anbau
Florette		*weibl. Vorname*
Cadoret		*Familienname*

Page 51

un fada *(fam.)*		ein Spinner *(ugs.; provenzalischer Ausdruck)*
du jour au lendemain	René a quitté son amie ~.	von heute auf morgen
Aimée		*weibl. Vorname*
Manon		*weibl. Vorname*
pousser	Mes plantes ~[2] bien. Je les arrose souvent.	stoßen; *hier:* wachsen
se multiplier	Les lapins ~[3] rapidement.	sich vermehren
un conseil	Arrête de lui donner des ~[4], il est assez grand pour savoir ce qu'il fait.	ein Rat(schlag)
prêter qc à qn	Ce livre m'intéresse. Tu peux me le ~?	jdm. etw. leihen
une action	C'était une bonne ~ d'aider la vieille dame à traverser la rue.	eine Tat/Handlung
rendre qc à qn	Luc n'aime pas Marie, mais elle le lui ~[5] bien.	*hier:* jdm. etw. vergelten
un oiseau/des oiseaux	Un perroquet est ~.	ein Vogel/Vögel
brûler	En Provence, en été, la forêt ~[6] souvent.	(ver)brennen
dessécher qc	Quand le soleil a ~[7] la forêt, elle brûle encore plus facilement.	austrocknen
un orage	~! Enfin de la pluie!	ein Gewitter
une colline	En Provence, il y a beaucoup de montagnes et de ~[8].	ein Hügel
une citerne	Quand on n'a pas de sources, on construit des ~[9].	eine Zisterne *(Auffangbecken für Regenwasser)*
vide	≠ plein/pleine	leer
la marche	→ marcher	der Fußmarsch
un âne/une ânesse	~ est moins grand qu'un cheval.	ein Esel/eine Eselin
une dizaine de ...	→ une trentaine de	etwa zehn
un litre	Mon petit frère boit ~ de lait par jour.	ein Liter
calmer qc	→ calme	beruhigen; *hier:* stillen

Page 52

on ne gagne jamais rien à ...	~ trop parler.	man hat niemals etwas davon, wenn ...
Crespin		*Nachbardorf der „Bastides Blanches"*
bouger	Je prends une photo. Souriez et ne ~[10] pas.	sich bewegen

[1] massive – [2] poussent – [3] se multiplient – [4] conseils – [5] rend
[6] brûle – [7] desséché – [8] collines
[9] citernes – [10] bougez

	la roche [larɔʃ]	→ le rocher	das Felsgestein
	dur/dure	L'acier est plus ~ que la roche.	hart
	une mine		eine Mine/Sprengladung
	une explosion	L'~ d'une mine l'a tué.	eine Explosion
	une pierre [ynpjɛr]	La roche, c'est de la ~.	ein Stein
	pointu/pointue	Fais attention: ce couteau ~ est dangereux.	spitz

Découvertes Info

	Aubagne		*Stadt nordöstlich von Marseille*
	la littérature	[F] = --*tté*------ ←→ [D] = *Literatur*	die Literatur
	Aix-en-Provence [ɛksɑ̃prɔvɑ̃s]		*Stadt nördlich von Marseille*
	le plaisir [ləplezir]	La littérature est son plus grand ~.	die Freude/das Vergnügen
	une pièce	Les ~[1] de théâtre de Pagnol ont encore beaucoup de succès.	*hier:* ein Theaterstück
	marseillais/marseillaise	de Marseille	Marseiller/aus Marseille
	Claude Berri		*frz. Regisseur, geb. 1934*
	une version	Tu as vu ce film en ~[2] originale?	eine Fassung/Version
	Yves Montand		*frz. Schauspieler und Sänger, 1921–1991*
	Gérard Depardieu [dəpardjø]		*frz. Schauspieler, geb. 1948*

Exercices

1	**diviser qc**		etw. (ein)teilen
	un accent		ein Akzent
2	**responsable**		verantwortlich
	justifier qc		etw. rechtfertigen
5	**une tante**		eine Tante
11	**une bergerie**		eine Schäferhütte
	une fontaine		*hier:* ein Dorfbrunnen
	un instituteur/ une institutrice		ein Grundschullehrer/ eine Grundschullehrerin

---

[1] pièces – [2] version

5 VOCABULAIRE

Révisions

Verbes

nourrir	je nourris, nous nourrissons, ils nourrissent; j'ai nourri
bouger	je bouge, nous bougeons, ils bougent; j'ai bougé

Les parties du corps

la tête	der Kopf	**le cœur**	das Herz
un cheveu/des cheveux	ein Haar/Haare	**le ventre**	der Bauch
le visage	das Gesicht	**le dos**	der Rücken
un œil/des yeux	ein Auge/Augen	**un bras**	ein Arm
une oreille	ein Ohr	**une main**	eine Hand
***la bouche**	der Mund	***un doigt**	ein Finger
***le nez**	die Nase	**une jambe**	ein Bein
***le cou**	der Hals	**un pied**	ein Fuß

Proposer quelque chose ...

Je te propose d'aller	au cinéma.	Ich schlage (dir) vor ins Kino zu gehen.
J'ai une idée: on va		Ich habe eine Idee: Wir gehen ins Kino.
On pourrait aller		Wir könnten ins Kino gehen.
On va	au cinéma?	Gehen wir ins Kino?
Tu es d'accord pour aller		Bist du damit einverstanden, dass wir ins Kino gehen?
Tu as envie d'aller		Hast du Lust ins Kino zu gehen?
Si on allait		Wie wär's, wenn wir ins Kino gingen?

... et y répondre

Non, je n'ai pas envie.	Nein, ich habe keine Lust.
Ah non alors, c'est trop cher.	Ach nein, das ist zu teuer.
Je veux bien.	Gerne.
Je n'aime pas ça.	Das mag ich nicht.
Ah ça, c'est une bonne idée.	Oh, das ist eine gute Idee.

En France

La Provence

La Provence est une région très connue pour ses activités culturelles (*festivals, musées etc.), ses villes intéressantes comme Aix, Avignon, Nice, et sa côte, la «Côte d'Azur». Il y a beaucoup de monuments romains à visiter, par exemple à Nîmes ou à Arles, et on peut faire des *randonnées dans la montagne. En Provence, les agriculteurs *cultivent la *vigne, les fruits, les légumes et les fleurs qui servent à faire des parfums. Mais on trouve aussi de l'industrie dans la région de Marseille (*raffineries de pétrole) et près de Nice, à Sophia Antipolis (informatique et électronique).

* un festival: ein Festival   une randonnée: eine Wanderung   cultiver: anbauen   une vigne: eine Weinrebe
une raffinerie de pétrole: eine Erdölraffinerie

LEÇON 6

A Ma vie exemplaire

exemplaire [ɛgzɑ̃plɛr]	→ un exemple	exemplarisch/beispielhaft
Frank Margerin [frɑ̃kmarʒərɛ̃]		*frz. Comic-Autor, geb. 1952*
un dessinateur/ une dessinatrice	→ un dessin	ein Zeichner/eine Zeichnerin
francophone	Une partie de la Suisse est ~.	französischsprachig/ Französisch sprechend
le héros/l'héroïne [ləero/ lerɔin]	Le ~ est le personnage principal d'une histoire.	der Held/die Heldin
Lucien [lysjɛ̃]		*männl. Vorname*
une aventure [ynavɑ̃tyr]	Beaucoup de livres racontent les ~[1] d'un héros.	ein Abenteuer
une fée		eine Fee
se pencher sur	La mère ~[2] le lit de son bébé.	sich beugen über
décevoir qn [desəvwar]	Marie ne veut pas ~ ses parents.	jdn. enttäuschen
à peine … que	Il était ~ rentré ~ le téléphone a sonné.	kaum … , als
avoir l'âge de faire qc	A 16 ans, tu ~[3] sortir le soir.	alt genug sein um etw. zu tun
un feutre [ɛ̃føtr]	Tu as un crayon? – Non, mais j'ai ~.	ein Filzstift
ébaucher qc	Le dessinateur ~[4] un dessin.	etw. entwerfen
émerveillé/émerveillée	Comme tu parles bien français! Je suis ~.	voll Bewunderung/entzückt
remarquer qc	Julie a un nouveau pull. – Oui, je l'ai ~[5].	etw. bemerken
graphique	Ce dessin est d'une grande qualité ~.	grafisch/zeichnerisch
se consacrer à qc	Frank Margerin s'est ~[6] la BD.	sich einer Sache widmen
artistique	Faire du théâtre est une activité ~.	künstlerisch/Kunst-
diplômé/diplômée	→ le diplôme	mit einem Diplom/einer Abschlussprüfung versehen
l'art *(m.)*	La musique est un ~.	die Kunst
les Arts A. *(= l'Ecole des Arts appliqués)* [lezarza]		die angewandte Kunst/ das Kunsthandwerk; *hier:* Hochschule für angewandte Kunst
ne pas tarder à faire qc	Attendons-le. Il ~[7] venir.	bald etw. tun
le boulot *(fam.)*	→ le travail	die Arbeit/der Job *(ugs.)*
le patronage		*hier: eine Art Kinderhort*

[1] aventures – [2] se penche sur – [3] as l'âge de – [4] ébauche – [5] remarqué [6] consacré à – [7] ne va pas tarder à

6 VOCABULAIRE

Noisy-le-Sec		*Stadt nördlich von Paris*
un rang [ɛ̃rɑ̃]	Pour bien voir, Christine se met toujours au premier ~.	eine Reihe
(se mettre) en rang par deux		(sich) in Zweierreihen (aufstellen)
un dossier	Vous aurez l'emploi, votre ~ est excellent.	eine Akte; *hier:* die (Bewerbungs)Mappe mit Arbeitsproben
un bras	Serge arrive, une serviette sous le ~.	ein Arm
une conquête	Souvent, les guerres servent à faire des ~[1].	eine Eroberung
partir à la conquête de qc		losziehen um etw. zu erobern
une agence de pub *(fam.)*	La mère d'Olivier travaille dans ~.	eine Werbeagentur *(ugs.)*
la gloire	Dans beaucoup d'histoires, les héros partent chercher ~.	der Ruhm
une fortune	Cette maison a coûté ~.	ein Vermögen
le graphisme	Aimez-vous ~ de Frank Margerin?	*hier:* der besondere Zeichenstil
l'avant-garde *(f.)*		die Avantgarde
un prodige	Le jeune Frank croyait être ~.	ein Genie
décontenancer qn	La réponse impolie de l'élève ~[2] le professeur.	jdn. aus der Fassung bringen
quelque peu	→ un peu	ein wenig
un directeur/une directrice	Cette entreprise a une ~ et 48 employés.	ein Direktor/eine Direktorin
un directeur/une directrice artistique		ein(e) künstlerische(r) Leiter(in)
saisir qc	ici: comprendre	etw. ergreifen/begreifen
une démarche	→ marcher	ein Vorgehen/eine Methode
alors que	Il a commencé à pleuvoir ~ Julien attendait le bus.	als/während
une maison d'édition	Ce livre a paru dans une grande ~.	ein Verlag
une rencontre	→ rencontrer qn	eine Begegnung/ein Treffen
faire voir qc à qn	→ montrer qc à qn	jdm. etw. (her)zeigen
Faites voir un peu!	Vous avez une nouvelle BD? ~.	Zeigen Sie mal her!
J. P. Dionnet		*Jean-Pierre Dionnet; einer der Gründer des Verlags, in dem Margerin Comics veröffentlicht*
tomber en arrêt devant qc	Anne est à Paris pour la première fois. Elle ~[3] tous les monuments.	staunend vor etw. stehen bleiben
une œuvre [ynœvr]	Au Louvre, on peut voir beaucoup d' ~[4] d'art.	ein (Kunst)Werk

[1] conquêtes – [2] décontenance
[3] tombe en arrêt devant – [4] œuvres

le coup de foudre [ləkudfudr]	Il l'aime? – Oui, ç'a été ~.	die Liebe auf den ersten Blick
Mouais! *(fam.)*		Na ja! *(ugs.)*
sortir	Le nouveau CD de Patricia Kaas ~[1] bientôt.	*hier:* erscheinen
un album [ɛ̃nalbɔm]	F = [--bɔm] ←→ D = [album]	ein Album
la consécration	Pour un chanteur, être connu de tout le monde, c'est ~.	die Weihe; *hier:* glänzende Bestätigung
Lucky Luke [lykilyk]		Lucky Luke *(Comic-Figur)*
ne pas en rester là	C'était son premier succès, mais elle ~[2].	sich nicht mit etw. zufrieden geben

Exercices

1 **un sujet**		*hier:* ein Thema/Gegenstand
analyser qc		etw. analysieren
un rapport		eine Beziehung/ein Verhältnis
l'ironie *(f.)*		die Ironie
3 **un aspect**		ein Aspekt/Gesichtspunkt

⟨*D'un texte à l'autre*⟩

un point de départ		ein Ausgangspunkt
un suffixe	F = ----*ixe* ←→ D = *Suffix*	eine Nachsilbe/ein Suffix
à partir de		*hier:* auf der Grundlage von/ausgehend von
un mot composé		ein zusammengesetztes Wort
un trait d'union		ein Bindestrich

Tintin, Astérix, les Schtroumpfs ... et les autres

Tintin [tɛ̃tɛ̃]		*Comic-Figur; auf Deutsch:* Tim
un Schtroumpf [ɛ̃ʃtrumpf]		ein Schlumpf *(Comic-Figur)*
Mons [mɔ̃s]		*Stadt in Belgien*
Frappart		*Familienname*
l'Union européenne *(f.)*		die Europäische Union
Frédéric		*männl. Vorname*
le Congo		der Kongo
le Tibet [lətibɛ]		Tibet
la drogue [ladrɔg]	~ a détruit sa vie.	das Rauschgift/die Droge

[1] sort/sortira – [2] n'en est pas restée là

6 VOCABULAIRE

un HLM *(= une habitation à loyer modéré)* [ɛ̃aʃɛlɛm]	Les ~[1] se trouvent surtout dans la banlieue des grandes villes.	ein Mietshaus mit Sozialwohnungen
Milou		*Hund von Tintin; auf Deutsch:* Struppi
un/une Belge	→ la Belgique	ein Belgier/eine Belgierin
Hergé *(= Georges Rémi)* [ɛrʒe]		*belgischer Comic-Autor, 1907–1983*
un pseudonyme [ɛpsødɔnim]		ein Pseudonym/ein Künstlername
nonante *(= quatre-vingt-dix)* [nɔnɑ̃t]		neunzig *(im Französisch Belgiens)*
un exemplaire [ɛ̃nɛgzɑ̃plɛr]	Voilà ~ du premier album de Hergé.	ein Exemplar
lequel/laquelle/lesquels/lesquelles	Voilà le dictionnaire avec ~[2] je travaille le plus souvent.	welcher/welche/welches *(Relativpronomen)*
des albums **auxquels** ne s'intéressent pas seulement …		Alben, für die sich nicht nur … interessieren
un/une adulte	≠ un enfant; ≠ un adolescent	ein Erwachsener/eine Erwachsene
d'ailleurs [dajœr]	Il est mon collègue sans être ~ mon ami.	übrigens/im Übrigen
célèbre	Le Roi-Soleil est un roi ~.	berühmt
Morris *(= Maurice de Bévère)* [mɔris]		*belgischer Comic-Autor, 1923–2001*
André Franquin [ɑ̃drefrɑ̃kɛ̃]		*belgischer Comic-Autor, 1924–1997*
Gaston Lagaffe		*Comic-Figur*
Jean Roba		*belgischer Comic-Autor, geb. 1930*
Boule et Bill		*Comic-Figuren*
Peyo *(= Pierre Culliford)*		*belgischer Comic-Autor, 1928–1992*
distrait/distraite	Quand on conduit, il ne faut pas être ~.	zerstreut
au lieu de	Luc travaille ~ s'amuser.	anstatt
le sel [ləsɛl]	La viande est bonne? – Il manque un peu de ~.	das Salz
un festival [ɛ̃fɛstival]	En été, il y a beaucoup de ~[3] en France.	ein Festival
Angoulême [ɑ̃gulɛm]		*Stadt in Frankreich*

Découvertes Info

une bibliothèque	Dans ~, on trouve beaucoup de livres.	eine Bibliothek
une documentation	A la bibliothèque, j'ai trouvé ~ sur les films de Claude Berri.	eine Materialsammlung/Dokumentation
le souvenir [ləsuvnir]	Les magasins de ~[4] sont pour les touristes.	die Erinnerung/das Andenken
une brosse [ynbrɔs]		eine Bürste

[1] HLM – [2] lequel – [3] festivals
[4] souvenirs

une dent [ydɑ̃]	Mon petit frère a eu sa première ~ à cinq mois.	ein Zahn
une brosse à dents		eine Zahnbürste
un visiteur/une visiteuse	→ visiter qc	ein Besucher/eine Besucherin
une étape	[F] = --*ape* ←→ [D] = *Etappe*	eine Etappe
la naissance	Quelle est votre date de ~[1]?	die Geburt
simple	≠ compliqué	einfach

Exercices

2 **la musique pop**		die Popmusik
4 **un sens** [ɛ̃sɑ̃s]		*hier:* ein Sinn/eine Bedeutung

Révisions

Verbes

décevoir	je déçois, nous décevons, ils déçoivent; je décevrai; j'ai déçu
saisir	je saisis, nous saisissons, ils saisissent; j'ai saisi

Pour parler d'un texte

Il s'agit d' une chanson/un poème.	Es handelt sich um ein Lied/ein Gedicht.
une pièce de théâtre.	ein Theaterstück.
une pièce radiophonique.	ein Hörspiel.
un roman.	einen Roman.
La chanson a quatre couplets et un refrain.	Das Lied hat vier Strophen und einen Refrain.
Le poème a trois strophes.	Das Gedicht hat drei Strophen.
Chaque strophe a quatre vers qui (ne) riment (pas).	Jede Strophe hat vier Verse, die sich (nicht) reimen.
La première scène/Le premier chapitre présente le personnage principal/le héros/l'héroïne.	Die erste Szene/Das erste Kapitel stellt die Hauptfigur/den Helden/die Heldin vor.
Ce roman a 20 chapitres.	Dieser Roman hat 20 Kapitel.
Pour faire un résumé, il faut trouver les informations importantes du texte.	Um eine Zusammenfassung zu machen, muss man die wichtigen Informationen des Textes finden.
Le texte a pour titre …	Der Text hat den Titel …
Le sujet de ce texte est …	Das Thema dieses Textes ist …
On peut diviser le texte en plusieurs parties.	Man kann den Text in mehrere Teile untergliedern.

▷

[1] naissance

7 VOCABULAIRE

La première partie du texte va de la ligne ... à la ligne ...	Der erste Teil des Textes geht von Zeile ... bis Zeile ...
Ce texte parle du problème de ...	Der Text behandelt das Problem ...
Le texte décrit ...	Der Text beschreibt ...
L'auteur crée un rapport d'ironie entre ... et ...	Der Verfasser stellt eine ironische Beziehung zwischen ... und ... her.
L'action est intéressante/ennuyeuse parce que ...	Die Handlung ist interessant/langweilig, weil ...
L'auteur exagère.	Der Autor übertreibt.
emploie l'ironie.	verwendet die Ironie.
emploie des mots/expressions qui font penser à ...	verwendet Wörter/Ausdrücke, die an ... erinnern.

LEÇON 7

A Une petite route perdue ...

employer qc [ɑ̃plwaje]	En français familier, on ~[1] le mot «truc» pour le mot «chose».	etw. verwenden
vérifier qc	Pour ~ le sens d'un mot, employez le dictionnaire.	etw. überprüfen/verifizieren
il faut que *(+ subj.)*	~ nous rentrions.	man muss/es ist nötig, dass
Thionville		*Stadt in Lothringen, Frankreich*
Gavisse		*Ort in der Nähe von Thionville*
un poids lourd [ɛ̃pwalur]	~ fait beaucoup de bruit.	ein Schwertransporter/Lastwagen
lent/lente	≠ rapide	langsam
lentement	≠ rapidement	langsam *(Adv.)*
Camus [kamy]		*Familienname*
le charme	Ce garçon a beaucoup de ~.	der Charme/der Reiz
être sous le charme de qc/qn	Tout le monde était ~ du chanteur.	im Bann einer Sache/einer Person stehen
Séverine [sevrin]		*weibl. Vorname*
un concerto [ɛ̃kõsɛrto]		ein Concerto
Claudine		*weibl. Vorname*
un/une pianiste [pjanist]	→ le piano	ein Pianist/eine Pianistin
Paul Valéry [pɔlvaleri]		*frz. Schriftsteller, 1871–1945*
ne ... pas du tout	Tu détestes cette musique? – Oui, je ~ l'aime ~.	überhaupt nicht
départemental/départementale [departəmɑ̃tal]		zum Departement gehörig

[1] emploie

une route départementale		eine Landstraße *(kleinere Straße, die vom Departement unterhalten wird)*
désaffecté/désaffectée [dezafɛkte]	Nous faisons du théâtre dans une usine ~[1].	stillgelegt, leer stehend
observer qc [ɔpsɛrve]	Martin aime ~ des animaux dans la nature.	etw. beobachten
s'interroger [sɛ̃tɛrɔʒe]	se poser des questions	sich fragen
reprendre qc	Notre prof n'est plus malade. Il a ~[2] ses cours.	*hier:* etw. wieder aufnehmen
apprendre par cœur	Ce poème est si beau que je veux l'~.	auswendig lernen
une plaque	Cette voiture est de Paris. Sur sa ~, il y a le numéro 75.	*hier:* ein Nummernschild
utile	Apprendre des textes par cœur peut être ~.	nützlich

Exercices

1 **un jeu vidéo/des jeux vidéo**		ein Videospiel/Videospiele
en dehors de		außerhalb von
2 **une mob** *(fam.) = une mobylette*		ein Mofa *(ugs.)*

⟨D'un texte à l'autre⟩

un emploi [ɛ̃nɑ̃plwa]		eine Verwendung/Beschäftigung
idiomatique		idiomatisch
mot à mot [motamo]		Wort für Wort/wörtlich

Des bâtiments aux vitres cassées ...

une vitre	~ est en verre.	eine Fensterscheibe
casser qc	Ludo a ~[3] une vitre avec son ballon.	etw. zerbrechen
un hangar [ɛ̃ɑ̃gar]	Vous avez un garage? – Non, seulement ~.	ein Schuppen
un bout	Au ~ du tunnel, c'est l'Angleterre.	ein Ende/eine Spitze
le bout du monde	Ce petit village est au ~.	das Ende der Welt
un endroit [ɛ̃nɑ̃drwa]	Il me faut ~ calme pour faire mes devoirs.	ein Ort/eine Stelle
sauvage	En Provence, il y a des chevaux ~[4].	wild
une trace	Ici, une bête sauvage a laissé ~.	eine Spur
une balle		*hier:* ein Ballen
une décharge [ydeʃarʒ]	On a découvert ~ sauvage dans la forêt.	eine Müllkippe
transformer qc	Le froid ~[5] l'eau en glace.	etw. umwandeln
recycler qc [rəsikle]	Aujourd'hui, on peut même ~ le plastique.	etw. wieder verwerten
une tonne		eine Tonne
un terrain [ɛ̃tɛrɛ̃]	Sur ce ~, on peut très bien jouer au foot.	ein Gelände

[1] désaffectée – [2] repris – [3] cassé
[4] sauvages – [5] transforme

un canif [ɛ̃kanif]	Tu as ~ pour couper cette corde?	ein Taschenmesser
une seringue [ynsərɛ̃g]	La police a trouvé de la drogue? – Non, seulement ~.	eine (Injektions)Spritze
un pansement [ɛ̃pɑ̃smɑ̃]	Tu as ~ à la main. C'est grave?	ein Verband
les déchets *(m., pl.)* [ledeʃɛ]	Il faut mettre ~ dans une décharge.	die Abfälle
de toutes sortes	Dans une décharge, on trouve des déchets ~.	aller Art
polluer qc [pɔlɥe]	La circulation ~[1] les grandes villes.	etw. verschmutzen
l'environnement *(m.)* [lɑ̃virɔnmɑ̃]	Il faut protéger ~.	die Umwelt/Umgebung
illégal/illégale *pl.* illégaux/illégales		illegal/ungesetzlich
le maire [ləmɛr]	~ doit s'occuper de sa ville.	der Bürgermeister/ die Bürgermeisterin
Le Républicain Lorrain		*Name einer frz. Tageszeitung (wörtl.: der lothringische Republikaner)*
un orchestre [ɛ̃nɔrkɛstr]		ein Orchester
Sarrebruck [sarbryk]		Saarbrücken

B Exercices

3 **un poster** [ɛ̃pɔstɛr]		ein Poster

C Signé: Marielle Fournier

Marielle		*weibl. Vorname*
Fournier		Familienname
publier qc [pyblije]	On a ~[2] ce livre dans une grande maison d'édition.	etw. veröffentlichen
une signature [ynsiɲatyr]	En bas d'une lettre, on met sa ~.	eine Unterschrift
interviewer qn [ɛ̃tɛrvjuve]	Un journaliste ~[3] les gens.	jdn. interviewen
bien que *(+subj.)*	Marie sort ~ elle soit malade.	obwohl
sans que *(+subj.)*	Ne sors pas ~ je sache où tu vas.	ohne dass
raccrocher [rakrɔʃe]	Quand je l'ai appelée, elle a tout de suite ~[4].	auflegen *(am Telefon)*
dégoûtant/dégoûtante	Enlève ces déchets. Ils sont ~[5].	ekelhaft, widerlich
pour que *(+subj.)*	Voilà un cadeau ~ tu te souviennes toujours de moi.	damit

C Exercices

1 **avant que** *(+subj.)*		bevor
jusqu'à ce que *(+subj.)*		bis
un rédacteur/une rédactrice en chef		ein Chefredakteur/eine Chefredakteurin
un chef		ein Chef/eine Chefin
2 **nécessaire** [nesesɛr]		nötig/notwendig

---

[1] pollue – [2] publié – [3] interviewe
[4] raccroché – [5] dégoûtants

D Le Républicain Lorrain

la Lorraine [lalɔrɛn]	~ est une province de l'Est.	Lothringen
Gérard [ʒerar]		*männl. Vorname*
Souchet		*Familienname*
une société	Cette usine appartient à une grande ~.	eine Gesellschaft/Firma
Transplastique [trɑ̃splastik]		*Name einer Firma*
s'expliquer	Quand on a fait une bêtise, on doit ~.	*hier:* sich rechtfertigen/verantworten
la justice [laʒystis]	→ juste	die Gerechtigkeit/Justiz; *hier:* das Gericht
spécialisé/spécialisée		spezialisiert
le traitement [lətrɛtmɑ̃]	Il y a des entreprises spécialisées dans ~ du plastique.	die Verarbeitung/Weiterverarbeitung
importer qc		etw. importieren/einführen
illégalement		illegal *(Adv.)*
entreposer qc [ɑ̃trəpoze]	Ce hangar sert à ~ des meubles.	etw. (ein)lagern/speichern
interdire qc	Papa est malade. Le médecin lui a ~[1] le café.	etw. verbieten
l'intérieur *(m.)* [lɛ̃terjœr]	Est-ce que nous visitons ~ de ce château?	das Innere
à l'intérieur de	~ ce château, il y a des tableaux magnifiques.	im Innern von/(innen) in
certain/certaine [sɛrtɛ̃/sɛrtɛn]	~[2] filles aiment le football.	gewiß; *im Plural:* einige/gewisse
hospitalier/hospitalière	→ un hôpital	Krankenhaus-/zum Krankenhaus gehörig
la douane [ladwan]	Si vous voulez importer cela, il faut payer ~.	der Zoll
la préfecture [laprefɛktyr]		die Präfektur *(frz. Departementverwaltung)*
réexporter qc [reɛkspɔrte]	→ importer	etw. zurückexportieren/wieder ausführen
joindre qn/qc [ʒwɛ̃dr]	Mes parents téléphonent beaucoup. Il est donc difficile de me ~ au téléphone.	jdn. erreichen/etw. beifügen
se plaindre de qc/qn [səplɛ̃dr]	C'est ta faute. Alors, ne ~[3] pas de moi.	sich über etw./jdn. beklagen
le droit [lədrwa]	La justice s'occupe du ~.	das Recht
avoir le droit de faire qc	Le voisin n'~[4] faire du bruit pendant toute la nuit.	das Recht haben etw. zu tun
craindre qc [krɛ̃dr]	Restons à la maison. Je ~[5] qu'il pleuve.	etw. (be)fürchten
contraindre qn à faire qc [kõtrɛ̃dr]	La maladie le ~[6] rester au lit.	jdn. zwingen etw. zu tun
punir qn	La justice ~[7] les voleurs.	jdn. bestrafen

[1] interdit – [2] Certaines – [3] te plains
[4] a pas le droit de – [5] crains
[6] contraint à – [7] punit

7 VOCABULAIRE

D Exercices

3	**un panneau/des panneaux**	ein Schild/Schilder
5	**économiser qc** [ekɔnɔmize]	etw. (ein)sparen

Révisions

Verbes

employer	j'emploie, nous employons, ils emploient; j'ai employé
interdire	j'interdis, nous interdisons, vous **interdisez,** ils interdisent; j'ai interdit
joindre	je joins, nous joignons, ils joignent; j'ai joint (**Ebenso:** se plaindre, je me suis plaint(e); craindre, j'ai craint; contraindre, j'ai contraint)
punir	je punis, nous punissons, ils punissent; j'ai puni

Protégez l'environnement!

Comment est-ce qu'on peut *contribuer à la protection de l'environnement?	Wie kann man zum Umweltschutz beitragen?
Mettre les bouteilles vides dans le *conteneur à verre.	Leere Flaschen in den Altglascontainer werfen.
Ne pas jeter les déchets sur les décharges sauvages.	Keine Abfälle auf die wilden Müllkippen werfen.
Ne pas prendre la mer comme décharge.	Das Meer nicht als Müllkippe benutzen.
Ne rien jeter dans la forêt.	Nichts in den Wald werfen.
Ne pas faire de camping sauvage.	Nicht wild zelten.
Ne pas faire de *feu dans la forêt.	Im Wald kein Feuer machen.
Ne pas *fumer dans la forêt.	Im Wald nicht rauchen.
Eviter les déchets.	Abfall vermeiden.
Ne pas acheter de *produits jetables.	Keine Einwegprodukte kaufen.
Acheter des *recharges.	Nachfüllpackungen kaufen.
Acheter des *produits en plastique recyclé.	Produkte aus wieder verwertetem Plastik kaufen.
Aller à pied ou prendre le train au lieu de prendre la voiture ou la mobylette.	Zu Fuß gehen oder Zug fahren, anstatt das Auto oder das Mofa zu nehmen.
Ne pas rouler à *vitesse maximale.	Nicht mit Höchstgeschwindigkeit fahren.
Construire des routes qui contournent les villes.	Umgehungsstraßen bauen.
Ne pas polluer les fleuves.	Nicht die Flüsse verschmutzen.
Economiser l'eau.	Wasser sparen.
Prendre une douche au lieu d'un bain.	Duschen, anstatt ein Vollbad zu nehmen.
Ne pas laver les voitures dans la rue.	Autos nicht auf der Straße waschen.

Interdire quelque chose

Il est interdit de …	Es ist verboten, … zu …	**Il n'est pas permis de …**	Es ist nicht erlaubt, zu …
Il ne faut pas …	Man soll nicht …	**On n'a pas le droit de …**	Man darf nicht …

En France

La *presse

Les journaux français les plus connus sont des *quotidiens qui paraissent à Paris, et qu'on lit dans toute la France: *Le Monde, Le Figaro, Libération* et *France-Soir.* Mais il y a aussi des quotidiens importants en province: *Ouest-France, Sud-Ouest, Le Provençal, Le Républicain Lorrain, Nord-Matin,* etc. A côté des quotidiens, il y a des *hebdomadaires comme *L'Express, Le Nouvel Observateur* et *Le Point.* Ce sont des magazines qui donnent des informations politiques, économiques et culturelles.

---

* la presse: die Presse   un quotidien: eine Tageszeitung   un hebdomadaire: eine Wochenzeitung

LEÇON 8

⟨Les lettres de mon petit frère (suite)⟩

Page 79

qc arrive à qn	Il m'est ~[1] un accident sur la route de Lille.	etw. geschieht/passiert jdm.
fragile [fraʒil]	Fais attention, ce mur est ~.	zerbrechlich/*hier:* baufällig
clair/claire	Il n'y a plus de nuages. Le ciel est ~.	klar
clairement	Dis ~ ce que tu veux.	klar/deutlich *(Adv.)*
la défense [ladefɑ̃s]		die Verteidigung/das Verbot
Défense de …	~ entrer.	… verboten
s'écrouler	Ce mur est fragile. Il peut ~ si tu montes dessus.	einstürzen
reculer	Elle a du courage. Elle ne ~[2] pas devant le danger.	zurückweichen
au fur et à mesure que [ofyreaməzyrkə]	Vous comprendrez le texte ~ vous le lirez.	in dem Maße, wie
s'adosser à qc [sadose]	→ le dos	sich an etw. anlehnen
la force de faire qc	Elle est très malade. Elle n'a plus ~ manger.	die Kraft etw. zu tun
chasser qn [ʃase]	Le chat ~[3] les souris.	jdn. (ver)jagen
un bâton [ɛ̃batõ]	Quand on fait du ski, on a besoin de deux ~[4].	ein Stock
dehors [dəɔr]	Notre chien ne rentre pas dans la maison. Il reste ~.	draußen
fichu/fichue *(fam.)*	Je suis ~! – Ne t'inquiète pas, ce n'est pas si grave.	geliefert *(ugs.)*

---

[1] arrivé – [2] recule – [3] chasse
[4] bâtons

8 VOCABULAIRE

page 80

un blessé/une blessée	Il faut faire un pansement à ce ~.	ein Verletzter/eine Verletzte
soigner qn [swaɲe]	Le médecin va ~ les blessés.	jdn. *(medizinisch)* versorgen/pflegen
une égratignure [ynegratiɲyr]	C'est grave? – Non, j'ai seulement ~.	eine Schramme
exprès [ɛksprɛ]	Sophie me dérange avec sa musique. Elle le fait ~.	absichtlich
la honte [laɔ̃t]	Tu frappes ton petit frère? C'est une ~.	die Scham/Schande
faire honte à qn		*hier:* jdm. ein schlechtes Gewissen einjagen
un canapé	[F] = -----é ←→ [D] = *Kanapee*	eine Couch
un fauteuil [ɛ̃fotœj]	Asseyez-vous dans ce ~.	ein Sessel
il paraît que	~ on va avoir un nouveau directeur.	man sagt, dass
une pension	Ce blessé grave aura ~.	*hier:* eine Invalidenrente
le coton	[F] = --t-- ←→ [E] = *cotton*	*hier:* die Watte
le mercurochrome [ləmɛrkyrokrom]		*rotes Desinfektionsmittel für Wunden*
tomber amoureux/amoureuse de qn	Tu l'aimes? Oui, je suis ~[1] lui.	sich in jdn. verlieben
Marineau		*Familienname*
une crème [ynkrɛm]	N'oublie pas la ~ contre le soleil quand tu vas à la plage.	*hier:* eine Hautcreme
hésiter [ezite]	Pourquoi est-ce que tu ~[2] encore? Où est le problème?	zögern
râler *(fam.)*	Arrête de ~. Fais plutôt ce que je te dis.	maulen *(ugs.)*
crâneur/crâneuse *(fam.)*	Il n'est pas sympathique. Il est trop ~.	angeberisch *(ugs.)*
un tube	[F] = un ~ ←→ [D] = *eine Tube*	*hier:* eine Tube
un emmerdeur/une emmerdeuse *(fam.)* [ɛ̃nɑ̃mɛrdœr/ynɑ̃mɛrdøz]	Il m'énerve. C'est un vrai ~.	eine Nervensäge *(ugs.)*
ne pas s'en faire *(fam.)*	Ne ~[3], René. On va trouver une solution.	sich keine Sorgen machen *(ugs.)*
avoir tout son temps	Tu peux attendre un peu? – Oui, j'~[4].	keine Eile haben
plaisanter [plɛzɑ̃te]	Il ne faut pas ~ avec des choses graves.	scherzen
quelques-uns/quelques-unes [kɛlkəzɛ̃/kɛlkəzyn]	Tu as fait beaucoup de fautes? – Non, seulement ~[5].	einige *(Pronomen)*
faire vieux	Il a le même âge que moi. Pourtant, il ~ plus ~[6].	alt aussehen

Page 81

plus ..., moins ...	~ elle parle, ~ je la crois.	je mehr ..., desto weniger ...
un détail	Sophie est curieuse. Elle veut connaître tous ~[7] de l'affaire.	ein Detail/eine Einzelheit
un piège [ɛ̃pjɛʒ]	La souris était prudente. Elle n'est pas tombée dans le ~.	eine Falle

---

1 tombée amoureuse de – 2 hésites
3 t'en fais pas – 4 ai tout mon temps
5 quelques-unes – 6 fait ... vieux – 7 les détails

une caravane	Au camping, il y a des tentes et des ~[1].	ein Wohnwagen
un amoureux/une amoureuse	→ tomber amoureux de qn	ein Verliebter/eine Verliebte
serrer [sɛre]	Je lui ai ~[2] la main.	drücken
la marée haute [lamareot]	La mer monte. Ça va bientôt être ~.	die Flut
monter la garde		Wache halten
une ruine [ynrɥin]	Ce n'est plus une maison. C'est ~.	eine Ruine
en ruine	Dans le Midi, il y a beaucoup de châteaux ~.	eingestürzt
en avoir marre *(fam.)*	C'est toujours le même travail ennuyeux. J'~[3].	die Nase voll haben *(ugs.)*
quelquefois	Tu vas souvent au cinéma? – Non, mais ~.	manchmal
prévenir qn [prevnir]	Il faut ~ le maire qu'on a trouvé des déchets de plastique.	jdn. benachrichtigen
inventer qc	Les frères Montgolfier ~[4] la montgolfière.	etw. erfinden

Exercices

3	**inverser qc**	etw. umkehren/vertauschen
	une syllabe	eine Silbe
	l'envers	die Rückseite
	à l'envers	umgekehrt
4	**Maurice Carême**	*belg. Dichter, 1899–1978*
	une strophe	eine (Gedicht)Strophe
	un vers	ein Vers/eine Verszeile
	une rime	ein Reim
5	**une pièce radiophonique**	ein Hörspiel
	indiquer qc	etw. angeben
	le bruitage	die Geräuschkulisse/die Geräusche
	les décors *(m.,pl.)*	das Bühnenbild/die Kulisse(n)

⟨Une chanson et deux poèmes⟩

N'importe quoi

n'importe quoi [nɛ̃pɔrtəkwa]	irgend etwas/ egal was
t'es *(fam.) = tu es*	du bist *(ugs.)*
ça va pas *(fam.) = ça ne va pas*	das geht nicht *(ugs.)*
t'as *(fam.) = tu as*	du hast *(ugs.)*
paumer qc *(fam.)*	etw. verlegen / *hier:* sich nicht an etw. erinnern können *(ugs.)*
nager	schwimmen
sans rien dire	ohne etwas zu sagen
planter là qn	jdn. sitzen lassen
un délire	ein Rausch/ein Wahn
se foutre en l'air *(fam.)*	sich umbringen *(ugs.)*
ça a l'air de	es sieht so aus, als ob
s'en aller [sɑ̃nale]	weggehen
se tromper	sich irren
un navire	ein Schiff
se tromper de navire	das falsche Schiff nehmen
une dérive	*hier:* ein Querruder
se couler	*hier:* sich ruinieren
la fermer *(fam.) = fermer la bouche*	die Klappe halten *(ugs.)*
Florent Pagny	*frz. Popsänger, geb. 1961*

---

[1] caravanes – [2] serré – [3] en ai marre
[4] ont inventé

8 VOCABULAIRE

Les grains de sable

un grain de sable [ɛ̃grɛ̃dəsabl]	ein Sandkorn
innombrable [inɔ̃brabl]	unzählig
une étoile	ein Stern
indomptable [ɛ̃dɔ̃ptabl]	unbezähmbar
là-dedans [ladədɑ̃]	dort drinnen
parmi	mitten unter
un milliard	eine Milliarde
les humains [lezymɛ̃]	die Menschen
un doigt [ɛ̃dwa]	ein Finger
une empreinte [ynɑ̃prɛ̃t]	ein Abdruck
pareil/pareille	gleich
unique [ynik]	einzigartig
l'air *(m.)* [lɛr]	die Luft
la terre [latɛr]	die Erde
le feu	das Feuer
tant que	so viel/so lange wie
Liliane Wouters [liljanwutɛrs]	*belg. Dichterin, geb. 1930*

Air vif

vif/vive [vif/viv]	lebhaft
la foule	die (Menschen-) Menge
le blé	der Weizen
un tourment	eine Qual
au tournant de qc	am Wendepunkt einer Sache
sortant de	hervorgehend aus
Paul Eluard [pɔlelɥar]	*frz. Dichter, 1895–1952*

LISTE DES MOTS

- Die Zahlen verweisen auf das erstmalige Vorkommen der Wörter, z. B. **coûter I8A**,4 = Band I, Leçon 8 A , Exercice 4.
- **N** = D'une leçon à l'autre (Band I)/D'un texte à l'autre (Band II/III); **P** = En plus
- Das Zeichen ⟨ ⟩ bedeutet, dass das Wort an dieser Stelle nur fakultativ eingeführt und in den folgenden Lektionen nicht vorausgesetzt wird.
- Grammatische Basiswörter (z. B. die Personalpronomen *je, tu, ...*), die Wörter der *Chansons et poèmes*-Seiten (Band I, S. 99; Band II, S. 97 und 98, Band III, S. 84 und 85), des Quartetts (Band I, S. 109–114), des Rezepts (Band II, S. 103) werden in der folgenden Liste nicht aufgeführt.

A

à I 1 *verschiedene Bedeutungen, z. B. räumlich:* in, nach *(+Ziel); zeitlich:* bis, um
à deux **I 5**,13 zu zweit
abandonner qn III 1 jdn. verlassen/im Stich lassen
abandonner un projet **III 4 B** ein Projekt aufgeben
une abréviation III ⟨**4 N**⟩ eine Abkürzung
un abri III 4 A ein Schutzraum/ein Unterstand
absolu/absolue III 4 A absolut, unumschränkt
un accent III 5,1 ein Akzent
accepter qc II 4 A etw. akzeptieren
un accident II 3 B ein Unfall
accorder qc I 7 B,3 etw. angleichen
s'**accrocher à qc III 1** sich an etw. klammern
un accueil III 2 B ein Empfang/eine Aufnahme
une famille d'accueil **III 2 B** eine Gastfamilie
une accusation II 1 C eine Anklage/ Anschuldigung
accuser qn II 1 B jdn. anklagen
acheter qc I 8 B etw. kaufen
l'acier *(m.)* **III 4 B** der Stahl
une action III 5 eine Tat
l'activité *(f.)* **II 6 B** die Tätigkeit; *hier:* der Betrieb
administratif/administrative III 4 B Verwaltungs-
admirer qn II 1 B jdn. bewundern
un adolescent/une adolescente II 5 A ein Jugendlicher/eine Jugendliche
un/une ado *(fam.)* **II 5 A** ein Jugendlicher/eine Jugendliche *(ugs.)*
adorer qc I 4 etw. sehr gern mögen
s'**adosser à qc III** ⟨**8**⟩ sich an etw. anlehnen
l'adresse *(f.)* **II 9 B** die Geschicklichkeit
s'**adresser à qn II 7** sich an jdn. wenden
un/une adulte III 6 B ein Erwachsener/ eine Erwachsene
l'aération *(f.)* **III 4 B** die Lüftung
une affaire III 5 eine Sache/eine Angelegenheit
un Africain/une Africaine II 1 A ein Afrikaner/eine Afrikanerin
l'âge *(m.)* **I 5**,6 das Alter
Tu as quel âge? **I 5**,6 Wie alt bist du?
avoir l'âge de faire qc **III 6 A** alt genug sein um etw. zu tun
une agence de voyage III 4 B,2 ein Reisebüro
une agence de pub *(fam.)* **III 6 A** eine Werbeagentur *(ugs.)*
un agent de police I 9 B,9 ein Polizeibeamter
il s'**agit de III** ⟨**3 N**⟩ es handelt sich um
agressif/agressive II 1 A aggressiv, angriffslustig
un agriculteur/une agricultrice II 5 B ein Landwirt/eine Landwirtin
Ah! I 4 Ah!/Ach!/Oh!
Ah non, alors! **I 5** Also nein!
une aide II 7 eine Hilfe
aider qn I 7 A jdm. helfen
aider qn à faire qc **II 2 B** jdm. helfen etw. zu tun
Aïe! I 6 B Au!/Aua!
aimer qn I 2 B jdn. lieben/mögen
aimer bien qc **I 4** etw. gern mögen
aimer mieux qc **I 4** etw. lieber mögen
aimer la télé **I 5** gern fernsehen/Fernsehen mögen
aimer faire qc **I 7 B** etw. gern tun
un air III ⟨**3 N**⟩ eine Melodie/eine Weise
ajouter qc I 7 B,7 etw. hinzufügen
un album III 6 A ein Album
l'alcool *(m.)* **II 4 A** der Alkohol
l'allemand I 6 B,1 das Deutsche/die deutsche Sprache
en allemand **I 2 A** auf Deutsch
allemand/allemande I 9 B deutsch
aller I 7 A gehen/fahren
Ça va? **I 2 B** Wie geht's?/Geht's (dir) gut?
Ça va. **I 2 B** Es geht (mir) gut.
Je vais très bien. **I 7 A** Es geht mir sehr gut.
aller au collège **I 7 A** auf das „Collège" gehen
aller chez qn **I 7 A** zu jdm. *(nach Hause)* gehen
Allez, ... **I 7 B** Los, ...
aller faire qc **I 8 B** etw. tun werden
aller chercher qn **II 3 A** jdn. (ab)holen
aller chercher qc **II 4 B** etw. holen (gehen)
Il va et vient. **II 9 A** *hier:* Er läuft hin und her.
aller voir qn **III 3 A** jdn. besuchen
Allô? I 6 B Hallo? *(am Telefon)*
alors I 2 A nun/jetzt/dann
Et alors? **I 2 B** Na und?
Mince alors! *(fam.)* **I 3 B** Mist!/Verflixt noch mal! *(ugs.)*
Ah non, alors! **I 5** Also nein!
Ça alors! **I 6 A** Na, so was!/Donnerwetter!
ou alors **II 1 A** oder aber/oder auch
alors **III 4 A** *hier:* damals
alors que III 6 A als/während
l'alphabet *(m.)* **I 9 A**,9 das Alphabet
l'altitude *(f.)* **II 6 B** die Höhe *(über dem Meeresspiegel)*
prendre de l'altitude **II 6 B** an Höhe gewinnen
à 1350 mètres d'altitude **II 6 B** auf 1350 m Höhe
une ambiance I 9 A eine Stimmung/ Atmosphäre
une ambulance II 3 B ein Krankenwagen
un ami/une amie I 3 B ein (guter) Freund/eine (gute) Freundin
Amicalement ... I 7 A Herzliche Grüße ... *(Abschlussformel im Brief)*
l'amitié *(f.)* **III 3 B**,3 die Freundschaft
l'amour *(m.)* **III 5** die Liebe
un amoureux/une amoureuse III ⟨**8**⟩ ein Verliebter/eine Verliebte
être **amoureux/amoureuse (de qn) II 2 A** (in jdn.) verliebt sein
tomber amoureux/amoureuse de qn **III** ⟨**8**⟩ sich in jdn. verlieben
amusant/amusante I 10 B unterhaltend, belustigend
s'**amuser II 8 A** sich amüsieren
un an I 4 ein Jahr
avoir quatorze ans **I 5** vierzehn Jahre alt sein
analyser qc III 6 A,1 etw. analysieren
un âne/une ânesse III 5 ein Esel/eine Eselin
l'anglais I 6 B,1 das Englische/die englische Sprache
un animal/des animaux I 8 B,6 ein Tier/ Tiere
une année II 1 A ein Jahr
un anniversaire I 4 ein Geburtstag
fêter l'anniversaire **I 4** (den) Geburtstag feiern
annoncer qc II 7 etw. ankündigen
une annotation III 1 eine Anmerkung
un antonyme III 3 B,3 ein Antonym/ Gegensatzwort
août *(m.)* **II 1 C** August
un appartement I 2 B eine Wohnung
appartenir à qn II 9 A jdm. gehören
un appel II 5 B ein Aufruf/*(telefonischer)* Anruf
appeler qn I 8 B jdn. rufen/anrufen
s'appeler **II 8 A** heißen
l'appétit *(m.)* **II 4 B** der Appetit
apporter qc I 3 B etw. (mit)bringen
apprendre qc II 7,1 etw. lernen/erfahren
apprendre par cœur **III 7 A** auswendig lernen
l'apprentissage *(m.)* **III 2 C** die Lehre
après I 6 A nach/danach
après tout **III 2 C** schließlich/alles in allem
après avoir fait qc **III 4 A** nachdem man etw. getan hat
un après-midi/des après-midi(s) I 9 A ein Nachmittag/Nachmittage
arabe III ⟨**4 N**⟩ arabisch
un arbre I 4 ein Baum
un architecte I 2 B,2 ein Architekt

LISTE DES MOTS

une arène II 9B eine Arena
l'argent *(m.)* **II 7** das Geld
l'argent de poche *(m.)* **II 9A** das Taschengeld
un argument II 9B,6 ein Argument
un arrêt I 9A ein Halt
sans arrêt **I 9A** unaufhörlich/dauernd
tomber en arrêt devant qc **III 6A** staunend vor etw. stehen bleiben
arrêter qc/qn II 7 etw./jdn. anhalten
s'arrêter **II 7** anhalten
arrêter de faire qc **II 7** aufhören etw. zu tun
une arrivée III 2B eine Ankunft
arriver I 3B (an)kommen
arriver à faire qc **II 9B** gelingen etw. zu tun
qc arrive à qn **III** ⟨8⟩ etw. geschieht/passiert jdm.
arroser qc III 5 etw. (be)gießen
l'art *(m.)* **III 6A** die Kunst
les Arts A. (= l'Ecole des Arts appliqués) **III 6A** die angewandte Kunst/das Kunsthandwerk; *hier:* Hochschule für angewandte Kunst
un artichaut I 8A eine Artischocke
un article II 6B ein Artikel
artistique III 6A künstlerisch/Kunst-
un directeur/une directrice artistique **III 6A** ein(e) künstlerische(r) Leiter(in)
un ascenseur I 7B ein Aufzug
un aspect III 6A,3 ein Aspekt/Gesichtspunkt
s'**asseoir III 2B** sich setzen
assez (de) I 8A genug/genügend
une assiette II 4B ein Teller
être **assis/assise III 2B** sitzen
une assurance II 8C eine Versicherung
un atelier II 1A eine Werkstatt/ein Atelier
un atelier-boutique **II 1A** ein Atelier mit Verkauf
attaquer qc I 7B etw. angreifen/etw. anbrechen/einer Sache zu Leibe rücken
attendre qn I 7A auf jdn. warten/jdn. erwarten
s'attendre à qc **III 1** sich auf etw. gefasst machen/auf etw. gefasst sein
l'attention *(f.)* **I 3B** die Aufmerksamkeit
Attention! **I 3B** Vorsicht!/Achtung!
Au revoir! I 1 Auf Wiedersehen!
au-dessus de qc II 6B über/oberhalb von etw.
un auditeur/une auditrice II 5A ein Hörer/eine Hörerin
augmenter qc I 8A etw. erhöhen
aujourd'hui I 3A heute
auparavant III 5 vorher/zuvor
aussi I 3A auch
aussi sympa que **II 9B** ebenso sympathisch wie
autant que III 2B so viel wie
un auteur III 1,1 ein Autor/eine Autorin
l'automne *(m.)* **II 1A** der Herbst
en automne **II 3A,**8 im Herbst
un/une automobiliste II 3B ein Autofahrer/eine Autofahrerin
autour de qc II 6B um etw. herum
un/une autre III 3A ein anderer/eine andere
un autre soir I 6A ein anderer Abend/an einem anderen Abend
autre chose II 3A etw. anderes
avoir autre chose à faire **II 3A** etw. anderes zu tun haben
autrefois II 9B früher
autrement III 1 anders *(Adv.)*
un Autrichien/une Autrichienne II 8A ein Österreicher/eine Österreicherin
avancer vers qc/qn II 7 auf etw./jdn. zugehen/zukommen
avancer de huit cases **I** ⟨**7N**⟩ acht Felder vorrücken
avant II 1B vor *(zeitlich)*/vorher
avant de faire qc **III 1** bevor man etw. tut
avant que *(+subj.)* **III 7C,**1 bevor
l'avant-garde *(f.)* **III 6A** die Avantgarde
avec I 1 mit
l'avenir *(m.)* **III 3B** die Zukunft
une aventure III 6A ein Abenteuer
un avion III 4B,2 ein Flugzeug
un avis II 4A eine Meinung
à mon avis **II 4A** meiner Meinung nach
Je ne suis pas de ton avis. **II 4A** Ich bin nicht deiner Meinung.
un avocat/une avocate III 4A ein Rechtsanwalt/eine Rechtsanwältin
avoir I 5 haben
avoir quatorze ans **I 5** vierzehn Jahre alt sein
J'ai froid. **II 6B** Mir ist kalt.
avril *(m.)* **II 3A,**8 April

B

le baccalauréat III 2C das Abitur
le bac *(fam.)* **III 2C** das Abi *(ugs.)*
une baguette I 3B eine Baguette *(frz. Stangenweißbrot)*
se **baigner II 8C** (sich) baden; *hier:* ins Wasser/schwimmen gehen
un baiser II 8A ein Kuss
Bons baisers de … **II 8A** Viele Grüße und Küsse aus …
baisser qc II 4A etw. (ab)senken; *hier:* leiser stellen
un balcon III ⟨**3N**⟩ ein Balkon
une balle II 9A ein Ball
une balle III 7B ein Ballen
un ballon II 6A ein Ballon
un ballon I 3B ein Ball
un ballon de foot **I 7A** ein Fußball
une banane I 8A eine Banane
une bande I 6B eine Bande
une BD (bande dessinée)/des BD I 2A ein Comic(heft)/Comics
la banlieue III 3A der Vorort/Vorstadtbereich
une banque III 2C eine Bank/ein Geldinstitut
bas/basse III 1 niedrig, tief
en bas de **III 1** unten auf/unten an
basque II 9A baskisch
un Bastidien/une Bastidienne III 5 *ein Einwohner/eine Einwohnerin der ‹‹Bastides Blanches››*
un bateau-mouche/des bateaux-mouches I 10A *Schiff, mit dem Besichtigungsfahrten auf der Seine in Paris durchgeführt werden*
un bâtiment I 7B ein Gebäude
un bâton III ⟨**8**⟩ ein Stock
une batterie III ⟨**3N**⟩ ein Schlagzeug
bavarder I 3B plaudern/sich unterhalten
beau/bel/belle II 1A schön
Il fait beau (temps). **II 6B** Es ist schön(es Wetter).
beaucoup I 7A viel
merci beaucoup **I 7B** vielen Dank
beaucoup (de) **I 8A** viel(e) *(bei Mengen)*
le beffroi III 4A der (Stadt)Turm
un/une Belge III 6B ein Belgier/eine Belgierin
une belle-mère III 3A eine Stiefmutter/Schwiegermutter
une béquille I 7B eine Krücke
une bergerie III 5,11 eine Schäferhütte
avoir **besoin de qc/de faire qc III 2B** etw. brauchen/tun müssen
une bête II 7 ein Tier
les bêtes **II 7** *hier:* das Vieh
bête I 1 dumm/blöde
Il est bête comme ses pieds. *(fam.)* **II 2C** Er ist strohdumm. *(ugs.)*
une bêtise I 9A eine Dummheit/ein Unfug
Beurk! *(fam.)* **I 9A** Igitt! *(ugs.)*
le beurre II 4A,5 die Butter
une bibliothèque III 6B eine Bibliothek
un bidon III ⟨**3N**⟩ ein Kanister
un bidule *(fam.)* **I 4** ein Dingsbums *(ugs.)*
bien I 7A gut *(Adverb)*
aimer bien qc **I 4** etw. gern mögen
Eh bien, … **I 10A** Nun, …
Ça s'appelle bien … , non? **II 8A** Das heißt doch … , oder?
bien que *(+subj.)* **III 7C** obwohl
Bien sûr! I 4 Sicher!/Na klar!
A **bientôt! I 1** Bis bald!
Bienvenue! I 1 Herzlich willkommen!
la bière II 4A das Bier
un billet I 8A ein Schein/Geldschein
un billet de 50 € **I 8A** ein Fünfzigeuroschein
un billet de cinéma **I 10A** eine Kinokarte
une bise *(fam.)* **I 9B** ein Kuss *(ugs.)*
faire la bise à qn *(fam.)* **I 9B** jdn. mit Wangenkuss begrüßen *(ugs.)*
bizarre I 9A seltsam/komisch
blanc/blanche II 1A,3 weiß
un blessé/une blessée III ⟨**8**⟩ ein Verletzter/eine Verletzte
bleu/bleue II 1A,3 blau
blond/blonde II 2C,1 blond
bloquer qn/qc II 3B jdn./etw. blockieren
un blouson II 1A eine Jacke/ein Blouson
le blues III ⟨**3N**⟩ der Blues
Bof! *(fam.)* **I 6A** Na ja!/Ach! *(Ausdruck der Gleichgültigkeit, ugs.)*
boire qc II 4B etw. trinken
une boisson II 4A ein Getränk
une boîte I 8A eine Dose/Schachtel/Kiste
une boîte de «Ronron» **I 8A** eine Dose „Ronron" *(Katzenfutter)*
une boîte *(fam.)* **II 1A** eine Firma *(ugs.)*
la «Boîte à idées» **II 1A** die „Ideenkiste"; *hier:* Name einer Firma
un bol III 2C *eine Art Trinkschale*
bombarder qc III 4A etw. bombardieren
bon/bonne I 9A gut
Bon. **I 6A** Gut./Also gut.
le bon ordre **I 6B,**7 die richtige Reihenfolge
Bonne chance! **II 2B** Viel Glück!
sentir bon **III 2B,**1 gut riechen
bon marché *(inv.)* **II 1A** preiswert, billig

le bonheur III 3A das Glück
Bonjour! I 1 Guten Tag!
donner le bonjour à qn **II 2A** jdm. Grüße ausrichten/jdn. grüßen
un bord I 9A ein Ufer
à bord I 10B an Bord
border qc III 5 etw. säumen
un bossu/une bossue III 5 ein Buckliger/eine Bucklige
une bouche III ⟨3N⟩ ein Mund; *hier:* ein Eingang
boucher qc III 5 etw. zu-/verstopfen
une boucherie I 3A eine Metzgerei/Fleischerei
un bouchon II 9A ein (Verkehrs)Stau
bouger III 5 sich bewegen
un boulanger/une boulangère II 8A ein Bäcker/eine Bäckerin
une boulangerie I 3A eine Bäckerei
une boulangerie-pâtisserie II 8A eine Bäckerei und Konditorei
un boulevard III ⟨3N⟩ ein Boulevard
le boulot *(fam.)* **III 6A** die Arbeit/der Job *(ugs.)*
une boum *(fam.)* **II 4A** eine Fete *(ugs.)*
Boum! I 3B Bums!
un bourgeois/une bourgeoise III 4B,3 ein Bürger/eine Bürgerin
bousculer qn II 1B jdn. anrempeln
un bout III 7B ein Ende/eine Spitze
à bout de souffle **III ⟨3N⟩** atemlos
à bout de son **III ⟨3N⟩** *hier:* ohne Stimme
le bout du monde **III ⟨3N⟩, III 7B** das Ende der Welt
une bouteille I 8A eine Flasche
une bouteille d'eau **I 8A** eine Flasche Wasser
un bras III 6A ein Arm
Bravo! I 6B Bravo!
le brevet des collèges III 2C Abschlussprüfung/Abschlusszeugnis nach dem „collège"
briller II 6B scheinen
une brosse III 6B eine Bürste
une brosse à dents **III 6B** eine Zahnbürste
le bruit II 4A der Lärm/das Geräusch
le bruitage III ⟨8,5⟩ die Geräuschkulisse/die Geräusche
brûler III 5 (ver)brennen
brun/brune II 2A braun/dunkelhaarig
un grand brun **II 2A** ein großer Dunkelhaariger
le buffet II 4A das Büfett
un bureau/des bureaux II 3A ein Arbeitszimmer, Büro/Arbeitszimmer, Büros
un bus I 7B ein (Auto)Bus

C

ça I 4 das
Ça va? **I 2B** Wie geht's?/Geht's (dir) gut?
Ça va. **I 2B** Es geht (mir) gut.
C'est ça. **I 2B** Genau!/Das stimmt!
Ça alors! **I 6A** Na, so was!/Donnerwetter!
Et avec ça? **I 8A** Sonst noch etwas?
Ça y est? **II 9A** *hier:* Klappt's?
Ça y est! **III 2B** Uff!/Geschafft!
se **cacher III 5** sich verstecken
un cadeau/des cadeaux I 7A ein Geschenk/Geschenke
un café I 3A eine Kneipe
le café II 4A der Kaffee
un café-tabac II 8B *(frz. „café" mit einer Verkaufsstelle für Tabakwaren und Postartikel)*
une cage II 9A ein Käfig
une cage à lapin **III 3A** ein Kaninchenstall
un cahier I ⟨2N⟩ ein Heft
le cahier de textes III 2C *in der frz. Schule: spezielles Heft, in das die Schüler eintragen, welche Hausaufgaben sie aufhaben*
calme III 2A ruhig
calmement III 2A ruhig *(Adv.)*
calmer qc III 5 beruhigen; *hier:* stillen
un/une camarade I 9B ein Kamerad/eine Kameradin
un camion II 3B ein LKW/Lastwagen
la camomille II 4B,2 die Kamille
un camp II 8B ein Lager
un camp de jeunes franco-allemand **II 8B** ein deutsch-französisches Jugendlager
la campagne II 5B das Land *(im Gegensatz zur Stadt)*
vivre à la campagne **III 3A** auf dem Land leben
un camping II 9A ein Campingplatz
un Canadien/une Canadienne II 3B,7 ein Kanadier/eine Kanadierin
un canapé III ⟨8⟩ eine Couch
un canif III 7B ein Taschenmesser
une cantine I 9A eine Kantine
une capitale I 9B eine Hauptstadt
un car III 2B ein Reisebus
une caravane III ⟨8⟩ ein Wohnwagen
un carnet I 10A ein Heft/Fahrkartenblock
une carotte I 8A,4 eine Karotte/Möhre
un carrefour III 4B eine (Verkehrs)Kreuzung; *hier:* ein Knotenpunkt
une carte I 7B eine Karte
jouer aux cartes **I 7B** Karten spielen
une carte postale I 9A,8 eine Postkarte
une carte en relief II 6B eine Reliefkarte
un carton I 2A ein Karton
un cas III 1 ein Fall
une case I ⟨7N⟩ ein Spielfeld *(bei Brettspielen)*
un casque I 6A ein Sturz-/Schutzhelm
casser qc III 7B etw. zerbrechen
une cassette I 4 eine (Musik)Kassette
une cassette vidéo **III 2A**,2 eine Videokassette
unc catastrophc II 1B eine Katastrophe
une cathédrale I 10B eine Kathedrale
une cave III 4A ein Keller
une caverne II 3A eine Höhle
un CD/des CD I 4 eine CD/CDs
ce/c' I 1 das *(z. B. in „c'est…" = das ist…)*
C'est ça. **I 2B** Genau!/Das stimmt!
C'est à qui? **I 8A** Wer ist an der Reihe?
C'est à moi. **I 8A** Ich *(betont)* bin an der Reihe.
c'est-à-dire III 3A das heißt
ce que III 3B was *(neutrales Relativpronomen, Objekt)*
ce qui III 3B was *(neutrales Relativpronomen, Subjekt)*
ce/cet/cette/ces II 1A diese(r), dieses *(Demonstrativbegleiter)*
en ce moment **I 7A** im Augenblick/zur Zeit
cet été **II 1B** dieser Sommer/in diesem Sommer
ce/cet/cette/ces … -là **II 1B** der/die/das … da/dort
ces derniers temps **II 6A** in der letzten Zeit
cela II 3A das
célèbre III 6B berühmt
celui/celle/ceux/celles … III 2C der, die, das/diese(r), dieses *(Demonstrativpronomen)*
un cent I 8A, 4 ein Cent (100 cents = 1 €)
un centime I 8A, 4 ein Cent (100 centimes = 1 €)
centraliser qc III 4B etw. zentralisieren
le centre III 4A das Zentrum
un centre d'entraînement II 2A ein Trainingszentrum
le centre-ville II 3B das Stadtzentrum
une cerise II 4A eine Kirsche
certain/certaine III 7D gewiss; *im Plural:* einige/gewisse
une chaîne hi-fi II 4B eine Hi-Fi-/Stereoanlage
une chaise III 2B ein Stuhl
une chambre I 2A ein (Schlaf)Zimmer
un champ III 5 ein Feld/Acker
un champ d'œillets **III 5** ein Nelkenfeld
un champion/une championne I 6B ein (Welt)Meister/eine (Welt)Meisterin/ein Champion
un championnat du monde II 9B eine Weltmeisterschaft
la chance II 2A die Chance/Gelegenheit/das Glück
Bonne chance! **II 2B** Viel Glück!
La chance a tourné. **II 2B** Das Glück hat sich gewendet.
avoir de la chance de faire qc **II 7** Glück haben, dass man etw. tut
changer I 10A wechseln/umsteigen
changer qc **II 5A**,1 etw. ändern
changer de couleur **III 3A** die Farbe ändern/wechseln
une chanson II 2A,2 ein Lied
chanter II 5B singen
un chanteur/une chanteuse II 5A ein Sänger/eine Sängerin
un chapitre II 5B ein Kapitel
chaque II 2A jeder/jede/jedes *(+Nomen)*
à chaque fois que **III 1** jedes Mal wenn
le charbon III 4B,6 die Kohle
le charme III 7A der Charme/der Reiz
être sous le charme de qc/qn **III 7A** im Bann einer Sache/einer Person stehen
une charrette III 5 ein Karren
un chasse-neige/des chasse-neige(s) II 7 ein Schneepflug/Schneepflüge
chasser qn III ⟨8⟩ jdn. (ver)jagen
un chat I 8A eine Katze
un château/des châteaux III 4A ein Schloss/Schlösser
chaud/chaude II 6B warm, heiß
Il fait chaud. **II 6B** Es ist warm/heiß.
un chef III 7C,1 ein Chef/eine Chefin
un rédacteur/une rédactrice en chef **III 7C**, 1 ein Chefredakteur/eine Chefredakteurin
un chemin I 7B,6 ein Weg

demander son chemin (à qn) **I 7B,**6 (jdn.) nach dem Weg fragen
une cheminée III 4B ein Kamin
une chemise II 1A ein Hemd
un chemisier II 1A,3 eine Bluse
cher/chère I 7A lieber/liebe/liebes
Cher Laurent **I 7A** Lieber Laurent *(Anrede im Brief)*
Chers tous, ... **II 1C** Ihr Lieben *(Anrede im Brief)*
cher/chère II 1A teuer
acheter pour pas cher *(fam.)* **III 5** etw. für wenig Geld einkaufen *(ugs.)*
chercher qn/qc I 2B jdn./etw. suchen
aller chercher qn **II 3A** jdn. (ab-)holen
aller chercher qc **II 4B** etw. holen (gehen)
chéri/chérie I 2A Liebling
un cheval/des chevaux III 4B ein Pferd/ Pferde
un cheveu/des cheveux II 2C ein Haar/ Haare
avoir les cheveux courts **II 2C** kurze Haare haben
chez I 4 bei
aller chez qn **I 7A** zu jdm. *(nach Hause)* gehen
chez qui **II 8A** *hier:* bei dem/der
chic *(inv.)* **II 1A** schick
un chien I 8B ein Hund
un chiffre III ⟨4N⟩ eine Ziffer/Zahl
un choc I 3B ein Schock/Zusammenstoß
le chocolat I 7A die Schokolade
en chocolat **I 7A** aus Schokolade
choisir qc II 4B etw. wählen/aussuchen
le chômage II 6A die Arbeitslosigkeit
être au chômage **II 6A** arbeitslos sein
une chose III 2B eine Sache
chouette *(fam.)* **I 10B** prima/klasse *(ugs.)*
le ciel II 6A der Himmel
une cigarette II 8B eine Zigarette
le cinéma I 10A das Kino
une cinquantaine de maisons III 5 etwa fünfzig Häuser
les quatre **cinquièmes III 3B** vier Fünftel
la circulation II 7 der Verkehr/das Fahren
une citerne III 5 eine Zisterne *(Auffangbecken für Regenwasser)*
un citron I 8A,4 eine Zitrone
un clafoutis aux cerises II 4A *Süßspeise aus Eierkuchenteig und Kirschen*
clair/claire III ⟨8⟩ klar
clairement III ⟨8⟩ klar/deutlich *(Adv.)*
une classe I 3A,2 eine Klasse
en classe **I 3A,**2 in der Klasse
avoir classe **I 9A** Unterricht/Schule haben
un jour de classe **I 9B** ein Schultag
un classement II 8C,4 eine Rangfolge/ Tabelle
classique III 3A klassisch, traditionell
un client/une cliente I 8A ein Kunde/ eine Kundin
un clown I 6B ein Clown
un club I 6A ein Klub/Verein
un club d'écriture **I 9A** ein Schreibklub
un club-théâtre **III 2C** eine Theater-AG
le coca II 4A die Cola
un cocker III 2B ein Cockerspaniel
un cocktail de bienvenue II 4B ein Begrüßungs-/Willkommenscocktail
le cœur II 8C das Herz
qn a mal au cœur **II 8C** jdm. ist schlecht/übel
apprendre par cœur **III 7A** auswendig lernen
un coin II 4B eine Ecke
une collection II 1A eine Kollektion/ Sammlung
un collège I 7A ein „Collège" *(weiterführende Schule für alle 11–15-j. Schüler; entspricht der Sek. I)*
un collégien/une collégienne III 3B ein Schüler/eine Schülerin eines „collège"
un/une collègue II 7 ein Kollege/eine Kollegin
une colline III 5 ein Hügel
combien (de) I 8A wie viel(e)
combien de temps? **I 8A** wie lange?
comme I 4 wie
Qu'est-ce que tu fais comme sport? **II 2A** Was für Sport treibst du?
comme plat principal **II 4A** als Hauptgericht
comme II 7,7 da/weil *(Konjunktion)*
comme ça II 2A so/auf diese Weise
commencer qc I 8B etw. anfangen/ beginnen
commencer par qc **II 3A** mit etw. anfangen/beginnen
commencer à faire qc **II 7** anfangen/ beginnen etw. zu tun
comment I 1 wie
Et toi, tu t'appelles comment? **I 1** Und du *(betont)*? Wie heißt du?
Comment ça va? **I 5** Wie geht's (dir/ Ihnen)?
un commerçant/une commerçante I 3B ein Händler/eine Händlerin
comparer qc II 4B etw. vergleichen
compétent/compétente III 3B kompetent, sachkundig
complet/complète III 1 komplett, vollständig
complètement III 1 komplett/ vollständig/ganz *(Adv.)*
compliqué/compliquée I 10A kompliziert
la compréhension III 2A das Verständnis
comprendre qc I 7B etw. verstehen
faire comprendre qc à qn **II 8C** jdm. etw. begreiflich machen
un comprimé II 8C eine Tablette
un/une comptable I 4 ein Buchhalter/ eine Buchhalterin
compter qc I 4 zählen
un concert I 8B ein Konzert
un concerto III 7A ein Concerto
un conducteur/une conductrice I 4 ein Fahrer/eine Fahrerin
un conducteur de TGV **I 4** ein TGV-Lokführer
conduire II 6B fahren
une connaissance I 9A eine Bekanntschaft
faire la connaissance de qn **I 9A** die Bekanntschaft von jdm. machen/jdn. kennen lernen
connaître qn/qc II 3A jdn./etw. kennen
une conquête III 6A eine Eroberung
partir à la conquête de qc **III 6A** losziehen, um etw. zu erobern
se **consacrer à qc III 6A** sich einer Sache widmen
la consécration III 6A die Weihe; *hier:* glänzende Bestätigung
un conseil III 5 ein Rat(schlag)
une consigne III 1 eine Anweisung
une construction III 4B,3 eine Konstruktion
construire qc II 6B etw. (er)bauen
une consultation II 8C eine Sprechstunde/eine (ärztliche) Untersuchung
content/contente I 10A zufrieden, glücklich
être content/contente de faire qc **II 1C** zufrieden, glücklich sein etw. zu tun
un contexte III 1,1 ein Kontext/(Satz oder Text)Zusammenhang
continuer II 2B fortfahren/weitermachen
continuer à faire qc **II 4A** fortfahren etw. zu tun/etw. weitermachen
contourner qc III 4B etw. umgehen/ -fahren
contraindre qn à faire qc III 7D jdn. zwingen etw. zu tun
le contraire II 6B,2 das Gegenteil
au contraire **II 6B,**2 im Gegenteil
contre II 5A (da)gegen
la contribution II 4A der Beitrag/Anteil
mettre qn à contribution **II 4A** *hier:* jdn. auffordern etw. mitzubringen
un contrôle I 9A eine Kontrolle/Leistungsüberprüfung/Klassenarbeit
un contrôle de géographie **I 9A** ein Erdkundetest
convenir III 4A,4 passen/entsprechen
un copain/une copine *(fam.)* **I 3B** ein Freund/eine Freundin *(ugs.)*
un coq II 4A ein Hahn
du coq au vin **II 4A** *Huhn in Weinsoße*
une corde III 1 ein Seil
un correspondant/une correspondante I 9A ein Brieffreund/eine Brieffreundin/ ein Austauschpartner/eine Austauschpartnerin
un/une corres *(fam.)* **I 9A** ein Brieffreund/eine Brieffreundin *(ugs.)*
correspondre à qc III 1,3 einer Sache entsprechen
une corrida II 9B ein Stierkampf
corriger qc I 9B,1 etw. korrigieren/verbessern
une côte II 9A eine Küste
la côte atlantique **II 9A** die Atlantikküste
un côté II 5A eine Seite
à ses côtés **II 5A** neben ihm/ihr
à **côté I 3A** nebenan/daneben
à côté de **I 8B** neben
le coton III ⟨8⟩ *hier:* die Watte
se **coucher II 7** sich hinlegen/schlafen legen
une couette III 2B ein Federbett
une couleur II 1A eine Farbe
un couloir III 4A ein Gang/Korridor
le coup de foudre III 6A die Liebe auf den ersten Blick
couper qc III 1 etw. (ab)schneiden
couper la respiration à qn **III 1** jdm. den Atem nehmen
un couplet III ⟨3N⟩ eine Strophe
une cour I 3B ein Hof
le courage III 1 der Mut
courir II 1B laufen/rennen
un cours I 9A eine Unterrichtsstunde

le cours de maths *(fam.)* **III 2 C** die Mathe-Stunde *(ugs.)*
retourner en cours **III 2 C** in den Unterricht zurückkehren
une course II 9 B ein Rennen
les courses *(f., pl.)* **I 8 A** die Einkäufe/Besorgungen
faire les courses **I 8 A** (die) Einkäufe machen/einkaufen gehen
court/courte II 2 C kurz
un cousin/une cousine I 10 A ein Cousin/eine Cousine
un couteau/des couteaux II 4 B ein Messer/Messer
coûter I 8 A,4 kosten
une couverture II 3 A eine Decke/Bettdecke
un crabe III 1 ein Krebs
craindre qc III 7 D etw. (be)fürchten
crâneur/crâneuse *(fam.)* **III** ⟨**8**⟩ angeberisch *(ugs.)*
un crayon I ⟨**2 N**⟩ ein Bleistift
un créateur/une créatrice II 1 A ein Schöpfer/eine Schöpferin
une crèche III 2 C eine Krippe/ein Tagheim
créer qc II 5 B etw. erschaffen/bilden/gründen
une crème III ⟨**8**⟩ *hier:* eine Hautcreme
creuser qc III 4 A etw. graben
crier I 5 schreien
critiquer qn II 5 A jdn. kritisieren
croire qn/qc II 5 A jdm./etw. glauben
un croissant II 8 A ein Croissant/(Butter)Hörnchen
une cuillère II 4 B ein Löffel
cuire qc III 2 B *hier:* etw. braten
une cuisine I 2 A eine Küche
faire la cuisine **I 6 A** kochen
une culotte III 1 eine Unterhose
la culture III 3 A die Kultur
la culture III 5 *hier:* der Anbau
culturel/culturelle III 4 B Kultur-/kulturell
curieux/curieuse III 2 A neugierig, merkwürdig, seltsam
être curieux de faire qc **III 2 A** gespannt sein etw. zu tun

D

d'abord I 7 B zuerst/zunächst
d'accord I 2 B einverstanden/o.k.
d'ailleurs III 6 B übrigens/im Übrigen
d'après III 2 B nach/gemäß/laut
d'habitude II 6 B normalerweise
une dalle I 6 B eine Steinplatte/eine Terrasse/ein großer Vorplatz
une dame I 7 B eine Dame
le danger II 9 B die Gefahr
dangereux/dangereuse I 6 B gefährlich
dans I 2 A in
rentrer dans un arbre **II 6 A**,5 gegen einen Baum fahren
aller dans la rue **III 3 B** auf die Straße gehen
la danse II 6 A,4 der Tanz
danser II 4 B tanzen
un danseur/une danseuse II 6 A,4 ein Tänzer/eine Tänzerin
une date II 3 A,8 ein Datum
la date de naissance II 5 B,5 das Geburtsdatum
un dé I 4,2 ein Würfel
jouer aux dés **I 4**,2 würfeln
Jetez le dé. **I** ⟨**7 N**⟩ Werft den Würfel!/Würfelt!
de/d' I 2 A *Hauptbedeutung:* von
le début II 6 A der Anfang/Beginn
au début (de qc) **II 6 A** am Anfang/zu Beginn (von etw.)
un débutant/une débutante II 2 A ein Anfänger/eine Anfängerin
décembre *(m.)* **II 3 A**,8 Dezember
décevoir qn III 6 A jdn. enttäuschen
une décharge III 7 B eine Müllkippe
les déchets *(m., pl.)* **III 7 B** die Abfälle
décider qc II 4 A etw. beschließen/entscheiden
décider de faire qc **II 4 A** beschließen etw. zu tun
décider de qc **III 4 A** über etw. entscheiden
décontenancer qn III 6 A jdn. aus der Fassung bringen
les décors *(m., pl.)* **III** ⟨**8**,5⟩ das Bühnenbild/die Kulisse(n)
une découverte II 3 B eine Entdeckung/Erkundung
partir à la découverte de qc **II 3 B** etw. erkunden gehen
découvrir qc II 7 etw. entdecken
décrire qc à qn I 9 B,6 jdm. etw. beschreiben
la défense III ⟨**8**⟩ die Verteidigung
Défense de … **III** ⟨**8**⟩ … verboten
dégoûtant/dégoûtante III 7 C ekelhaft, widerlich
un degré II 6 B,1 ein Grad
Il fait dix degrés. **II 6 B**,1 Es sind zehn Grad.
dehors III ⟨**8**⟩ draußen
en dehors de **III 7 A**,1 außerhalb von
déjà I 7 A schon
un déjeuner II 4 A ein Mittagessen
délicat/délicate III 2 B empfindlich, fein, zart
délicieux/délicieuse III 2 B köstlich
demain I 5,4 morgen
demander I 2 B,4 fragen/bitten
demander qc à qn **I 5** jdn. etw. fragen
demander son chemin (à qn) **I 7 B**,6 (jdn.) nach dem Weg fragen
demander à qn si **II 2 B** jdn. fragen, ob
demander pardon à qn **II 2 B** jdn. um Verzeihung/Entschuldigung bitten
demander à qn de faire qc **II 3 A**,1 jdn. darum bitten etw. zu tun
demander la liberté **III 4 A** die Freiheit fordern
une démarche III 6 A ein Vorgehen/eine Methode
une demi-sœur III 3 A eine Halbschwester
une démonstration I 6 A eine Vorführung
une démonstration de slalom **I 6 A** eine Slalomvorführung
une dent III 6 B ein Zahn
une brosse à dents **III 6 B** eine Zahnbürste
le départ II 9 A,2 die Abfahrt/der Aufbruch
un point de départ **III** ⟨**6 N**⟩ ein Ausgangspunkt
départemental/départementale III 7 A zum Departement gehörig
une route départementale **III 7 A** eine Landstraße *(kleinere Straße, die vom Departement unterhalten wird)*
se **dépêcher III 2 C** sich beeilen
dépenser qc II 7 etw. ausgeben
depuis I 4 seit
déranger qn II 3 A jdn. stören
dernier/dernière II 1 A letzter, letzte, letztes
ces derniers temps **II 6 A** in der letzten Zeit
derrière I 8 B (da)hinter
par derrière **III 1** von hinten
désaffecté/désaffectée III 7 A stillgelegt, leer stehend
descendre I 8 B aussteigen
désirer qc I 8 A etw. wünschen
dessécher qc III 5 austrocknen
le dessert II 4 A der Nachtisch
un dessin I 10 A,6 eine Zeichnung
un dessinateur/une dessinatrice III 6 A ein Zeichner/eine Zeichnerin
dessiner I 2 B,2 zeichnen
dessus III 1 darauf
un détail III ⟨**8**⟩ ein Detail/eine Einzelheit
un détective I 10 A,6 ein Detektiv/eine Detektivin
détester qc I 4 etw. verabscheuen/überhaupt nicht mögen
détruire qc II 6 B etw. zerstören
le/la deuxième … I 7 B der/die/das zweite …
devant I 3 B vor *(örtlich)*
le développement III 4 B die Entwicklung
se **développer III 4 B** sich entwickeln
devenir qc II 5 B etw. werden
deviner qc I 7 B,6 etw. erraten
un devoir I 5 eine (Haus)Aufgabe
les devoirs d'anglais **I 7 A** die Englisch(haus)aufgaben
devoir qc à qn II 8 C jdm. etw. schulden
devoir faire qc **II 8 C** etw. tun müssen
Elle a dû trop manger. **II 8 C** Sie hat wohl/vermutlich zu viel gegessen.
un dialogue I 1,4 ein Dialog
un dictionnaire III 2 B ein Wörterbuch
Dieu *(m.)* **II 7** Gott
Mon Dieu, … **II 7** Mein Gott/Oh Gott, …
une différence I 5 ein Unterschied
difficile I 8 B schwierig/schwer
une difficulté III 5 eine Schwierigkeit
dimanche *(m.)* **I 4** Sonntag
un dîner II 3 A ein Abendessen
dîner II 7 zu Abend essen
dingue *(fam.)* **III 1** übergeschnappt *(ugs.)*
un diplôme III 3 A ein Diplom
diplômé/diplômée III 6 A mit einem Diplom/einer Abschlussprüfung versehen
dire qc à qn I 9 A jdm. etw. sagen
Dis donc … **I 9 A** Sag mal …
dire à qn que **II 2 B** jdm. sagen, dass
c'est-à-dire **III 3 A** das heißt
direct/directe II 5 A direkt, unmittelbar
en direct **II 5 A** direkt/live
directement III 2 C direkt/unmittelbar *(Adv.)*
un directeur/une directrice III 6 A ein Direktor/eine Direktorin

un directeur/une directrice artistique **III 6A** ein(e) künstlerische(r) Leiter(in)
la direction I 10A die Richtung
le discours direct III ⟨1N⟩ die direkte Rede
discuter I 7B sich unterhalten/diskutieren
disparaître III 5 verschwinden
se disputer II 9A sich streiten
un disque II 5B eine Schallplatte
distrait/distraite III 6B zerstreut
distribuer qc II 9A,1 etw. verteilen
diviser qc III 5,1 etw. (ein)teilen
le divorce II 4A die Scheidung
divorcé/divorcée III 3A geschieden
une dizaine de ... III 5 etwa zehn
un docteur II 8C ein Doktor/Arzt
une documentation III 6B eine Materialsammlung/Dokumentation
un domaine III 3A,1 ein Bereich/eine Domäne
donc II 3A also/folglich
Dis donc ... **I 9A** Sag mal ...
donner qc à qn I 5 jdm. etw. geben
donner le bonjour à qn **II 2A** jdm. Grüße ausrichten/jdn. grüßen
dont III 2C *Grundbedeutung:* wovon/dessen *(Relativpronomen)*
dormir II 2A schlafen
le dos I 10A der Rücken
un dossier III 6A eine Akte; *hier:* die (Bewerbungs)Mappe mit Arbeitsproben
la douane III 7D der Zoll
une douche II 3A eine Dusche
draguer qn *(fam.)* **I 9B** jdn. anmachen *(ugs.)*/mit jdm. flirten
un drap II 3A ein Tuch/Bettlaken
la drogue III 6B das Rauschgift/die Droge
le droit III 7D das Recht
avoir le droit de faire qc **III 7D** das Recht haben etw. zu tun
à **droite I 7B** (nach) rechts
sur votre droite **I 10B** zu Ihrer Rechten/auf der rechten Seite
drôle I 7B lustig/witzig
dur/dure III 5 hart
durer III 2C dauern

E

l'eau *(f.)* **I 8A** das Wasser
l'eau minérale *(f.)* **II 4A** das Mineralwasser
ébaucher qc III 6A etw. entwerfen
un échange III 2A ein Austausch
éclairer qc II 7 etw. erleuchten
éclater III 1 platzen
éclater de rire **III 1** in Lachen ausbrechen
une école I 7A eine Schule
l'école maternelle *(f.)* **III 2C** der Vorschulunterricht/Kindergarten
l'école élémentaire *(f.)* **III 2C** die Grundschule
un écomusée II 9A ein Freilichtmuseum
économique III 4B Wirtschafts-/wirtschaftlich
économiser qc III 7D,5 etw. (ein)sparen
l'écoute *(f.)* **III 2A** das Hören
écouter qn/qc I 3B jdm. zuhören/etw. (an)hören
écrire qc I 9A etw. schreiben
une écriture I 9A eine Schrift/Handschrift
un club d'écriture **I 9A** ein Schreibklub
s'**écrouler III ⟨8⟩** einstürzen
l'égalité *(f.)* **III 4A** die Gleichheit
une église II 8C eine Kirche
une égratignure III ⟨8⟩ eine Schramme
l'électricité *(f.)* **II 7** die Elektrizität/der Strom
un élevage III 5 eine (Auf)Zucht
un/une élève I 4,3 ein Schüler/eine Schülerin
embrasser qn II 2A jdn. küssen/umarmen
émerveillé/émerveillée III 6A voll Bewunderung/entzückt
une émission II 5A eine Sendung
un emmerdeur/une emmerdeuse *(fam.)* **III ⟨8⟩** eine Nervensäge *(ugs.)*
empêcher qn de faire qc III 1 jdn. daran hindern, etw. zu tun
un emploi II 2A eine Beschäftigung/Arbeitsstelle/Verwendung
un emploi d'informaticienne **II 2A** eine Arbeitsstelle als Informatikerin
un emploi du temps III 2B,3 ein Stundenplan
un employé/une employée II 1A ein Angestellter/eine Angestellte
employer qc III ⟨1N⟩, III 7A etw. verwenden
emporter qc II 9B etw. mitnehmen/wegtragen
en I 2A *als Präposition*
en allemand **I 2A** auf Deutsch
en classe **I 3A,**2 in der Klasse
être en forme **I 6B** in Form sein
en chocolat **I 7A** aus Schokolade
en ce moment **I 7A** im Augenblick/zur Zeit
en vacances **I 9A** in Ferien/im Urlaub
en géographie **I 9A** in Erdkunde
en métro **I 10A** mit der Metro
en patins **I 10B** auf Rollschuhen
en juillet **II 1C** im Juli
en automne **II 3A,**8 im Herbst
en vrai **II 3B** in Wirklichkeit
en ville **II 3B** in der Stadt
en plus **II 4A** außerdem
en direct **II 5A** direkt/live
en 1966 (= dix-neuf cent soixante-six) **II 5B** (im Jahre) 1966
en principe **II 6A** im Prinzip
en réalité **II 6A,**5 in Wirklichkeit
de père en fils **II 7** von Generation zu Generation
partir en Italie **III 1** nach Italien fahren
en ruine **III ⟨8⟩** eingestürzt
en II 4B *als Pronomen*
J'en ai acheté dix bouteilles. **II 4B** Ich habe (davon) zehn Flaschen gekauft.
Il n'y en a plus. **II 4B** Es gibt keinen mehr (davon).
Il en revient. **II 8B** Er kommt von dort zurück.
en avoir marre *(fam.)* **III ⟨8⟩** die Nase voll haben *(ugs.)*
encore I 2A noch
un endroit III 7B ein Ort/eine Stelle
énerver qn II 9A jdn. aufregen
un enfant I 8B ein Kind
l'enfer *(m.)* **I 6A** die Hölle
avoir un look d'enfer *(fam.)* **I 6A** irre toll aussehen *(ugs.)*
enfin I 6B endlich/schließlich
enlever qc II 4B etw. wegräumen/wegnehmen/ausziehen *(Kleidung)*
ennuyeux/ennuyeuse II 2C langweilig
énorme III 3B enorm/riesig
énormément III 3B enorm/außerordentlich *(Adv.)*
enregistrer (sur cassette) III 3B,7 (auf Kassette) aufnehmen
l'enseignement *(m.)* **III 2C** der Unterricht/das Unterrichtswesen
l'enseignement élémentaire *(m.)* **III 2C** der Grundschulunterricht
l'enseignement secondaire *(m.)* **III 2C** der weiterführende Unterricht
ensemble I 2B zusammen/gemeinsam
ensuite I 9A dann/danach
entendre qc II 1B etw. hören
entier/entière III 3A ganz, vollständig
entre II 3A zwischen
une entrée II 3A,2 ein Eingang/Hausflur
une entrée II 4A eine Vorspeise
une entrée principale III ⟨4N⟩ *hier:* ein Haupteintrag
entreposer qc III 7D etw. (ein)lagern/speichern
une entreprise II 6A ein Unternehmen/Betrieb/eine Firma
entrer I 2A be-/eintreten/hereinkommen
envelopper qc/qn III 1 etw./jdn. einwickeln
l'envers III ⟨8,3⟩ die Rückseite
à l'envers **III ⟨8,3⟩** umgekehrt
avoir **envie** *(f.)* **I 6B** Lust haben
avoir envie de faire qc **II 2A** Lust haben etw. zu tun
l'envie de vomir **II 8C** der Brechreiz
l'environnement *(m.)* **III 7B** die Umwelt/Umgebung
envoyer qc à qn II 2B jdm. etw. schicken/*hier:* zuwerfen/zuspielen
épeler qc I 9A,9 etw. buchstabieren
une épicerie I 3A ein Lebensmittelgeschäft
un épicier/une épicière I 8A ein Lebensmittelhändler/eine Lebensmittelhändlerin
une époque II 5B eine Epoche/Zeit
à l'époque **II 5B** zu dieser/jener Zeit/damals
une équipe II 1A eine Mannschaft/ein Team
un escalier III 4A eine Treppe
un Espagnol/une Espagnole II 9B ein Spanier/eine Spanierin
espérer qc II 4B etw. hoffen
espérer faire qc **II 4B** hoffen etw. zu tun
essayer qc II 6A etw. versuchen; *hier:* testen
essayer de faire qc **II 6A** versuchen etw. zu tun
l'est *(m.)* **III 4B** der Osten
est-ce que I 6B *Frageformel*
et I 1 und
Et alors? **I 2B** Na und?
une étable II 7 ein Stall
un étage I 7B eine Etage/ein Stockwerk
au premier étage **I 7B** im ersten Stock

une étagère I 2A ein Regal(brett)/Bücherbord
une étape III 6B eine Etappe
l'Etat III 4A der Staat
l'été *(m.)* **II 1A** der Sommer
en été **II 3A**,8 im Sommer
une étiquette I 2A ein Etikett/ein Aufkleber
un étranger/une étrangère II 1B ein Ausländer/eine Ausländerin
être I 4 sein
être à qn **II 9A** *hier:* jdm. gehören
les études *(f., pl.)* **II 3A** das Studium
faire des études **II 3A** studieren
les études **III 3B** *hier:* das Lernen
un étudiant/une étudiante II 3A ein Student/eine Studentin
Euh ... I 6A Äh ... *(Ausdruck des Zögerns)*
l'euro *(m.)*/**EUR/€ I 8A** der Euro *(europ. Währungseinheit)*
européen/européenne III 4B europäisch
le projet **Eurotunnel** *(m.)* **III 4B** das Eurotunnelprojekt
éviter qc III ⟨**1N**⟩ etw. vermeiden
exact/exacte II 5B genau, richtig
exactement III 1 genau *(Adv.)*
exagérer qc III 3B etw. übertreiben
un examen III 2C eine Prüfung
examiner qn II 8C jdn. untersuchen
excellent/excellente II 6A ausgezeichnet, exzellent
exceptionnel/exceptionnelle II 5B außergewöhnlich
une excursion II 8B ein Ausflug
une excuse II 9A,7 eine Entschuldigung
excuser qn II 1B,6 jdn. entschuldigen
Excuse-moi!/Excusez-moi! **II 1B**,6 Entschuldige!/Entschuldigen Sie!
un exemplaire III 6B ein Exemplar
exemplaire III 6A exemplarisch/beispielhaft
un exemple I 1,1 ein Beispiel
par exemple **I 3A** zum Beispiel
un exercice I 1 eine Übung
exister I 6A existieren
expliquer qc à qn I 7B,6 jdm. etw. erklären
s'expliquer **III 7D** *hier:* sich rechtfertigen/verantworten
une explosion III 5 eine Explosion
exprès III ⟨**8**⟩ absichtlich
une expression I 9A,9 ein Ausdruck
exprimer par II 8A,2 ausdrücken durch
extra *(fam.)* **I 4** stark/super *(ugs.)*

F

en **face (de) I 10B** gegenüber (von)
facile I 10A leicht
faciliter qc III 2A etw. erleichtern
la façon II 1B die Art
de toute façon **II 9A** auf jeden Fall/wie dem auch sei
d'une façon générale **III 3B** im Allgemeinen
un fada *(fam.)* **III 5** ein Spinner *(ugs.; provenzalischer Ausdruck)*
avoir **faim** *(f.)* **I 5** Hunger haben
manger à sa faim **III 3A** sich satt essen
faire qc I 6A etw. machen
Ils font le repas. **I 5** Sie bereiten das Essen zu.
faire la cuisine **I 6A** kochen
faire du sport **I 7A** Sport treiben
faire du patin à roulettes **I 7A** Rollschuh laufen
faire les courses **I 8A** (die) Einkäufe machen/einkaufen
faire la bise à qn *(fam.)* **I 9B** jdn. mit Wangenkuss begrüßen *(ugs.)*
faire des études **II 3A** studieren
Il fait un temps magnifique. **II 6B** Es ist herrliches Wetter.
Il fait chaud. **II 6B** Es ist warm/heiß.
Il fait beau (temps). **II 6B** Es ist schön(es Wetter).
Quel temps fait-il? **II 6B**,1 Wie ist das Wetter?
Il fait dix degrés. **II 6B**,1 Es sind zehn Grad.
faire du ski **II 7**,7 Ski fahren
faire comprendre qc à qn **II 8C** jdm. etw. begreiflich machen
ne faire que faire qc **III 1** nichts anderes tun als
Ça ne se fait pas. **III 2B** Das macht man nicht./Das gehört sich nicht.
faire la guerre à qn **III 4A** gegen jdn. Krieg führen
faire la paix **III 4B** Frieden schließen
faire voir qc à qn **III 6A** jdm. etw. herzeigen
faire honte à qn **III** ⟨**8**⟩ *hier:* jdm. ein schlechtes Gewissen einjagen
ne pas s'en faire *(fam.)* **III** ⟨**8**⟩ sich keine Sorgen machen *(ugs.)*
faire vieux **III** ⟨**8**⟩ alt aussehen
falloir II 4A brauchen/müssen
il faut qc **II 4A** man braucht etw.
il faut qc à qn **II 4A** jd. braucht etw.
il faut faire qc **II 4A** es ist nötig etw. zu tun/man muss etw. tun
il ne faut pas faire qc **II 4A** man darf/soll etw. nicht tun
il faut que *(+subj.)* **III 7A** man muss/es ist nötig, dass
une famille I 4 eine Familie
fantastique I 9B,9 fantastisch/toll
une farce II 3A ein Streich/Scherz
fatigué/fatiguée II 2A müde
une faute I 6B ein Fehler
faire moins de fautes **I** ⟨**9N**⟩ weniger Fehler machen
un fauteuil III ⟨**8**⟩ ein Sessel
faux/fausse I 4,1 falsch
Vrai ou faux? **I 4**,1 Richtig oder falsch?
un faux I 10A,6 eine Fälschung
une fée III 6A eine Fee
une femme II 1A eine Frau/Ehefrau
une fenêtre II 6A,3 ein Fenster
une ferme II 7 ein Bauernhof/Gehöft
fermer (qc) I 8B (etw.) schließen
le ferry III 4B,2 die Fähre
un festival III 6B ein Festival
une fête I 8A eine Feier/ein Fest
fêter qc I 4 etw. feiern
une feuille III 2A,2 ein Blatt
une feuille de papier **III 2A**,2 ein Blatt Papier
une feuille de soins II 8C ein (ärztlicher) Behandlungsschein
un feutre III 6A ein Filzstift
février *(m.)* **I 7A** Februar
fichu/fichue *(fam.)* **III** ⟨**8**⟩ geliefert *(ugs.)*
la fièvre II 8C das Fieber
le sens **figuré III** ⟨**4N**⟩ die übertragene Bedeutung
le filet II 2B das Netz
une fille I 3B ein Mädchen
une jeune fille **II 1B**,2 ein (junges) Mädchen
une fille II 3A eine Tochter
un film II 1B,4 ein Film
un fils II 4A ein Sohn
de père en fils **II 7** von Generation zu Generation
la fin I 5,5 das Ende
à la fin **II 2B** am Ende/schließlich
finir qc II 4B etw. beenden/mit etw. aufhören
Tout est bien qui finit bien. **II 4B** Ende gut, alles gut!
une fleur I 3A eine Blume
un/une fleuriste III 5 ein Blumenhändler/eine Blumenhändlerin
un fleuve II 9B,4 ein Fluss
un flic *(fam.)* **I 9A** ein Polizist *(ugs.)*
flirter avec qn I 9B,9 mit jdm. flirten
flotter III 1 flattern
une fois I 10B einmal
à chaque fois que **III 1** jedes Mal wenn
le fond III 4B der Grund
fonder qc III 3A etw. (be)gründen
une fontaine III 5,11 *hier:* ein Dorfbrunnen
le foot(ball) I 7A der Fußball *(als Sportart)*
jouer au foot *(fam.)* **I 3B** Fußball spielen *(ugs.)*
un footballeur/une footballeuse III 3A ein Fußballspieler/eine Fußballspielerin
la force III 4A die Gewalt/Kraft
la force de faire qc **III** ⟨**8**⟩ die Kraft etw. zu tun
une forêt I 4 ein Wald
la formation III 1,3 die Bildung
la forme I 6B die Form
être en forme **I 6B** in Form sein
former qc III 1,3 etw. bilden
formidable II 7 toll
fort/forte II 2B stark, kraftvoll
dire qc haut et fort **III 5** etw. laut und deutlich sagen
une fortune III 6A ein Vermögen
fou/folle I 10A verrückt
être fou/folle de qn **II 2C** verrückt nach jdm. sein
une fourchette II 4B eine Gabel
fragile III ⟨**8**⟩ zerbrechlich/*hier:* baufällig
frais/fraîche II 8A frisch
une fraise I 8A eine Erdbeere
en **français I 2A**,2 auf Französisch
avoir français **I 9A** Französisch *(als Sprache/Unterrichtsfach)* haben
le français standard **I 9B**,9 das Standardfranzösisch
le français familier **I 9B**,9 das umgangssprachliche Französisch
un Français/une Française I 7B,4 ein Franzose/eine Französin
français/française I 9A französisch
franco-allemand/franco-allemande II 8B deutsch-französisch
francophone III 6A französischsprachig/Französisch sprechend

frapper I 7B klopfen/schlagen
frapper à la porte **I 7B** an die Tür klopfen
un frère I 4 ein Bruder
un frérot *(fam.)* **I 6B** ein Brüderchen *(ugs.)*
des frites *(f., pl.)* **I 8B** Pommes frites *(pl.)*
froid/froide II 6B kalt
J'ai froid. **II 6B** Mir ist kalt.
le fromage II 4A der Käse
un fruit I 3A eine Frucht/Obstsorte
au **fur et à mesure que III** ⟨8⟩ in dem Maße, wie
futur/future III 2A (zu)künftig

G

gagner qc II 2B etw. gewinnen
Gagné! **I 5,1** Gewonnen!
gagner qc II 7 etw. verdienen
gai/gaie II 1A fröhlich, heiter, lustig
une gamelle III ⟨3N⟩ ein Blechgeschirr
un garçon I 3B ein Junge
le garçon II 8C,5 der Kellner
monter **la garde III** ⟨8⟩ Wache halten
garder qc I 8B etw. behalten
un gardien/une gardienne III 1 *hier:* ein Leuchtturmwärter/eine Leuchtturmwärterin
une gare I 7B,6 ein Bahnhof
un gâteau/des gâteaux II 8B ein Kuchen/Kuchen
à **gauche I 7B** (nach) links
sur votre gauche **I 10B** zu Ihrer Linken/auf der linken Seite
gêné/gênée III 2B verlegen, betreten
général/générale; *pl.* généraux/générales **III 3B** allgemein
d'une façon générale **III 3B** im Allgemeinen
génial/géniale; *pl.* géniaux/géniales **II 5A** genial, großartig, toll
les gens *(m., pl.)* **I 8A** die Leute
gentil/gentille II 2A nett, freundlich
gentiment III 1 nett *(Adv.); hier:* ruhig
la géographie I 9A die Erdkunde/Geographie
la géo *(fam.)* **I 9A** die Erdkunde *(ugs.)*
un geste I 10A eine Geste
le gin II 4B der Gin
une glace II 9A ein Eis
la gloire III 6A der Ruhm
une gomme I ⟨2N⟩ ein Radiergummi
le gouvernement III 3A die Regierung
grâce à III 4B dank
grand/grande I 9A groß
les grands-parents *(m., pl.)* **I 4** die Großeltern
graphique III 6A grafisch
le graphisme III 6A *hier:* der besondere Zeichenstil
gratuit/gratuite III 2C kostenlos, gratis
grave II 1B,6 schlimm
graver qc III 1 etw. (ein)gravieren
gris/grise II 1A,3 grau
gros/grosse III 2B dick
un groupe I 2B,5 eine Gruppe
un groupe de rock **I 4** eine Rockgruppe
une guerre III 3A ein Krieg
faire la guerre à qn **III 4A** gegen jdn. Krieg führen
la Première Guerre mondiale **III 4A** der Erste Weltkrieg *(1914–1918)*
un guide I 10B ein (Fremden)Führer
un guide **II 3B** ein Reiseführer *(Buch und Person)*
la guillotine III 4A die Guillotine/das Fallbeil
une guitare III ⟨3N⟩ eine Gitarre

H

le h muet III 2B,4 das stumme h
s'**habiller II 7** sich anziehen
un habitant/une habitante III 4B ein Einwohner/eine Einwohnerin
habiter I 3A wohnen
Julien habite 10, rue Daguerre. **I 3A** Julien wohnt in der Daguerrestraße 10.
une habitude II 9A eine Gewohnheit
un hamster II 9A ein Hamster
un hangar III 7B ein Schuppen
à tout **hasard III** ⟨3N⟩ auf gut Glück
haut/haute II 9B,4 hoch
en haut de **III 4A** oben auf
dire qc haut et fort **III 5** etw. laut und deutlich sagen
la marée haute **III** ⟨8⟩ die Flut
Hé! I 2B He!
..., hein? *(fam.)* **I 2B** ..., nicht?/ja?/nicht wahr? *(ugs.)*
l'herbe *(f.)* **III 3A** das Gras
un héritier/une héritière III 5 ein Erbe/eine Erbin
le héros/l'héroïne III 6A der Held/die Heldin
hésiter III ⟨8⟩ zögern
une heure I 5 eine Stunde
Il est quelle heure? **I 5** Wie viel Uhr/Wie spät ist es?
Quelle heure est-il? **I 5,2** Wie viel Uhr/Wie spät ist es?
Vous avez l'heure? **I 9A,2** Wie viel Uhr/Wie spät ist es?
Il est sept heures. **I 5** Es ist sieben Uhr.
sept heures et quart **I 5** Viertel nach sieben
sept heures et demie **I 5** halb acht
neuf heures moins le quart **I 5** Viertel vor neun
à huit heures **I 5** um acht Uhr
6 heures moins 20 **I 9A** 20 vor 6
une heure de cours **I 9A** eine Stunde Unterricht
C'est l'heure. **I 9B** Es ist Zeit.
c'est l'heure de faire qc **II 1B** es ist Zeit etw. zu tun
heureusement III 1 glücklicherweise
heureux/heureuse III 1 glücklich
être heureux de faire qc **III 2C** glücklich sein etw. zu tun
hier II 3B gestern
hisser qc III 1 etw. hissen
une histoire I 3B,10 eine Geschichte
histoire-géo *(fam.)* **I 9A** Geschichte-Erdkunde *(als Unterrichtsfach, ugs.)*
l'hiver *(m.)* **II 3A,8** der Winter
en hiver **II 3A,8** im Winter
un HLM (= une habitation à loyer modéré) **III 6B** ein Mietshaus mit Sozialwohnungen
un hobby/des hobbys I 10B,6 ein Hobby/Hobbys
un homme I 8B ein Mann/Mensch
la honte III ⟨8⟩ die Scham/Schande
faire honte à qn **III** ⟨8⟩ *hier:* jdm. ein schlechtes Gewissen einjagen
Hop! II 2B Hopp!
un hôpital/des hôpitaux I 4 ein Krankenhaus/Krankenhäuser
un horaire III 4B,2 die Fahrplanangabe
hospitalier/hospitalière III 7D Krankenhaus-/zum Krankenhaus gehörig
un hôtel I 3A ein Hotel
un hôtel II 3B ein herrschaftliches Stadthaus
l'Hôtel de Ville III 4A das Rathaus
Hum! III 2C Hm!
hurler I 6B schreien

I

ici I 3A,1 hier
un idéal III 4A ein Ideal
idéal/idéale III 4B ideal
une idée I 4 eine Idee
identique II 8A,2 identisch/gleich
idiomatique III ⟨7N⟩ idiomatisch
un idiot/une idiote I 6A ein Idiot/eine Idiotin
il y a I 3A es gibt/es ist/es sind
une île I 10B eine Insel
illégal/illégale *pl.* illégaux/illégales **III 7B** illegal/ungesetzlich
illégalement III 7D illegal *(Adv.)*
une image III 4A,2 ein Bild
imiter qn I 10B jdn. nachahmen
immédiat/immédiate III 1 unmittelbar, direkt
immédiatement III 1 unmittelbar/sofort *(Adv.)*
immense III 2B riesig/immens
un immeuble I 3A ein *(mehrgeschossiges)* Gebäude/Wohnhaus
important/importante II 6A wichtig
quelque chose d'important **II 6A** etwas Wichtiges
importer qc III 7D etw. importieren/einführen
imposer qc III 4A *hier:* etw. durchsetzen
impossible I 4 unmöglich
une impression III 2B ein Eindruck
avoir l'impression de faire qc **III 2B** den Eindruck haben etw. zu tun
impressionner qn II 2B jdn. beeindrucken
incompétent/incompétente III 3B inkompetent
indépendant/indépendante III 3B unabhängig
indiquer qc III ⟨8,5⟩ etw. angeben
un infirmier/une infirmière I 4 ein Krankenpfleger/eine Krankenschwester
un informaticien/une informaticienne II 2A ein Informatiker/eine Informatikerin
une information III 4A eine Information
une infusion II 4B,2 ein Kräutertee
un ingénieur II 2A ein Ingenieur
s'**inquiéter II 7** unruhig werden/sich beunruhigen
un inspecteur I 4 ein Inspektor
un inspecteur de police **I 4** ein Polizeiinspektor

installer qc I 2 A etw. aufstellen/anschließen/installieren
s'installer **III 1** sich niederlassen
un instituteur/une institutrice III 5,11 ein Grundschullehrer/eine Grundschullehrerin
un instrument de musique I 7 A,7 ein Musikinstrument
intelligemment III 3 B intelligent *(Adv.)*/ auf intelligente Weise
intelligent/intelligente II 2 C intelligent
interdire qc III 7 D etw. verbieten
intéressant/intéressante I 9 A interessant
intéresser qn I 9 B jdn. interessieren
l'intérieur *(m.)* **III 7 D** das Innere
à l'intérieur de **III 7 D** im Innern von/(innen) in
un/une interprète I 8 B,7 ein Dolmetscher/eine Dolmetscherin
un/une interprète III ⟨**3 N**⟩ ein Interpret/eine Interpretin
interroger qn III 3 B jdn. befragen
s'interroger **III 7 A** sich fragen
une interview I 6 A,2 ein Interview
interviewer qn III 7 C jdn. interviewen
inventer qc III ⟨**8**⟩ etw. erfinden
inverser qc III ⟨**8**,3⟩ etw. umkehren/vertauschen
un invité/une invitée II 4 A ein Gast
inviter qn I 8 A,3 jdn. einladen
inviter qn à faire qc **I 10 A** jdn. einladen etw. zu tun
l'ironie *(f.)* **III 6 A**,1 die Ironie
en **italique III** ⟨**2 N**⟩, **III 4 B**,3 kursiv/ schräg gedruckt

J

ne ... **jamais I 10 A** nie/niemals
une jambe I 7 A ein Bein
un jambon I 10 B ein Schinken
janvier *(m.)* **II 3 A**,8 Januar
un jardin I 4 ein Garten
le jaune II 1 A das Gelb
jaune II 1 A gelb
un jean I 3 B eine Jeans/ein Paar Jeans
jeter I ⟨**7 N**⟩, **III 1** werfen
Jetez le dé. **I** ⟨**7 N**⟩ Werft den Würfel!/ Würfelt!
un jeu/des jeux I 7 A,7 ein Spiel/Spiele
un jeu de rôles **II 9 A**,1 ein Rollenspiel
un jeu vidéo/des jeux vidéo **III 7 A**,1 ein Videospiel/Videospiele
jeudi *(m.)* **I 9 A**,4 Donnerstag
un/une jeune I 10 B ein Jugendlicher/ eine Jugendliche
jeune II 1 A jung
joindre qn/qc III 7 D jdn. erreichen/etw. beifügen
joli/jolie I 9 A hübsch
jouer I 2 A spielen
jouer au foot *(fam.)* **I 3 B** Fußball spielen *(ugs.)*
jouer aux dés **I 4**,2 würfeln
jouer du piano **I 7 A** Klavier spielen
jouer aux cartes **I 7 B** Karten spielen
jouer aux dominos **I 7 B**,2 Domino spielen
un joueur/une joueuse II 2 A ein Spieler/ eine Spielerin

un jour I 6 A ein Tag
un jour de fête **I 8 A** ein Feiertag/Festtag
un jour de classe **I 9 B** ein Schultag
du jour au lendemain **III 5** von heute auf morgen
un journal/des journaux II 9 B eine Zeitung/Zeitungen; *hier:* ein (Reise)Tagebuch
tenir un journal **II 9 B** ein Tagebuch führen/schreiben
un/une journaliste II 6 B ein Journalist/ eine Journalistin
une journée I 8 B ein Tag/Tagesablauf
une journée d'action **I 8 B** ein Aktionstag
juillet *(m.)* **II 1 C** Juli
juin *(m.)* **II 3 A**,8 Juni
une jupe II 1 A,3 ein Rock
un jus/des jus II 4 A ein Saft/Säfte
un jus de fruits **II 4 A** ein Fruchtsaft
un jus de pomme **II 4 A** ein Apfelsaft
jusque I 9 A bis
jusqu'à 5 heures **I 9 A** bis fünf Uhr
jusqu'à ce que *(+subj.)* **III 7 C**,1 bis
juste I 5 gerecht
la justice III 7 D die Gerechtigkeit/Justiz; *hier:* das Gericht
justifier qc III 5,2 etw. rechtfertigen

K

un kilo (de) I 8 A ein Kilo
un kilomètre (km) II 2 A ein Kilometer
klaxonner II 3 B hupen

L

là I 3 A,1 da/dort
ce/cet/cette/ces ... -là **II 1 B** der/die/das ... .da/dort *(Demonstrativbegleiter)*
passer par là **II 6 A** *hier:* gerade daherkommen
là-bas II 7 da hinten/dort (drüben)
un lac II 9 A ein See
lâcher qc III 1 etw. loslassen
laisser I 10 A lassen
laisser la parole à qn **II 5 A** jdm. das Wort überlassen
Je te laisse. **II 7** *hier:* Ich fahr'/geh' jetzt (mal).
lancer qc à qn III 1 jdm. etw. zuwerfen
landais/landaise II 9 B der Landschaft „Les Landes" zugehörig
une course landaise **II 9 B** *z. T. akrobatische, z. T. lustige Vorführung mit Kühen*
une langue III 4 B,4 eine Sprache
un lapin II 9 A ein Kaninchen
se **laver II 7**,4 sich waschen
le mercredi **I 9 A** mittwochs
le lundi matin **I 9 A** montagmorgens
une leçon I 1 eine Lektion
d'une leçon à l'autre **I** ⟨**2 N**⟩ von einer Lektion zur anderen
un lecteur/une lectrice III 3 A ein Leser/ eine Leserin
un légume I 3 A ein Gemüse
le lendemain II 8 C der/am nächsten Tag
le lendemain matin **II 8 C** der/am nächsten Morgen

du jour au lendemain **III 5** von heute auf morgen
lent/lente III 7 A langsam
lentement III 7 A langsam *(Adv.)*
lequel/laquelle/lesquels/lesquelles III 6 B welcher/welche/welches *(Relativpronomen)*
une lettre I 7 A ein Brief
se **lever II 7** aufstehen
la liberté III ⟨**3 N**⟩, **III 4 A** die Freiheit
libre III 3 A frei
librement III 5 frei *(Adv.)*
un licenciement II 6 A eine Entlassung
licencier qn II 6 A jdn. entlassen
au **lieu de III 6 B** anstatt
une ligne I 7 A,6 eine Linie
la limonade II 4 A die Limonade
un lion/une lionne III 4 A ein Löwe/eine Löwin
lire qc I 9 B etw. lesen
lire à haute voix **I** ⟨**3 N**⟩ laut lesen
une liste I 7 B,7 eine Liste
un lit I 2 A ein Bett
un litre III 5 ein Liter
la littérature III 5 die Literatur
un livre I ⟨**2 N**⟩, **I 7 A** ein Buch
un/une locataire II 3 A ein Mieter/eine Mieterin
loin I 10 A weit
de loin **I 10 A** von weitem
au loin **II 7** in der Ferne
long/longue II 2 C lang
être long de 50 km **III 4 B** 50 km lang sein
longtemps II 7 lange
le look *(fam.)* **I 6 A** das Aussehen/der „Look" *(ugs.)*
avoir un look d'enfer *(fam.)* **I 6 A** irre toll aussehen *(ugs.)*
louer qc II 3 A etw. mieten/vermieten
le loyer I 8 A die Miete
lundi *(m.)* **I 9 A** Montag
les lunettes *(f., pl.)* **I 9 B** die Brille
lutter II 7 kämpfen
le lycée II 5 B *entspricht der Sek. II/der Oberstufe des Gymnasiums*
le lycée professionnel **III 2 C** *Schule, die eine abgeschlossene Berufsausbildung vermittelt*
un lycéen/une lycéenne III 3 B,2 ein Schüler/eine Schülerin eines „lycée"

M

madame ... I 1 Frau ...
Mme Rigot **I 1** Frau Rigot
mesdames *(f., pl.)* et messieurs *(m., pl.)* **I 6 B** meine Damen und Herren
mademoiselle I 1,3 Fräulein
un magasin I 3 A ein Geschäft/Laden
un magazine III 3 A,1 eine Zeitschrift/ ein Magazin
magnifique I 10 B herrlich/großartig
mai *(m.)* **I 10 A** Mai
la main II 4 B die Hand
maintenant I 1,3 nun/jetzt
le maire III 7 B der Bürgermeister/ die Bürgermeisterin
mais I 2 A aber
une maison I 4 ein Haus
à la maison **I 4** *(bei uns)* zu Hause

LISTE DES MOTS

une maison d'édition III 6A ein Verlag
avoir **mal** *(m.)* **I 7B** Schmerzen haben
Tu as mal à la jambe? **I 7B** Hast du Schmerzen im Bein?/Tut dir dein Bein weh?
qn a mal au cœur **II 8C** jdm. ist schlecht/übel
mal I 10B schlecht *(Adverb)*
Pas mal. **I 10B** Nicht schlecht.
prendre mal qc **II 6A** etw. schlecht aufnehmen
malade I 8A krank
malgré III 3B trotz
une maman I 2A eine Mama/Mutti
manger qc I 8B etw. essen
manger à sa faim **III 3A** sich satt essen
une manifestation III 3B eine Demonstration
une manif *(fam.)* **III 3B** eine Demo *(ugs.)*
manifester II 3B demonstrieren
un mannequin II 2A ein Mannequin
une manœuvre III 1 ein Manöver
manquer I 10B fehlen
Il ne manque rien. **I 10B** Es fehlt nichts.
un marché I 3A ein Markt
un marché aux puces II 3B,6 ein Flohmarkt
la marche III 5 der Fußmarsch
marcher II 5B gehen/laufen; *hier:* klappen
mardi *(m.)* **I 9A**,4 Dienstag
la marée haute III ⟨**8**⟩ die Flut
un mari III 3A ein Ehemann
se **marier III 5** heiraten/sich verheiraten
un marin III 1 ein Seemann
une marque II 1A eine Marke
marquer qc/qn III 4A *hier:* etw./jdn. prägen
marquer un point II 2B einen Punkt erzielen
en avoir **marre** *(fam.)* **III** ⟨**8**⟩ die Nase voll haben *(ugs.)*
marron *(inv.)* **II 1A**,3 (kastanien)braun
un marron III ⟨**3N**⟩ eine Marone/Esskastanie
mars *(m.)* **II 3A**,8 März
marseillais/marseillaise III 5 Marseiller/aus Marseille
massif/massive III 5 massiv; *hier:* groß angelegt
un match II 2A ein Wettkampf/Spiel
les mathématiques *(f., pl.)* **I 9A** die Mathematik
(les) maths *(fam.)* **I 9A** Mathe *(ugs.)*
une matière II 5B ein (Schul)Fach
un matin I 9A ein Morgen
du matin au soir **II 1A** von morgens bis abends
mauvais/mauvaise I 9A schlecht, böse
méchant/méchante II 2C böse, gemein
un médecin II 8C ein Arzt
un médicament II 8C ein Medikament
le meilleur/la meilleure … II 9B der/die/das beste …
un mélange II 4B eine Mischung
même II 5B sogar
le/la même … I 7A der-/die-/dasselbe …
moi-même **III 3A** ich selbst
un menteur/une menteuse II 1B ein Lügner/eine Lügnerin
mentir à qn II 2A jdn. belügen
la mer II 9A das Meer
partir en mer **III 1** aufs Meer fahren
Merci. I 3B,10 Danke.
Merci beaucoup. **I 7B** Vielen Dank.
mercredi *(m.)* **I 6B** Mittwoch
le mercurochrome III ⟨**8**⟩ *rotes Desinfektionsmittel für Wunden*
la mère I 2A die Mutter
une merguez I 8B *stark gewürzte Bratwurst*
une meringue II 8A ein Baiser/eine Meringe
un métier II 6A ein Beruf
un mètre II 6B ein Meter
le métro I 10A die Metro/U-Bahn in Paris
en métro **I 10A** mit der Metro
mettre qc I 9B etw. legen/setzen/stellen
mettre qn à contribution **II 4A** *hier:* jdn. auffordern etw. mitzubringen
se mettre à faire qc **II 7** anfangen etw. zu tun
un meuble III 5 ein Möbel(stück)
un micro I 8B ein Mikrofon
midi I 5,2 zwölf Uhr *(mittags)*
le midi III 4B der Süden
le Midi **III 4B** Südfrankreich
mieux I 7B besser
aimer mieux qc **I 4** etw. lieber mögen
le mieux, c'est de faire qc **III 2A** es ist am besten etw. zu tun
au milieu de qc II 3A in der Mitte von etw.
des milliers *(m.)* de **III 4A** Tausende von
un million II 9A eine Million
Mince!/Mince alors! *(fam.)* **I 3B** Mist!/Verflixt noch mal! *(ugs.)*
une mine III 5 eine Mine/Sprengladung
le minitel I 8A,3 *entspricht dem deutschen BTX-System (Bildschirmtext)*
minuit I 5,2 zwölf Uhr *(nachts)*
une minute I 7A eine Minute
la misère III 3A das Elend
mixte II 2A gemischt
une mobylette III 3A,3 ein Mofa
une mob *(fam.)* **III 7A**,2 ein Mofa *(ugs.)*
moche *(fam.)* **II 2C** hässlich *(ugs.)*
la mode II 1A die Mode
une mode-choc *(fam.)* **II 1A** eine Supermode *(ugs.)*
un modèle II 1A ein Modell
moderne II 6B,3 modern
moi I 1 ich *(betont bzw. ohne Verb)*
Moi, je suis … **I 1** Ich *(betont)* bin …
avec moi **I 2B** mit mir
Moi aussi. **I 4** Ich auch.
moins I 5 weniger
neuf heures moins le quart **I 5** Viertel vor neun
Il fait moins deux. **II 6B**,1 Es sind minus zwei (Grad).
moins bon que **II 9B** weniger gut/schlechter als
moins calmement que … **III 2A** weniger ruhig als …
moins de français que **III 2B** weniger Französisch als
le moins de gâteau **III 2B** am wenigsten Kuchen
au moins **III 3A** wenigstens
un mois I 7A ein Monat
la moitié III 3B,2 die Hälfte
un moment I 7A ein Moment/Augenblick
en ce moment **I 7A** im Augenblick/zur Zeit
le monde III ⟨**3N**⟩, **III 4A** die Welt
un moniteur/une monitrice II 8B ein Betreuer/eine Betreuerin
monsieur … I 1 Herr …
M. Lacombe **I 1** Herr Lacombe
mesdames *(f., pl.)* et messieurs *(m., pl.)* **I 6B** meine Damen und Herren
Monsieur le propriétaire **I 8B** *als Anrede:* Sehr geehrter Herr Eigentümer
un monstre II 3A ein Ungeheuer/Monster
une montagne II 6B ein Berg
à la montagne **II 6B** in den Bergen
monter I 6B,7 steigen
monter la garde **III** ⟨**8**⟩ Wache halten
une montgolfière II 6A eine Montgolfiere *(Heißluftballon, benannt nach den Erfindern, den Brüdern Montgolfier)*
montrer qc à qn I 6A jdm. etw. zeigen
un monument I 10B,1 ein (Bau)Denkmal/Monument
se **moquer de qn II 9A** sich über jdn. lustig machen
le moral III 3B die Stimmung/innere Verfassung
avoir le moral **III 3B** in guter Stimmung/„gut drauf" sein
la morale III 5 die Moral
la mort III 4A der Tod
mort/morte II 7 tot
un mot I 2B,6 ein Wort
un mot composé **III** ⟨**6N**⟩ ein zusammengesetztes Wort
mot à mot **III** ⟨**7N**⟩ Wort für Wort/wörtlich
Mouais! (fam.) III 6A Na ja! *(ugs.)*
mourir III 4A sterben
une mousse au chocolat II 4A eine Mousse au chocolat *(Schokoladencreme)*
un moyen III 3B ein Mittel/eine Möglichkeit
un moyen de transport **III 4B**,2 ein Verkehrsmittel
la moyenne II 5B der Durchschnitt
avoir la moyenne **II 5B** ausreichend stehen/haben *(als Note)*
se **multiplier III 5** sich vermehren
un mur II 7 eine Mauer/Wand
un musée I 10B ein Museum
la musique I 5,3 die Musik
la musique pop **III** ⟨**3N**⟩, **III 6B**,2 die Popmusik

N

un nageur/une nageuse II 9B ein Schwimmer/eine Schwimmerin
la naissance III 6B die Geburt
la nature II 6B die Natur
une navette III 4B *ein Verkehrsmittel im Pendelverkehr*
un train-navette **III 4B** *hier: Zug, der Autos, LKWs und Busse durch den Tunnel befördert*
il/elle est **né/née II 5B** er/sie ist geboren
ne … pas I 5 nicht
ne … pas de **I 8A** kein(e) *(bei Mengen)*

ne ... plus de **I 8 A** kein(e) ... mehr
ne ... jamais **I 10 A** nie/niemals
ne ... plus **I 10 B** nicht mehr
ne ... rien **I 10 B** nichts
ne ... personne **II 5 A** niemand
ne ... pas non plus **II 9 A** auch nicht
ne ... plus du tout **III 2 C** überhaupt nicht/kein(e/en) ... mehr
ne ... que **III 3 A** nur
ne ... pas du tout **III 7 A** überhaupt nicht
nécessaire III 7 C,2 nötig/notwendig
négatif/négative III 3 B negativ
la neige II 7 der Schnee
neiger II 6 B schneien
un neveu/une nièce III 5 ein Neffe/eine Nichte
Noël *(m.)* **III 1**,6 Weihnachten
noir/noire I 9 B,8 schwarz
un nom I 9 A,9 ein Name
un nombre I 8 A,2 eine Zahl
nombreux/nombreuse III 3 A zahlreich
Non. I 1 Nein.
Tu es Julien, non? **I 2 B** Du bist Julien, nicht wahr?
Moi non. **I 6 B**,5 Ich nicht.
Moi non plus. **I 6 B**,5 Ich auch nicht.
ne ... pas non plus **II 9 A** auch nicht
nonante *(= quatre-vingt-dix)* **III 6 B** neunzig *(im Französisch Belgiens)*
le nord III 4 A der Norden
le nord de la France **III 4 A** Nordfrankreich
normal/normale; *pl.* normaux/normales **III 1** normal
normalement III 1 normalerweise
une note II 5 B eine Note
noter qc I 8 A,3 etw. notieren
nourrir qn III 5 jdn. ernähren
nouveau/nouvel/nouvelle II 1 A neu
une nouvelle I 7 A eine Nachricht
novembre *(m.)* **II 3 A**,8 November
un nuage II 6 B eine Wolke
une nuit II 3 A eine Nacht
Bonne nuit! **II 3 A** Gute Nacht!
un numéro I 6 B eine Nummer
un numéro de téléphone **I 8 A**,3 eine Telefonnummer
un numéro exceptionnel **II 5 B** eine Sondernummer/Sonderausgabe

O

obligatoire III 2 C obligatorisch/Pflicht-
observer qc III 7 A etw. beobachten
à l'**occasion** *(f.)* **III** ⟨**3 N**⟩ bei Gelegenheit
s'**occuper de qn/qc II 7** sich mit jdm./etw. beschäftigen, sich um jdn./etw. kümmern
octobre *(m.)* **II 3 A** Oktober
un œil/des yeux II 2 C ein Auge/Augen
aux yeux verts **II 2 C** mit grünen Augen
avoir les yeux bruns **II 2 C** braune Augen haben
un œillet III 5 eine Nelke
une œuvre III 6 A ein (Kunst)Werk
un office du tourisme II 3 B,7 ein Verkehrsamt
offrir qc à qn II 8 B jdm. etw. anbieten
Je t'offre un coca. **II 8 B** Ich spendiere dir eine Cola.
Oh! I 1 Oh!
Oh là là! **I 10 A** *hier:* Oh weh!
un oiseau/des oiseaux III 5 ein Vogel/Vögel
un oncle II 7,6 ein Onkel
un orage III 5 ein Gewitter
une orange I 8 A,4 eine Orange/Apfelsine
orange *(inv.)* **II 1 A**,3 orange
un orangina I 10 B eine Orangenlimonade
un orchestre III 7 B ein Orchester
un ordinateur I 2 A ein Computer
une ordonnance II 8 C ein (Arzt)Rezept
l'ordre *(m.)* **I 6 B**,7 die Reihenfolge
le bon ordre **I 6 B**,7 die richtige Reihenfolge
une oreille II 3 A ein Ohr
un oreiller III 2 B ein Kopfkissen
organiser qc I 8 B etw. organisieren
un original/des originaux I 10 A,6 ein Original/Originale
original/originale; *pl.* originaux/originales **II 1 A** originell, neuartig
oser faire qc III 2 C wagen etw. zu tun
où I 2 B wo
où **I 3 A** wo *(Relativpronomen)*
ou I 2 A oder
ou alors **II 1 A** oder aber/oder auch
oublier qc I 6 A etw. vergessen
l'ouest *(m.)* **III 4 B** der Westen
Ouf! I 2 A Uff!/Puh!
Oui. I 1 Ja.
Eh oui! **I 7 B** Nun ja!/In der Tat!
un ouvrier/une ouvrière II 7 ein Arbeiter/eine Arbeiterin
ouvrir qc I 9 B etw. öffnen
ouvrir de grands yeux **III 1** große Augen machen

P

une page I 7 A eine Seite
le pain II 4 B das Brot
la paix III 4 B der Frieden
faire la paix **III 4 B** Frieden schließen
un palais I 10 B ein Palast/Schloss
la panique II 7 die Panik/Angst
être **paniqué/paniquée III 1** von panischer Angst ergriffen sein
un panneau/des panneaux III 7 D,3 ein Schild/Schilder
un pansement III 7 B ein Verband
un pantalon II 1 A eine Hose
une pantomime I 3 B,8 eine Pantomime
papa I 2 A,4 Papa/Vati
le Papet III 5 *provenzalische Bezeichnung für „Großvater"*
un papier II 6 B,4 ein Papier
Pâques *(f., pl.)* **I 8 A** Ostern
un paquet I 8 A ein Paket/Päckchen
un paquet de spaghettis **I 8 A** ein Päckchen Spaghetti
par II 3 A *Grundbedeutung:* durch
commencer par qc **II 3 A** mit etw. anfangen/beginnen
par téléphone **II 5 A** telefonisch
passer par là **II 6 A** *hier:* gerade daherkommen
exprimer par **II 8 A**,2 ausdrücken durch
(se mettre) en rang par deux **III 6 A** (sich) in Zweierreihen (aufstellen)
apprendre par cœur **III 7 A** auswendig lernen
par derrière III 1 von hinten
par exemple I 3 A zum Beispiel
par semaine I 9 A wöchentlich/pro Woche
paraître III 3 A erscheinen
il paraît que **III** ⟨**8**⟩ man sagt, dass
un parapente II 6 B ein Gleitschirm
un parapluie III 2 C,3 ein Regenschirm
un parc II 6 B ein Park
parce que I 6 A weil
Pardon. I 3 B,5 Verzeihung./Entschuldigung.
demander pardon à qn **II 2 B** jdn. um Verzeihung/Entschuldigung bitten
les parents *(m., pl.)* **I 4** die Eltern
paresseux/paresseuse II 2 C faul
une parfumerie I 3 A eine Parfümerie
parisien/parisienne III 4 B pariserisch
la région parisienne **III 4 B** der Großraum Paris
parler à qn I 7 A mit/zu jdm. sprechen
Parle de toi. **I 4**,8 Sprich über dich.
une parole II 5 A ein Wort
laisser la parole à qn **II 5 A** jdm. das Wort überlassen
C'est de **la part** de qui? **II 2 A**,6 Mit wem spreche ich? *(am Telefon)*
un/une partenaire II 8 A,2 ein Partner/eine Partnerin
participer à qc III 4 A an etw. teilnehmen
une partie I 3 B,1 ein Teil
une partie I 7 B eine Partie/Runde
partir II 2 A losgehen/weggehen/abfahren/aufbrechen
partir en Italie **III 1** nach Italien fahren
partir faire qc **III 2 C** losgehen/weggehen/abfahren/aufbrechen um etw. zu tun
partir pour Paris **III 4 A** nach Paris gehen/fahren
partir à la conquête de qc **III 6 A** losziehen um etw. zu erobern
à **partir de III** ⟨**6 N**⟩ *hier:* auf der Grundlage von/ausgehend von
partout II 1 A überall
ne ... **pas I 5** nicht
pas maintenant **I 5** nicht jetzt/jetzt nicht
ne ... pas de **I 8 A** kein(e) *(bei Mengen)*
Pas mal. **I 10 B** Nicht schlecht.
ne ... pas non plus **II 9 A** auch nicht
ne ... pas du tout **III 7 A** überhaupt nicht
un passager/une passagère III 4 B ein Passagier
une passe II 2 B ein Zuspiel/Pass
le passé III 1,8 die Vergangenheit
raconter au passé **III 1**,8 in der Vergangenheit erzählen
passer (à la maison) I 4 *(bei jdm. zu Hause)* vorbeigehen/vorbeikommen
passer par là **II 6 A** *hier:* gerade daherkommen
passer en seconde **III 3 B** in die „seconde" versetzt werden
passer qc à qn I 7 A jdm. etw. geben/überlassen
Je vous le passe. **II 2 A**,6 Ich verbinde Sie mit ihm. *(am Telefon)*
passer qc II 5 A *hier:* etw. bringen/spielen *(im Radio)*

LISTE DES MOTS

passer ses vacances I 9A seine/ihre Ferien, seinen/ihren Urlaub verbringen
se **passer II 7** geschehen/sich ereignen
Qu'est-ce qui se passe? **II 7** Was geht hier vor?/Was ist los?
une passion I 7A eine Leidenschaft
des patins *(m.)* à roulettes *(f.)* **I 6B** Rollschuhe
en patins **I 10B** auf Rollschuhen
un patineur/une patineuse I 6A ein Rollschuhläufer/eine Rollschuhläuferin *(auch:* Schlittschuhläufer/in)
une pâtisserie II 8A eine Konditorei
le patronage III 6A *hier: eine Art Kinderhort*
pauvre I 2B arm
payer qc I 8A etw. zahlen/bezahlen
un pays II 9B ein Land
le paysage II 6B die Landschaft
un paysan/une paysanne II 5B ein Bauer/eine Bäuerin
à **peine III 6A** kaum
la pelote basque II 9A das Pelotaspiel *(baskischer Nationalsport)*
pencher qc III 3A etw. neigen
se pencher (sur) **III 6A** sich beugen (über)
pendant II 7 während
pendant ce temps **II 7** während dieser Zeit/währenddessen
pendant que II 5B während
penser (à qn) I 8B (an jdn.) denken
tu penses **II 2A** *hier:* natürlich/wie du dir vorstellen kannst
une pension III ⟨8⟩ *hier:* eine Invalidenrente
perdre qc I 7A etw. verlieren
se perdre **III 4A** sich verlaufen/verirren
le père I 2A der Vater
de père en fils **II 7** von Generation zu Generation
la permanence III 2C *beaufsichtigte Freistunde in der Schule*
permettre à qn de faire qc III 3A jdm. erlauben etw. zu tun
la permission III 2C die Erlaubnis
un perroquet I 1 ein Papagei
un personnage III 4A eine Persönlichkeit/eine Figur
une personne II 9B eine Person
ne … **personne II 5A** niemand
petit/petite I 9A klein
le petit déjeuner II 4B,2 das Frühstück
peu (de) I 8A wenig(e)
quelque peu **III 6A** ein wenig
peu à peu II 6B langsam/allmählich
la peur I 8B die Angst
avoir peur de qn/qc **I 8B** Angst vor jdm./etw. haben
peut-être II 2B vielleicht
peut-être que … **III 3A** vielleicht *(am Satzanfang)*
un phare II 7 ein Scheinwerfer
un phare III 1 ein Leuchtturm
une pharmacie II 8C eine Apotheke
un pharmacien/une pharmacienne II 8C ein Apotheker/eine Apothekerin
une photo I 6A ein Foto
prendre une photo **I 10B** ein Foto machen
une photo de classe **III 2A** ein Klassenfoto
une phrase I 1,6 ein Satz

un/une pianiste III 7A ein Pianist/eine Pianistin
un piano I 7A ein Klavier
jouer du piano **I 7A** Klavier spielen
une pièce II 1B ein Teil/Stück
une pièce de tissu **II 1B** ein Stück Stoff/ein Flicken
une pièce **III 5** *hier:* ein Theaterstück
une pièce radiophonique **III ⟨8,5⟩** ein Hörspiel
une pièce II 3A ein Zimmer
un pied I 10A,7 ein Fuß
à pied **I 10A,7** zu Fuß
Il est bête comme ses pieds. *(fam.)* **II 2C** Er ist strohdumm. *(ugs.)*
un piège III ⟨8⟩ eine Falle
une pierre III 5 ein Stein
Huit heures **pile! I 5** Punkt acht (Uhr)!
un pilote II 6B ein Pilot/eine Pilotin
un pin II 9A eine Pinie/Kiefer
un pion I ⟨7N⟩ eine Spielfigur
faire pipi *(fam.)* **III 1** Pipi machen *(ugs.)*
un pique-nique I 10B ein Picknick
une piscine III 1 ein Schwimmbad
une piste II 7,7 eine Piste
la place I 10B der Platz
une plage II 9A ein Strand
se **plaindre de qc/qn III 7D** sich über etw./jdn. beklagen
plaire à qn II 1A jdm. gefallen
plaisanter III ⟨8⟩ scherzen
le plaisir III 5 die Freude/das Vergnügen
un plan I 2B,2 ein Plan
le plan du métro **I 10A** der Metroplan
une plante III 5 eine Pflanze
planter qc III 5 etw. pflanzen
une plaque III 7A *hier:* ein Nummernschild
le plastique II 6B,4 das Plastik
en plastique **II 6B,**4 aus Plastik
un plat II 8A *hier:* eine Platte mit Gebäck
le plat principal II 4A das Hauptgericht
le plâtre I 7A der Gips
avoir une jambe dans le plâtre **I 7A** ein Bein in Gips/ein Gipsbein haben
plein/pleine (de qc) II 7 voll (von etw.)
une route pleine de virages **II 7** eine kurvenreiche Straße
en pleine mer **III 1** mitten im Meer/auf hoher See
avoir des rêves plein la tête **III 3A** den Kopf voller Träume haben
pleurer I 6A weinen
pleuvoir II 6B regnen
Il pleut. **II 6B** Es regnet.
la pluie III 1 der Regen
plus I 8A mehr
Moi non plus. **I 6B,**5 Ich auch nicht.
ne … plus de **I 8A** kein(e) … mehr
ne … plus **I 10B** nicht mehr
en plus **II 4A** außerdem
plus tard **II 4B** später
plus beau que **II 9B** schöner als
la plus grande fête **II 9B** das größte Fest
le plus rapidement possible **III 2A** so schnell wie möglich
plus de huit heures **III 2B** mehr als acht Stunden
ne … plus du tout **III 2C** überhaupt nicht/kein(e/en) … mehr
de plus en plus **III 4B** immer mehr
plusieurs *(inv.)* **II 6B** mehrere

plutôt III 1 eher/vielmehr/ziemlich
un pneu/des pneus II 6A ein Reifen/Reifen
un poème I 4,9 ein Gedicht
un poète II 3B ein Dichter
le poids III 1 das Gewicht
de tout son poids **III 1** mit seinem ganzen Gewicht
un poids lourd III 7A ein Schwertransporter/Lastwagen
un point II 2B ein Punkt
marquer un point **II 2B** einen Punkt erzielen
un point de départ **III ⟨6N⟩** ein Ausgangspunkt
pointu/pointue III 5 spitz
un poisson II 5B,3 ein Fisch
une poissonnerie I 3A ein Fischgeschäft
poli/polie III 2B höflich
la police I 4 die Polizei
politique III 4A politisch
polluer qc III 7B etw. verschmutzen
une pomme I 8A ein Apfel
une pomme de terre I 8A eine Kartoffel
un pont I 10A eine Brücke
la musique **pop III ⟨3N⟩, III 6B,**2 die Popmusik
un port II 8A ein Hafen
une porte I 7B eine Tür
un porte-monnaie/des porte-monnaie(s) II 1C,3 ein Geldbeutel, Portmonee
porter qc I 2A etw. tragen
une portière II 3B eine Wagentür
un portrait III 3B,1 ein Porträt/Bildnis/Abbild
faire le portrait de qn **III 3B,**1 jdn. beschreiben
poser qc I 2A etw. setzen/stellen/legen
positif/positive III 3B positiv
une possibilité III 1,5 eine Möglichkeit
possible III 2A möglich
la poste II 8C die Post
un poster III 7B,3 ein Poster
un pot II 3B ein Topf/Glas
prendre un pot *(fam.)* **II 3B** einen trinken *(ugs.)*
une poule II 6B ein Huhn
une poule mouillée *(fam.)* **II 6B** ein Angsthase *(ugs.; wörtlich: ein nasses Huhn)*
pour I 2A für
partir pour Paris **III 4A** nach Paris gehen/fahren
pour des raisons techniques **III 4B** aus technischen Gründen
un pour cent III 3B,2 ein Prozent
pour que *(+subj.)* **III 7C** damit
pourquoi I 6A warum
pourtant II 1A dennoch/(und …) doch
pousser qc III 1 etw. schieben/stoßen
pousser III 5 *hier:* wachsen
le pouvoir III 4A die Macht
pouvoir I 8A können
pouvoir faire qc **II 9A** etw. tun können *(in der Lage sein etw. zu tun)*
Elle n'en peut plus. **III 2B** Sie kann nicht mehr.
pratique II 8A,2 praktisch
précis/précise II 2B genau
la préfecture III 7D die Präfektur *(frz. Departementverwaltung)*
préféré/préférée II 5A bevorzugt, Lieblings-

préférer qc II 4A etw. vorziehen/lieber mögen
préférer faire qc **II 4A** vorziehen etw. zu tun/lieber tun
un préfixe III 2B,4 eine Vorsilbe/ein Präfix
le premier/la première … I 7B der/die/das erste …
le 1er mai **I 10A** der erste Mai
la première III 2C die „première" *(2. Klasse des „lycée"; entspricht der 11. Klasse)*
prendre qc I 7B etw. nehmen
prendre la direction … **I 10A** die Richtung … nehmen/einschlagen
prendre une photo **I 10B** ein Foto machen
prendre un pot *(fam.)* **II 3B** einen trinken *(ugs.)*
prendre mal qc **II 6A** etw. schlecht aufnehmen
prendre de l'altitude **II 6B** an Höhe gewinnen
prendre la route **II 9A** sich auf die Reise/den Weg machen
un prénom II 3A,4 ein Vorname
la préparation II 4A die Vorbereitung
préparer qc I 5 etw. vorbereiten/bereiten
près de qc II 7 nahe bei/neben etw.
présenter qn à qn I 9B jdm. jdn. vorstellen
se présenter **III 2A** sich vorstellen
presque II 7 fast
prêt/prête III 2B fertig/bereit
prêter qc à qn III 5 jdm. etw. leihen
prévenir qn III ⟨8⟩ jdn. benachrichtigen
principal/principale; *pl.* principaux/principales **III ⟨4N⟩** hauptsächlich/Haupt-
une entrée principale **III ⟨4N⟩** *hier:* ein Haupteintrag
un principe II 5A ein Prinzip/Grundsatz
en principe **II 6A** im Prinzip
le printemps II 1B der Frühling
au printemps **II 1B** im Frühling
un prix I 3B ein Preis
un problème I 6B ein Problem
un procès III 4A ein Prozess
prochain/prochaine II 2A nächster, nächste, nächstes
le prochain match **II 2A** das nächste Spiel
samedi prochain **II 4A** der nächste Samstag/(am) nächsten Samstag
un prodige III 6A ein Genie
un producteur/une productrice II 5B ein Produzent/eine Produzentin
un professeur I 4,3 ein Lehrer/eine Lehrerin
un/une prof *(fam.)* **I 9A** ein Lehrer/eine Lehrerin *(ugs.)*
un professeur d'allemand **I 9B** ein Deutschlehrer/eine Deutschlehrerin
un professionnel/une professionnelle III 3A ein Profi
professionnel/professionnelle III 2C Berufs-/beruflich
le lycée professionnel **III 2C** *Schule, die eine abgeschlossene Berufsausbildung vermittelt*
le bac professionnel **III 2C** das berufliche Abitur
un projet III 4B ein Plan/Projekt
une promenade I 4 ein Spaziergang
se **promener II 9A** spazieren gehen
promettre qc à qn II 4A jdm. etw. versprechen
promettre à qn de faire qc **III 2A** jdm. versprechen etw. zu tun
prononcer qc I 9A,9 etw. aussprechen
à **propos I 2A** übrigens/apropos
proposer qc à qn II 1A jdm. etw. vorschlagen
proposer à qn de faire qc **II 6A** jdm. vorschlagen etw. zu tun
le sens **propre III ⟨4N⟩** die wörtliche Bedeutung
un/une propriétaire I 8A ein Eigentümer/Besitzer/eine Eigentümerin/Besitzerin
se **protéger III 4A** sich schützen
une province III 4A eine Provinz
provisoire II 7 provisorisch/vorläufig
prudent/prudente III 1 vorsichtig
un pseudonyme III 6B ein Pseudonym/ein Künstlername
le public I 6B das Publikum
la publicité II 6A die Werbung
la pub *(fam.)* **II 6A** die Werbung *(ugs.)*
une agence de pub *(fam.)* **III 6A** eine Werbeagentur *(ugs.)*
publier qc III 7C etw. veröffentlichen
puis I 3B dann
et puis **I 5** und dann/und außerdem
une puissance III 4A eine Macht
un puits III 5 ein Brunnen
un pull *(fam.)* **II 1A**,3 ein Pulli *(ugs.)*
punir qn III 7D jdn. bestrafen
une punition III 2C eine Strafe/Bestrafung
un puzzle II 1B ein Puzzle
une pyramide I 10B eine Pyramide

Q

la qualité II 1C die Qualität
quand I 6B wann
quand **I 7A** wenn *(zeitlich)*
quand même II 7 trotzdem
trois **quarts II 4B** drei Viertel
un quartier I 3B ein (Stadt)Viertel
la 4[e] = la quatrième I 9A *Klassenbezeichnung; entspricht dem 8. Schuljahr*
Que … I 2A Was ..? *(Fragepronomen)*
Que fait Julien? **I 2A** Was macht Julien?
Qu'est-ce que c'est? **I 2A** Was ist das?
Qu'est-ce qu'il y a dans le carton? **I 3A**,3 Was ist/befindet sich in dem Karton?
Qu'est-ce que … ? **I 6B** Was … ?
Qui est-ce que … ? **II 4B** Wen … ?
Qu'est-ce qui … ? **II 5B** Was … ?
que II 3A den/die/das *(Relativpronomen, Objekt)*
c'est … que **II 9A** *dient zur Hervorhebung und Betonung von Objekten*
ce que **III 3B** was *(neutrales Relativpronomen, Objekt)*
que II 9B als/wie *(im Vergleich)*
plus beau que **II 9B** schöner als
ne … **que III 3A** nur
… que … I 6B …, dass … *(Konjunktion)*
dire à qn que **II 2B** jdm. sagen, dass
quel(s)/quelle(s) II 1A welcher/welche/welches *(Fragebegleiter)*
Quel monstre! **II 3A** Was für ein Monster!
quelque peu III 6A ein wenig
quelquefois III ⟨8⟩ manchmal
quelques II 6A einige (wenige)/ein paar *(+Nomen)*
quelques-uns/quelques-unes III ⟨8⟩ einige *(Pronomen)*
une question I 1,5 eine Frage
un questionnaire II 8C,6 ein Fragebogen
Qui … ? I 1 Wer … ? *(Fragepronomen)*
Qui est-ce? **I 1** Wer ist das?
Qui est-ce que … ? **II 4B** Wen … ?
Qui est-ce qui … ? **II 5B** Wer … ?
qui II 3A der/die/das *(Relativpronomen, Subjekt)*
chez qui **II 8A** *hier:* bei dem/der
c'est … qui **II 9A** *dient zur Betonung und Hervorhebung von Subjekten*
ce qui **III 3B** was *(neutrales Relativpronomen, Subjekt)*
une quiche II 4B ein Speckkuchen
quitter qn/qc I 3B jdn./etw. verlassen
Ne quittez pas. **II 2A**,6 Bleiben Sie am Apparat. *(am Telefon)*
quoi II 9B was
Je ne sais pas quoi dire. **II 9B** Ich weiß nicht, was ich sagen soll.
Je ne sais pas à quoi comparer ça. **II 9B** Ich weiß nicht, womit ich das vergleichen soll.

R

raccrocher III 7C auflegen *(am Telefon)*
le racisme III 3A der Rassismus
raconter qc I 3B,10 etw. erzählen
la radio I 6B,5 das Radio
une pièce **radiophonique III ⟨8,5⟩** ein Hörspiel
avoir **raison II 5A** Recht haben
une raison III 4B ein Grund
raisonnable III 1 vernünftig
râler *(fam.)* **III ⟨8⟩** maulen *(ugs.)*
un rallye III 4A eine Rallye
ramener qn III 1 jdn. zurückbringen
un rang III 6A eine Reihe
(se mettre) en rang par deux **III 6A** (sich) in Zweierreihen (aufstellen)
ranger qc II 6A,2 etw. aufräumen
rapide III 1 schnell
rapidement III 1 schnell *(Adv.)*
un rappel III 1,1 eine Erinnerung
un rapport III 6A,1 eine Beziehung/ein Verhältnis
rapprocher qc III 4B etw. annähern
rassurer qn II 7,9 jdn. beruhigen
rater qc I 6B etw. verfehlen
rater un virage **I 6B** aus der Kurve fliegen
rater une chance **II 2A** eine Gelegenheit verpassen
réagir II 4B reagieren
la réalité II 6A,5 die Wirklichkeit/Realität
en réalité **II 6A**,5 in Wirklichkeit
la réception I 7B die Rezeption/der Empfang
une recette II 8C ein (Koch)Rezept

recevoir qn/qc II 8C jdn./etw. empfangen
recevoir qn à dîner **III 2C** jdn. zum Abendessen da haben
recommencer qc I ⟨**7N**⟩ etw. wieder/neu anfangen
recommencer à zéro **I** ⟨**7N**⟩ wieder von vorn/bei null beginnen
reconnaître qn/qc III 1 jdn./etw. wieder erkennen
une récréation I 9A eine Pause
une récré *(fam.)* **I 9A** eine Pause *(ugs.)*
recuire qc III 2B *hier:* etw. noch einmal in die Pfanne tun
reculer I ⟨**7N**⟩, **III** ⟨**8**⟩ rückwärts gehen/zurückgehen
recycler qc III 7B etw. wieder verwerten
un rédacteur/une rédactrice III 2C,6 ein Redakteur/eine Redakteurin
un rédacteur/une rédactrice en chef **III 7C,**1 ein Chefredakteur/eine Chefredakteurin
redistribuer qc III 2A,2 etw. wieder/erneut verteilen
réexporter qc III 7D etw. zurückexportieren/wieder ausführen
réfléchir II 4B überlegen
un refrain III ⟨**3N**⟩ ein Refrain
un refuge III 1,8 eine (Schutz)Hütte
regarder qc I 2A etw. sehen/ansehen/betrachten
une région II 6A eine Gegend/Region
la région parisienne **III 4B** der Großraum Paris
une règle III 5 eine Regel
la règle du jeu **I** ⟨**7N**⟩ die Spielregel
regretter qc III 2C etw. bedauern
relever qc III 1 etw. aufheben/wieder aufrichten
le relief II 6B das Relief
la religion III 3A die Religion
relire qc III 2B etw. noch einmal/erneut lesen
remarquer qc III 6A etw. bemerken
le remboursement II 8C die Erstattung
remettre qc I 9B etw. verschieben/verlegen
se remettre à faire qc **III 1** wieder anfangen etw. zu tun
une remorque II 9A ein Anhänger
une rencontre III 6A eine Begegnung/ein Treffen
rencontrer qn II 3B jdn. treffen/jdm. begegnen
un rendez-vous I 6B eine Verabredung/ein Termin
avoir rendez-vous **I 6B** eine Verabredung haben
rendre qc à qn I 7A jdm. etw. (zurück)geben
rendre service à qn **I 7A** jdm. einen Dienst erweisen/helfen
rendre visite à qn **I 7B** jdn. besuchen
rendre qc à qn **III 5** *hier:* jdm. etw. vergelten
les renseignements *(m.)* **II 2A,**6 *hier:* die (Telefon)Auskunft
rentrer I 3B heimgehen/heimkommen
rentrer dans un arbre **II 6A,**5 gegen einen Baum fahren
réparer qc II 7 etw. reparieren
un repas I 2B ein Essen/eine Mahlzeit
répéter qc I 9A etw. wiederholen
répondre à qn I 7A jdm. antworten
une réponse I 2B,3 eine Antwort
un reporter II 6B ein Reporter/eine Reporterin
se **reposer II 7** sich erholen/ausruhen
reprendre qc III 4A etw. zurücknehmen; *hier:* etw. zurückerobern
reprendre qc **III 7A** *hier:* etw. wiederaufnehmen
un représentant/une représentante III 5 ein Vertreter/eine Vertreterin
respecter qc III 5 etw. respektieren
la respiration III 1 die Atmung
responsable III 5,2 verantwortlich
ressembler à qc I 6B,1 einer Sache ähneln
un restaurant I 3A ein Restaurant
rester I 4 bleiben
ne pas en rester là **III 6A** sich nicht mit etw. zufrieden geben
un résultat III 3B ein Ergebnis; *hier:* eine Note/ein Zeugnis
un résumé II 2A,1 ein Resümee/eine Zusammenfassung
résumer qc III 1,1 etw. resümieren/zusammenfassen
le retour II 9B die Rückkehr
de retour à la maison **III 2C** wieder zurück zu Hause
retourner II 2A zurück-/umkehren/wieder hingehen
se **retourner III 1** sich umdrehen/umkippen
retrouver qc II 1C etw. wiederfinden; *hier:* die Arbeit in etw. wieder aufnehmen
Il va vite retrouver Nathalie. **II 2B** Er geht schnell zu Nathalie.
réussir à faire qc II 4B gelingen etw. zu tun/etw. fertig bringen
réussir dans la vie **III 3A** im Leben Erfolg haben
un rêve II 5B ein Traum
réveiller qn II 7 jdn. aufwecken
se réveiller **II 8C** aufwachen
revenir II 2A zurückkommen/wiederkommen
rêver I 8B träumen
rêver de faire qc **III 4A** davon träumen, etw. zu tun
une révolution III 4A eine Revolution
un/une révolutionnaire III 4A ein Revolutionär/eine Revolutionärin
une revue II 7,8 eine Zeitschrift/Revue
le rez-de-chaussée II 3A das Erdgeschoss
riche III 5 reich
ne ... **rien I 10B** nichts
Ce n'est rien. **II 1B** Das macht nichts.
rien de nouveau **II 2A** nichts Neues
on ne gagne jamais rien à ... **III 5** man hat niemals etwas davon, wenn ...
rigoler *(fam.)* **I 7A** lachen/Spaß haben *(ugs.)*
une rime III ⟨**8,4**⟩ ein Reim
rimer I 4,9 sich reimen
rire II 5A lachen
le riz II 4A der Reis
la roche III 5 das Felsgestein
un rocher III 1 ein Fels
le rock I 4 der Rock/die Rockmusik
un roi/une reine III 4A ein König/eine Königin
le Roi-Soleil **III 4A** der Sonnenkönig
un rôle II 4A,1 eine Rolle
romain/romaine III ⟨**4N**⟩ römisch
un roman I 9A ein Roman
un roman policier **I 9A** ein Kriminalroman
un romarin III 5 ein Rosmarin
la rosée III 3A der Tau
rouge II 1A rot
une route II 6A eine (Land)Straße
prendre la route **II 9A** sich auf die Reise/den Weg machen
une route départementale **III 7A** eine Landstraße *(kleinere Straße, die vom Departement unterhalten wird)*
roux/rousse II 2C,1 rothaarig
rude III ⟨**3N**⟩ rau/hart
une rue I 1 eine Straße
la rue Daguerre **I 3A** die Daguerrestraße
une ruine III ⟨**8**⟩ eine Ruine
en ruine **III** ⟨**8**⟩ eingestürzt

S

le sable III 1 der Sand
un sac I 4,7 ein Sack/eine Tasche
un sac à dos **I 10A** ein Rucksack
saisir III 6A etw. ergreifen/begreifen
une saison II 3A,8 eine Jahreszeit
une salade de fruits I 9B,7 ein Obstsalat
une salade de riz II 4B ein Reissalat
un saladier II 4B eine Salatschüssel
une salle à manger II 3A ein Esszimmer
une salle de bains I 2B ein Badezimmer
une salle de séjour I 2B ein Wohnzimmer
un salon II 3A ein Wohnzimmer
un salon de thé II 8B *entspricht einem deutschen Café*
Salut! *(fam.)* **I 1** Grüß dich!/Hallo! *(ugs.)*
Salut! *(fam.)* **I 1** Tschüs! *(ugs.)*
Salut, les copains! *(fam.)* **I 7B** Hallo, Freunde! *(ugs.)*
samedi *(m.)* **I 9A** Samstag/Sonnabend
un sandwich I 10B ein Sandwich/belegtes Brot
un sandwich au jambon **I 10B** ein Sandwich mit Schinken
le sang II 3A das Blut
sans I 6B ohne
sans arrêt **I 9A** unaufhörlich/dauernd
sans que *(+subj.)* **III 7C** ohne dass
un sans-abri III ⟨**3N**⟩ ein Obdachloser
un sans-culotte III ⟨**3N**⟩ ein Sansculotte *(radikaler Anhänger der frz. Revolution, der lange Hosen und nicht die Kniehosen der Adligen trug)*
un sans-le-sou III ⟨**3N**⟩ ein Habenichts
un sans-logis III ⟨**3N**⟩ ein Obdachloser
un sans-papiers III ⟨**3N**⟩ ein Mensch ohne Ausweis
un sans-patrie III ⟨**3N**⟩ ein Heimatloser
la santé II 9A die Gesundheit
être en bonne santé **III 3A** bei guter Gesundheit sein
la sauce II 6B die Soße
une saucisse III 2B eine Wurst
sauf II 3A außer
un saut II 9B ein Sprung
sauter II 2B springen
un sauteur II 9B ein Springer
sauvage III 7B wild
sauver qn/qc II 7 jdn./etw. retten
savoir qc I 10A etw. wissen/können

savoir faire qc **II 9A** etw. tun können *(wissen, wie es geht)*
une scène I 1,8 eine Szene
une séance II 5A eine Sitzung
une séance de travail **II 5A** eine Arbeitssitzung
la seconde III 2C die „seconde" *(erste Klasse des „lycée"; entspricht der 10. Klasse)*
le secourisme III 3B die erste Hilfe
faire du secourisme **III 3B** in der ersten Hilfe tätig sein
Au **secours! I 2B** Hilfe!
le sel III 6B das Salz
un self-service I 9A ein Selbstbedienungsrestaurant
un self *(fam.)* **I 9A** ein(e) Selbstbedienungskantine/-restaurant *(ugs.)*
une semaine I 9A eine Woche
un sens III ⟨**4N**⟩, **III 6B,**4 hier: ein Sinn/eine Bedeutung
le sens figuré **III** ⟨**4N**⟩ die übertragene Bedeutung
le sens propre **III** ⟨**4N**⟩ die wörtliche Bedeutung
sentir qc II 5A etw. fühlen/riechen
sentir le gâteau **III 1** nach Kuchen riechen
sentir bon **III 2B,**1 gut riechen
se sentir bien **III 3A** sich gut/wohl fühlen
septembre *(m.)* **II 3A,**8 September
sérieux/sérieuse II 5B gewissenhaft, seriös; *hier:* fleißig
une seringue III 7B eine (Injektions)-Spritze
serrer III ⟨**8**⟩ drücken
un service II 2B *hier:* eine Angabe/ein Aufschlag *(beim Sport)*
le service militaire III 5 der Wehr-/Militärdienst
une serviette I ⟨**2N**⟩ eine Schultasche/Aktentasche
une serviette II 4B eine Serviette
une serviette III 1 ein Handtuch
servir qc III 1 etw. servieren
servir à qc **III 4A** zu etw. dienen
servir de qc **III 4A** als etw. dienen
seul/seule II 7 allein
seulement I 6A nur
sévère III 2C streng
Si. I 5 Doch.
si II 9A so
si II 7 wenn/falls
si II 2B ob
demander à qn si ... **II 2B** jdn. fragen, ob ...
un siècle II 9B ein Jahrhundert
une signature III 7C eine Unterschrift
signer qc I 8B etw. unterschreiben
signifier qc III ⟨**4N**⟩ etw. bedeuten
le silence I 9B die Stille/Ruhe
s'il te plaît I 2B,4 bitte *(wenn man jdn. duzt)*
s'il vous plaît I 4,3 bitte *(wenn man mehrere Personen anspricht oder jdn. siezt)*
simple III 6B einfach
la situation II 7 die Situation
un skateboard I 3B ein Skateboard
un sketch II 9A,2 ein Sketsch
un ski II 7,7 ein Ski
faire du ski **II 7,**7 Ski fahren
un skieur/une skieuse II 6B ein Skifahrer/eine Skifahrerin
un slalom I 6A ein Slalom
une société III 7D eine Gesellschaft/Firma
une sœur I 2B eine Schwester
une demi-sœur **III 3A** eine Halbschwester
une sœurette *(fam.)* **I 5** ein Schwesterchen *(ugs.)*
avoir **soif** *(f.)* **I 5** Durst haben
soigner qn III ⟨**8**⟩ jdn. *(medizinisch)* versorgen/pflegen
un soir I 6A ein Abend
le soir **I 8A** abends
du matin au soir **II 1A** von morgens bis abends
le soleil II 6B die Sonne
une solution III 3A eine Lösung
le sommet III 1,8 der Gipfel
à bout de **son III** ⟨**3N**⟩ *hier:* ohne Stimme
un sondage III 3B eine Meinungsumfrage
sonner I 8A klingeln/läuten
une sorte de qc II 5A,1 eine Sorte/Art von etw.
toutes sortes de **III 1** alle möglichen (Arten von)
une sortie II 1B ein Ausgang; *hier:* ein Markteintritt
sortir (de qc) II 2A (aus etw.) hinausgehen/-fahren; ausgehen
sortir avec qn **II 2A** mit jdm. „gehen" *(eng befreundet sein)*
sortir **III 6A** *hier:* erscheinen
à bout de **souffle III** ⟨**3N**⟩ atemlos
une source III 5 eine Quelle
un sourire III 2A ein Lächeln
sourire II 8C lächeln
une souris I 2B eine Maus
sous I 10A,6 unter
un souterrain III 4A ein unterirdischer Gang
le souvenir III 6B die Erinnerung/das Andenken
se **souvenir de qc III 1** sich an etw. erinnern
souvent I 4 oft
des spaghettis *(m., pl.)* **I 8A** Spaghetti *(Plural)*
spécialisé/spécialisée III 7D spezialisiert
une spécialité III 2C,1 eine Spezialität
un spectacle II 6A eine Vorstellung; *hier:* ein Anblick
le sport I 7A der Sport
un sportif/une sportive I 7A ein Sportler/eine Sportlerin
un stand I 3A ein (Markt)Stand
une star II 5B ein Star
une station I 10A eine Station/Haltestelle
une station de métro **I 10A** eine U-Bahnstation/Metrostation
une station II 5A *hier:* ein Sender
une station thermale II 6A ein Kurort/Badeort
une station de sports d'hiver II 6B ein Wintersportort
une statue II 1B eine Statue/Skulptur
une stratégie I ⟨**3N**⟩ eine Strategie
strict/stricte III 5 strikt/streng/genau
strictement III 5 strikt/streng *(Adv.)*
une strophe III ⟨**8,4**⟩ eine (Gedicht-)Strophe
un studio II 5A ein Studio
un stylo I ⟨**2N**⟩ ein Kugelschreiber/Füller
un succès II 4B ein Erfolg
une sucette I 6A ein (Dauer)Lutscher
le sucre II 4A,4 der Zucker
sucrer qc III 1 etw. zuckern
des sucreries *(f., pl.)* **I 7A** Süßigkeiten
le sud III 1 der Süden
suffisamment III 3B genug *(Adv.)*
suffisant/suffisante III 3B genug, ausreichend
un suffixe III ⟨**6N**⟩ eine Nachsilbe/ein Suffix
la suite I 2B,5 die Fortsetzung
suivant/suivante III 1,1 nachfolgend
suivre (qn) III 2C (jdm.) folgen
un sujet III 6A,1 *hier:* ein Thema/Gegenstand
Super! *(fam.)* **I 3B** Super!/Toll! *(ugs.)*
un supermarché I 8A ein Supermarkt
sur I 2A auf/über
un élève sur deux **III 3B,**2 einer von zwei Schülern
être **sûr/sûre de faire qc I 10A** sicher/gewiss sein etw. zu tun
sûrement III 1 sicher/sicherlich *(Adv.)*
le surf II 9A das Wellenreiten
surprendre qn II 8A jdn. überraschen
une surprise I 8B eine Überraschung
surtout I 10B vor allem/besonders
un surveillant/une surveillante III 2C *in der frz. Schule: Personen, die nur für die Aufsicht zuständig sind, nicht unterrichten*
surveiller qn II 9B jdn. überwachen
survoler qc II 6A etw. überfliegen
un sweat *(fam.)* **II 1A,**3 ein Sweatshirt *(ugs.)*
une syllabe III ⟨**8,3**⟩ eine Silbe
un symbole I 10B ein Symbol
sympathique I 9A sympathisch
sympa *(fam.)* **I 6A** sympathisch *(ugs.)*

T

un T-shirt II 1A,3 ein T-Shirt
le tabac II 8B der Tabak
une table I ⟨**2N**⟩, **I 6A** ein Tisch
à table **I 6A** bei/am Tisch
un tableau/des tableaux I 9A,9 eine (Wand)Tafel/(Wand)Tafeln
un tableau **III** ⟨**1N**⟩ *hier:* eine Tabelle/Aufstellung
une tablette de chocolat I 7B eine Tafel Schokolade
la taille II 2A die (Kleider)Größe
un tam-tam III ⟨**3N**⟩ ein Tam-Tam *(afrikanische Trommel)*
une tante III 5,5 eine Tante
taper II 2B schlagen
taper dans le ballon **I 3B** gegen den Ball treten/den Ball spielen
tard II 2A spät *(Adv.)*
ne pas **tarder à faire qc III 6A** bald etw. tun
une tarte I 8A ein Obstkuchen
une tarte aux pommes II 4B ein Apfelkuchen

une tasse II 3B,6 eine Tasse
un taureau/des taureaux II 9B ein Stier/Stiere
un taxi III 4B ein Taxi
technique III 4B technisch
une télécarte II 8B eine Telefonkarte
le téléphone I 8A das Telefon
par téléphone **II 5A** telefonisch
téléphoner à qn I 6B jdn. anrufen
la télévision I 5 das Fernsehen
la télé *(fam.)* **I 5** das Fernsehen *(ugs.)*
regarder la télé(vision) **I 5** fernsehen
aimer la télé **I 5** gern fernsehen/Fernsehen mögen
à la télé **I 5** im Fernsehen
la température II 6B,1 die Temperatur
une tempête II 7 ein Sturm/Unwetter
le temps I 8A die Zeit
avoir le temps de faire qc **II 1A** (die) Zeit haben etw. zu tun
ces derniers temps **II 6A** in der letzten Zeit
de temps en temps **III 5** von Zeit zu Zeit
avoir tout son temps **III ⟨8⟩** keine Eile haben
le temps II 6B das Wetter
Quel temps fait-il? **II 6B,** 1 Wie ist das Wetter?
Il fait un temps magnifique. **II 6B** Es ist herrliches Wetter.
Il fait beau (temps). **II 6B** Es ist schön(es Wetter).
tenir qc II 2A etw. halten
Tiens, regarde. **I 6A** Da, sieh mal.
Tiens, tiens! **II 2A** Sieh da!/Sieh an!
tenir un journal **II 9B** ein Tagebuch führen/schreiben
une tente II 3A ein Zelt
une terminaison III ⟨2N⟩ eine Endung
la terminale III 2C die „terminale" *(letzte Klasse des „lycée"; entspricht der 12. Klasse)*
terminer qc I 7A etw. beenden
un terrain III 7B ein Gelände
le terrain **II 2B** *hier:* das Spielfeld
une terrasse I 3A eine Terrasse
la ‹‹Terreur›› III 4A *die Schreckensherrschaft unter Robespierre 1793–1794*
terrible II 3A schrecklich/fürchterlich
la tête I 7A der Kopf
un texte I 2B,1 ein Text
un TGV I 4 ein TGV *(frz. Hochgeschwindigkeitszug, ähnlich dem ICE)*
le thé II 4A,2 der Tee
le théâtre III 1,7 das Theater
un thème III 2A ein Thema
un ticket I 10A ein Ticket/Fahrschein
un ticket de métro **I 10A** ein Metrofahrschein
les deux **tiers III 3B** zwei Drittel
un timbre II 8B eine Briefmarke
tirer qc III 5 etw. ziehen
une tisane II 8C ein Kräutertee
le tissu II 1B der Stoff
un titre I 7B,5 ein Titel
un titre de livre/des titres de livres **I 7B,**5 ein Buchtitel/Buchtitel
les toilettes *(f.)* **II 3A** die Toilette
un toit II 3B ein Dach
une tomate I 8A,4 eine Tomate
un tombeau/des tombeaux I 10B ein Grabmal/Grabmäler

tomber I 6B fallen/hinfallen
Ça tombe bien/mal. **II 2A** Das trifft sich gut./Das kommt ungelegen.
tomber en arrêt devant qc **III 6A** staunend vor etw. stehen bleiben
tomber amoureux/amoureuse de qn **III ⟨8⟩** sich in jdn. verlieben
une tonne III 7B eine Tonne
avoir **tort de faire qc III ⟨3N⟩** Unrecht haben, wenn man etwas tut
tôt II 2A früh *(Adv.)*
au **total III 2B,**3 insgesamt
toujours I 4 immer
toujours **I 9B** immer noch
un tour I 3B ein (Spazier)Gang/Rundgang
C'est le tour de Luc. **I 6B** Luc ist an der Reihe.
C'est mon tour. **I ⟨7N⟩** Ich bin dran./Ich bin an der Reihe.
à mon tour **III 3A** meinerseits
le Tour de France II 2A die Tour de France *(alljährliches Radrennen)*
une tour I 6A ein Turm/Hochhaus
un/une touriste I 10B ein Tourist/eine Touristin
touristique III 4B touristisch
tourner I 7B abbiegen/drehen
La chance a tourné. **II 2B** Das Glück hat sich gewendet.
tout/toute/tous/toutes *(als Begleiter)* **II 6A** ganz/alle *(+Nomen)*
tout I 8A alles
après tout **III 2C** schließlich/alles in allem
ne … plus du tout **III 2C** überhaupt nicht/kein(e/en) … mehr
tout à coup I 8A plötzlich
tout de suite II 6A sofort
tout droit I 7B geradeaus
tout le monde I 7A alle/jeder/alle Welt
le trac *(fam.)* **II 5A** das Lampenfieber/der Bammel *(ugs.)*
avoir le trac *(fam.)* **II 5A** Lampenfieber haben *(ugs.)*
une trace III 7B eine Spur
une traduction III 1,1 eine Übersetzung
traduire qc III 4A etw. übersetzen
un train I 9A,3 ein Zug
un train à vapeur **III 4B** ein Dampfzug
un train-navette **III 4B** *hier: Zug, der Autos, LKWs und Busse durch den Tunnel befördert*
être en **train** de faire qc **III 4A** gerade etw. tun
un trait d'union III ⟨6N⟩ ein Bindestrich
le traitement III 7D die Verarbeitung/Weiterverarbeitung
un tram I 10A,7 eine Straßenbahn
tranquille III 1 ruhig/still
transformer qc III 7B etw. umwandeln
le transport III 4B der Transport/die Beförderung
un moyen de transport **III 4B,**2 ein Verkehrsmittel
un travail/des travaux II 1A eine Arbeit/Arbeiten
Au travail! **II 1A** An die Arbeit!
des travaux **II 3B** *hier:* Straßenbauarbeiten
travailler I 2A arbeiten
traverser qc I 7B etw. überqueren
un traversin III 2B eine Schlummerrolle

une trentaine de … III 5 etwa dreißig …
très I 7A sehr
triste II 1B traurig
la troisième II 2C *Klassenbezeichnung; entspricht dem 9. Schuljahr*
le/la troisième I 7B,6 der/die/das dritte
trop I 5 zu viel
un trottoir III 5 ein Geh-/Bürgersteig
un trou II 7 ein Loch
un troupeau/des troupeaux II 7 eine Herde/Herden
une trousse I ⟨2N⟩ ein Federmäppchen/Etui
trouver qc I 2A etw. finden
trouver qc beau **II 1A** etw. schön finden
se trouver **II 7** sich befinden
un truc *(fam.)* **II 8A** ein Ding/eine Sache *(ugs.)*
un tube III ⟨8⟩ *hier:* eine Tube
tuer qn II 9B jdn. töten
une tuile II 7 ein Dachziegel/eine Dachpfanne
un tunnel III 4A ein Tunnel
tutoyer qn III 2B jdn. duzen

U

l'Union européenne *(f.)* **III 6B** die Europäische Union
une université II 3B eine Universität
une usine II 7 eine Fabrik
utile III 7A nützlich

V

les vacances *(f., pl.)* **I 9A** die Ferien/der Urlaub
passer ses vacances **I 9A** seine/ihre Ferien, seinen/ihren Urlaub verbringen
en vacances **I 9A** in Ferien/im Urlaub
une vache II 7 eine Kuh
une vague II 9B eine Welle
une valise III 2B ein Koffer
la vapeur III 4B der Dampf
un train à vapeur **III 4B** ein Dampfzug
un veau/des veaux II 7 ein Kalb/Kälber
une vedette I 8B ein Star/ein Hauptdarsteller/eine Hauptdarstellerin
la veille III 1,8 der Vortag
un vélo I 10A,7 ein Fahrrad
à vélo **II 3B** mit dem Fahrrad
vendre qc II 5B etw. verkaufen
vendredi *(m.)* **I 9A,**4 Freitag
venir II 2A kommen
venir de faire qc **II 7** gerade etw. getan haben
Il va et vient. **II 9A** *hier:* Er läuft hin und her.
le vent II 7 der Wind
le ventre I 7B der Bauch
un verbe I 2A,3 ein Verb
vérifier qc III 7A etw. überprüfen/verifizieren
la vérité III 1 die Wahrheit
un verre I 5 ein Glas
un vers III ⟨8,4⟩ ein Vers/eine Verszeile
vers II 7 in Richtung auf/gegen
avancer vers qc/qn **II 7** auf etw./jdn. zugehen/zukommen

une version III 5 eine Fassung/Version
vert/verte II 1 A grün
vert de peur **III 1** blass vor Angst
un vêtement I 3 A ein Kleidungsstück
la viande III 2 B das Fleisch
vide III 5 leer
une cassette **vidéo III 2 A,**2 eine Videokassette
un jeu **vidéo**/des jeux vidéo **III 7 A,**1 ein Videospiel/Videospiele
la vie II 1 A das Leben
vieux/vieil/vieille II 3 B alt
vieux de 200 ans **III 4 B** 200 Jahre alt
faire vieux **III ⟨8⟩** alt aussehen
un village II 5 B ein Dorf
une ville I 9 A,5 eine Stadt
en ville **II 3 B** in der Stadt
le vin II 4 A der Wein
violet/violette II 1 A,3 violett
un violon III ⟨3 N⟩ eine Violine
un virage I 6 B eine Kurve
un visage III 2 A ein Gesicht
une visite I 7 B ein Besuch
rendre visite à qn **I 7 B** jdn. besuchen
visiter qc I 9 A etw. besichtigen
un visiteur/une visiteuse III 6 B ein Besucher/eine Besucherin
vite *(Adv.)* **I 7 A** schnell
la vitesse II 9 B die Geschwindigkeit
à toute vitesse **II 9 B** mit höchster Geschwindigkeit
une vitre III 7 B eine Fensterscheibe
une vitrine II 8 A das Schaufenster; *hier:* die Auslage
vivre II 6 A leben
vivre qc **II 6 A** etw. erleben; *hier:* etw. durchmachen
Vive … ! **II 9 A** Es lebe(n) … !
vivre à la campagne **III 3 A** auf dem Land leben
Vlan! III 1 Wumms!
le vocabulaire I 2 B,2 der Wortschatz/das Vokabular
voici III 2 A hier ist/hier sind
voilà I 6 A da/dort ist/sind
Voilà pour aujourd'hui. **I 7 A** Das wär's für heute.
le/la/les voilà **I 10 A** da ist er/sie; da sind sie
une voile III 1 ein Segel
voir qn/qc I 10 A jdn./etw. sehen
aller voir qn **III 3 A** jdn. besuchen
faire voir qc à qn **III 6 A** jdm. etw. herzeigen
un voisin/une voisine I 1 ein Nachbar/eine Nachbarin
voisin/voisine (de) III 4 A benachbart (mit)
une voiture I 8 B ein Auto
un vol II 6 A,5 ein Flug
le volant II 6 B das Steuer/Lenkrad
au volant **II 6 B** am Steuer
un volcan II 6 A ein Vulkan
voler II 6 B fliegen
voler qc à qn II 1 B jdm. etw. stehlen
un voleur/une voleuse II 1 C,4 ein Dieb/eine Diebin
le volley(-ball) II 2 A das Volleyballspiel
vomir II 8 C sich übergeben/brechen
l'envie de vomir **II 8 C** der Brechreiz
voter qc III 4 A für etw. stimmen
vouloir qc I 8 A etw. wollen
je voudrais … **I 8 A** ich möchte …
vouloir faire qc **I 8 A** etw. tun wollen
Je veux bien. **II 4 A** (Ich möchte) gern.
un voyage II 9 A eine Reise
Tu as fait bon voyage? **III 2 B** Hattest du eine gute Reise?
une agence de voyage **III 4 B,**2 ein Reisebüro
voyager III 4 B reisen
vrai/vraie I 4,1 wahr/richtig
Vrai ou faux? **I 4,**1 Richtig oder falsch?
en vrai **II 3 B** in Wirklichkeit
vraiment III 1 wirklich *(Adv.)*
une vue I 10 B eine Aussicht/ein Ausblick

W

un week-end I 10 A ein Wochenende

Y

y
il y a **I 3 A** es gibt/es ist/es sind
Il n'y en a plus. **II 4 B** Es gibt keinen mehr (davon).
Je n'y ai pas pensé. **II 8 B** Ich habe nicht daran gedacht.
On peut y acheter des timbres. **II 8 B** Man kann dort Briefmarken kaufen.
On y va? **II 8 B** Gehen wir?
Ça y est? **II 9 A** *hier:* Klappt's?
Ça y est! **III 2 B** *hier:* Uff!/Geschafft!

Z

zéro I ⟨7 N⟩ null
Zut! *(fam.)* **III 2 B** Verflixt! *(ugs.)*

Prénoms masculins

Ahmed **I 3 B**
Anthony **III 2 B**
Antoine **II 3 A**
Arthur **I 1**
Attilio **III 5**
Benjamin **III 2 B**
Benoît **II 9 A**
Bernard **I 1**
César **III 5**
Charles **I 1**
Christophe **III 1**
Clément **II 4 B**
Florent **II 7**
Franck **II 4 B**
François **I 6 B**
Frédéric **III 6 B**
Gérard **III 7 D**
Gilles **II 5 A**
Jean **III 5**
Jean-Pierre **II 4 A**
Jules **I 6 B,**7
Julien **I 1**
Junior **II 1 A**
Laurent **I 7 A**
Luc **I 3 B**
Lucien **III 6 A**
Ludovic **II 3 A**
Ludo **II 3 A**
Manuel **III 3 A**
Marc **II 4 A,**4
Marcel **II 7**
Martin **I 1,**9
Maurice **II 7**
Olivier **III 2 B**
Patrick **I 4**
Philippe **III 3 A**
René **I 5**
Sébastien **II 2 A**
Sébas **II 2 B**
Serge **II 5 A**
Stéphane **II 9 A**
Ugolin **III 5**

Prénoms féminins

Aimée **III 5**
Anne **II 5 B**
Annette **I 8 B,**3
Aurélie **III 3 A**
Brigitte **I 1,**4
Catherine **I 1**
Cathy **I 2 B,**6
Cécile **III 3 A**
Céline **II 1 A**
Christine **I 1,**1
Claudine **III 7 A**
Delphine **II 5 A**
Elodie **II 6 A,**4
Emilie **II 8 A**
Fabienne **II 5 A**
Fanny **II 5 A**
Florence **III 3 A**
Florette **III 5**
Françoise **I 9 B,**1
Hélène **II 2 A**
Isabelle **I 1**
Julie **I 2 B**
Karima **II 4 B**
Manon **III 5**
Marie **I 4**
Marielle **III 7 C**
Martine **I 1,**9
Minnie **I 2 B**
Muriel **II 7**
Nathalie **I 3 B**
Nicole **I 10 A**
Séverine **III 7 A**
Sonia **II 1 A**
Sophie **III 3 A**
Stéphanie **II 4 A,**4
Sylvie **III 1**
Vanessa **II 5 B**
Véronique **II 6 B,**5
Yasmina **I 6 A,**2

LISTE DES MOTS

Noms de famille

Bernard **II 8 C**
Blanchard **I 1**
Cadoret **III 5**
Camus **III 7 A**
Charvet **I 9 A**
Cornille **II 1 C**
Costa **II 5 A**
Dixier **II 7**
Forestier **II 6 A**
Fournier **III 7 C**
Frappart **III 6 B**
Grande **I 6 B**,7
Lacombe **I 1**
Lacroix **I 4**
Lecombe **I 1**,9
Marineau **III** ⟨8⟩
Monnin **II 4 A**
Noblet **I 5**
Pennec **I 7 A**
Petit **I 6 B**,7
Rigot **I 1**
Roche **I 8 A**
Rybou **III 2 B**
Saïd **I 6 A**,2
Sorel **II 3 A**
Soubeyran **III 5**
Souchet **III 7 D**

Noms de villes

Aix-en-Provence **III 5**
Aix-la-Chapelle **I 9 A**,3
Amsterdam **III 4 B**
Angoulême **III 6 B**
Antibes **III 5**
Anvers **III 4 B**
Arras **III 2 A**
Aubagne **III 5**
Bâle **II 9 A**
les Bastides Blanches **III 5**
Berlin **I 9 A**
Biarritz **II 9 B**
Bordeaux **I 3 A**,6
Le Bourgnon **II 7**
Brême **III 2 A**
Brest **I 3 A**,6
Bruxelles **I 9 A**,3
Calais **I 3 A**,6
Chamonix **III 1**,8
Clermont-Ferrand **II 1 B**
Colmar **II 8 B**,3
Cologne **I 9 A**,3
Concarneau **II 8 A**
Courpière **II 5 B**
Crespin **III 5**
Dax **II 9 B**
Dresde **II 3 A**
Fontainebleau **I 4**
Gavisse **III 7 A**
Hossegor **II 9 A**
Le Puy **II 4 B**,4
Lille **I 3 A**,6
Limoges **I 3 A**,6
Londres **III 4 B**
Lucerne **II 8 C**
Lyon **I 3 A**,6
Marseille **I 3 A**,6
Mons **III 6 B**
Moscou **I 9 A**,3
Noisy-le-Sec **III 6 A**
Orléans **I 3 A**,6
Paris **I 1**
Rennes **I 4**
Riom **II 7**
St (=Saint)-Pierre **III 3 A**
Saint-Malo **I 7 A**
Strasbourg **I 3 A**,6
Super-Besse **II 6 B**
Thionville **III 7 A**
Toulouse **I 3 A**,6
Versailles **III 3 A**

Noms géographiques

l'Allemagne *(f.)* **I 9 B** Deutschland
l'Angleterre *(f.)* **III 4 B** England
l'Artois *(m.)* **III 4 A** das Artois *(Gegend in Nordfrankreich)*
l'Autriche *(f.)* **II 8 A** Österreich
l'Auvergne *(f.)* **II 3 B** die Auvergne
la Belgique **III 4 B** Belgien
la Bretagne **II 8 A** die Bretagne
le Congo **III 6 B** der Kongo
l'Elbe *(f.)* **II 9 B**,4 die Elbe
l'Espagne *(f.)* **III 4 A** Spanien
la Flandre **III 4 A** Flandern *(Gegend im heutigen Nordfrankreich und im heutigen Belgien)*
la France **I 9 B** Frankreich
le Gabon **III** ⟨**3N**⟩ Gabun *(Staat in Westafrika)*
l'Italie *(f.)* **III 1** Italien
les Landes **III 3 A** *Heidelandschaft an der südfranzösischen Atlantikküste*
la Loire **II 9 B**,4 die Loire *(Fluss in Frankreich)*
la Lorraine **III 7 D** Lothringen
le Luxembourg **III 4 B** Luxemburg
la Manche **III 4 A** der Ärmelkanal
la Martinique **III 3 A** Martinique *(Insel der kleinen Antillen; gehört zu Frankreich)*
le Mont-Blanc **II 9 B**,4 der Mont-Blanc *(höchster Berg Frankreichs und Europas, 4807 m hoch)*
le Nord-Pas-de-Calais **III 4 B** *Region im Norden Frankreichs mit Lille als Hauptstadt*
le Pays Basque **II 9 B** das Baskenland
les Pays-Bas *(m., pl.)* **III 4 B** die Niederlande
le Portugal **III 3 A** Portugal
la Provence **III 5** die Provence *(Gegend in Südfrankreich, erstreckt sich an der Mittelmeerküste vom Rhônedelta bis zur italienischen Grenze)*
le Puy de Dôme **II 2 A** *Berg in der Nähe von Clermont-Ferrand (1465 m hoch)*
le Puy de Sancy **II 6 B** *Berg in der Auvergne (1885 m hoch)*
la Seine **I 9 A** die Seine *(Fluss in Frankreich)*
la Suisse **II 8 C** die Schweiz
le Tibet **III 6 B** Tibet
la Vendée **II 8 C** die Vendée *(Gegend in Westfrankreich, an der Atlantikküste gelegen)*
les Vosges *(f., pl.)* **II 8 B** die Vogesen
(Die Révision zu Lektion 4 führt weitere Ländernamen auf.)

Noms divers

Alma-Marceau **I 10 A** *Metrostation in Paris*
Astérix **I** ⟨**8N**⟩ *Name des Haupthelden einer berühmten frz. Comicstrip-Reihe*
Boule et Bill **III 6 B** *Comic-Figuren*
le Centre (Georges-)Pompidou **II 1 B** das Centre Pompidou *(Kunst und Kulturzentrum in Paris)*
Charles-de-Gaulle-Etoile **I 10 A** *Platz/ Metrostation in Paris*
Clafoutis **III 2 B** *hier: Name einer Katze*
les CRS **II 9 B** *Spezialeinheit der frz. Polizei*
Denfert-Rochereau **I 10 A** *Metrostation in Paris*
Dracula **II 3 A** Dracula
Jean de Florette **III 5** *Titel eines Romans von Marcel Pagnol*
Forestair **II 6 B** *hier: Firmenname*
France Télécom **II 2 A** *entspricht der Deutschen Telekom*
la gare du Nord **I 9 A** *Bahnhof in Paris*
la gare Montparnasse **I 7 B** *Bahnhof in Paris*
Gaston Lagaffe **III 6 B** *Comic-Figur*
Germinal **III 2 A** *Titel eines Romans des frz. Schriftstellers Emile Zola (1840–1902) über einen Bergarbeiterstreik*
Gilles Floret **II 5 A** *frz. Popsänger*
le refuge du Goûter **III 1**,8 *Name einer Schutzhütte*
l'Hôtel des Invalides **I 10 B** *historisches Bauwerk in Paris (heute u. a. mit dem Armee-Museum und dem Grabmal Napoleons)*
Idéfix **I** ⟨**8N**⟩ *Hund von Obélix*
l'île de la Cité **I 10 B** *Seine-Insel in Paris*
Lucky Luke **III 6 A** *Comic-Figur*
Mairie-de-Montreuil **I 10 A** *Metrostation in Paris*
Michelin **II 6 A** *frz. Reifenfabrik; in Clermont-Ferrand ansässig*
Milou **III 6 B** *Hund von Tintin; auf Deutsch:* Struppi
Montparnasse **I 6 A** *Stadtviertel von Paris*
le musée d'Orsay **I 10 B** *Museum in Paris (u. a. Gemälde der Impressionisten), früher Bahnhof*
le musée du Louvre **I 10 B** *Museum in Paris (u. a. Gemälde, Skulpturen, Altertumssammlungen)*
Notre-Dame **I 10 B** *gotische Kathedrale in Paris (erbaut 1163–1245)*
l'Obélisque *(m.)* **I 10 B** *vierkantige, spitze Säule (Obelisk), die auf der Place de la Concorde steht*
Obélix **I** ⟨**8N**⟩ *Freund von Astérix*
Okapi **II 4 A** *frz. Jugendzeitschrift*
le palais de Chaillot **I 10 B** *Museumsgebäude in Paris (u. a. Marine-Museum, Museum der Geschichte des Menschen)*
Phosphore **III 3 B** *frz. Schülerzeitschrift*
la place de Jaude **II 3 B** *Platz in Clermont-Ferrand*
la place de la Concorde **I 10 B** *Platz in Paris*
Poker **III 2 B** *hier: Name eines Hundes*
le pont de l'Alma **I 10 A** *Brücke in Paris*

la Pyramide **I 10B** *Pyramide aus Glas, die im Hof des Louvre steht*
Le Républicain Lorrain **III 7B** *Name einer frz. Tageszeitung (wörtl.: der lothringische Republikaner)*
la rue d'Aboukir **II 1C** *Straße in Paris (im 2. Bezirk)*
la rue du Sentier **II 1A** *Straße in Paris (im 2. Bezirk)*
un Schtroumpf **III 6B** ein Schlumpf *(Comic-Figur)*
Tintin **III 6B** *Comic-Figur; auf Deutsch:* Tim
la tour Eiffel **I 10B** der Eiffelturm *(erbaut 1889 nach Plänen des frz. Ingenieurs Gustave Eiffel, 320 m hoch)*
la tour Montparnasse **I 6A** *Hochhaus in Paris (210 m hoch)*
Transplastique **III 7D** *Name einer Firma*
Trocadéro **I 10A** *Platz/Metrostation in Paris*

Noms de personnes connues

Claude Berri **III 5** *frz. Regisseur, geb. 1934*
Claire Bretécher **II 2C**,2 *bekannte französische Zeichnerin, geb. 1943*
Patrick Bruel **I 5**,13 *frz. Popstar und Schauspieler, geb. 1959*
Albert Camus **II 5A** *frz. Schriftsteller, 1913–1960*
Maurice Carême **III** ⟨**8**,4⟩ *belg. Dichter, 1899–1978*
Jacques Daguerre **I 3A** *Erfinder der Fotografie, 1787–1851*
Gérard Depardieu **III 5** *frz. Schauspieler, geb. 1948*
J. P. Dionnet **III 6A** *einer der Gründer des Verlags, in dem Margerin Comics veröffentlicht*
Chris Donner **III 1** *frz. Schriftsteller, geb. 1956*
Edouard III **III 4B**,3 Edward III., *1312–1377, König von England von 1327 bis 1377*
André Franquin **III 6B** *belgischer Comic-Autor, 1924–1997*
Hergé *(= Georges Rémi)* **III 6B** *belgischer Comic-Autor, 1907–1983*
Patricia Kaas **III** ⟨**3N**⟩ *frz. Popsängerin, geb. 1966*
Louis XIV **III 4A** Ludwig XIV., 1638–1715, König von Frankreich von 1643 bis 1715
Louis XVI **III 4A** Ludwig XVI., 1754–1793, König von Frankreich von 1774 bis 1792
Frank Margerin **III 6A** *frz. Comic-Autor, geb. 1952*
Albert Mathieu-Favier **III 4B** *frz. Ingenieur des 19. Jahrhunderts*
Yves Montand **III 5** *frz. Schauspieler und Sänger, 1921–1991*
Hector Moreau **III 4B** *frz. Ingenieur des 19. Jahrhunderts*
Morris *(= Maurice de Bévère)* **III 6B** *belgischer Comic-Autor, 1923–2001*
Napoléon **I 10B** Napoleon Bonaparte, 1769–1821, *frz. Kaiser von 1804 bis 1815*
Marcel Pagnol **III 5** *frz. Schriftsteller und Filmschaffender, 1895–1974*
Blaise Pascal **II 3B** *frz. Mathematiker und Philosoph, 1623–1662*
Peyo *(= Pierre Culliford)* **III 6B** *belgischer Comic-Autor, 1928–1992*
Jean Roba **III 6B** *belgischer Comic-Autor, geb. 1930*
Maximilien de Robespierre **III 4A** *frz. Politiker, 1758–1794*
Auguste Rodin **III 4B**,3 *frz. Bildhauer, 1840–1917*
Niki de Saint-Phalle **II 1B** *frz. Malerin und Bildhauerin, geb. 1930*
Paul Valéry **III 7A** *frz. Schriftsteller, 1871– 1945*
Vercingétorix **II 3B** *Anführer der Arverner, 72–46 vor Christus*
François Villon **I 9A** *frz. Dichter, 1431–ca. 1463*

Solutions de la page 83

Exercice 3:
guelan = (une) langue; zonblou = (un) blouson; nejeu = jeune; renoi = noir; zarbi = bizarre; béton = tomber

Exercice 4:

Strophe 2
Mon cousin est sourd comme un pot,
Et il sourit dans la cuisine
Lorsqu'il voit taper ma cousine
Sur son vieux piano si faux.

Strophe 3
Mais que peut penser la voisine?
Elle doit me trouver bien sot
Lorsque j'écoute ma cousine
Taper sur son vieux piano.

Textes supplémentaires sur la cassette/le CD de l'élève

Leçon 2 A (p. 17)

1. *Charlotte:* Bonjour, je m'appelle Charlotte Rybou et j'ai eu 14 ans au mois d'août. Je suis blonde aux yeux bleus, avec les cheveux longs, et je fais 1 mètre 63. Je porte souvent des pulls ou des T-shirts noirs. Le noir est ma couleur préférée. J'adore les animaux: plus tard, je veux devenir vétérinaire. J'ai un cocker (noir, bien sûr!) qui s'appelle Poker, et mon chat, c'est Clafoutis.
   Mon père travaille dans une banque et ma mère à la poste. J'ai une grande sœur de 18 ans, Anne, qui fait des études de maths à Lille. C'est bien pratique parce qu'elle m'aide à faire mes devoirs de maths quand elle est à la maison. Et puis, on a deux petits frères de 2 et 3 ans, Anthony et Benjamin, qui nous réveillent très souvent le matin!
   Il y a beaucoup de choses que j'aime. Par exemple, le téléphone. C'est ma passion. Mes parents ne sont pas très contents, mais j'adore téléphoner à mes amis ... A bientôt, future «corres», j'attends de tes nouvelles aussi vite que possible. N'oublie pas de m'envoyer une photo de toi!

2. *Olivier:* Moi, je m'appelle Olivier Valborel. Je vais avoir 15 ans le 18 octobre prochain. Je suis brun et assez grand. J'aime les vêtements sport, je mets toujours des blousons en jean.
   J'ai une sœur de 13 ans, Isabelle. Mes parents travaillent dans la publicité. J'aime beaucoup lire, surtout des B.D., et écouter de la musique. Le mercredi après-midi, je fais du foot avec Philippe, mon meilleur ami, et avec d'autres copains de notre classe. L'équipe est très sympa. Et vous, les garçons de la 9a, qu'est-ce que vous aimez le mieux comme sport? ... J'espère que vous allez vite nous répondre!

3. *Caroline:* Salut, je m'appelle Caroline Salvador. J'ai 15 ans et demi. Je suis grande: 1 m 70. J'ai les cheveux noirs et les yeux noirs. Mes parents viennent des Antilles, mais ma sœur et moi, on est nées à Arras. Mon père est médecin et ma mère infirmière. Avec Clémentine, ma grande sœur de 17 ans, je vais souvent au cinéma. J'adore aussi la musique, je joue de la guitare depuis deux ans. Mais ma passion, c'est la danse. J'espère devenir, un jour, prof de danse.
   Et puis, j'aime beaucoup l'allemand et je suis très, très heureuse d'aller en Allemagne. Alors, écrivez-nous vite, s'il vous plaît!

Leçon 4 A (p. 39)

Olivier: Voilà ... c'est par ici ... Mais non, on est passés par là ... Je me souviens de cet escalier. Tu vois, c'est un vrai labyrinthe. J'espère qu'on va pas rencontrer des fantômes!
Lisa: Tu as peur des fantômes?
Olivier: Non, bien sûr, mais on sait jamais ...
Lisa: Eh bien, moi, je n'ai pas peur. Avec toi, je me sens bien.
Olivier: C'est vrai, sans le groupe, c'est quand même plus chouette ... Comme ça, on a le temps de faire connaissance.
Lisa: Moi aussi, je préfère. Et puis toi, je te comprends bien quand tu parles ... mieux que les autres. J'étais triste de ne pas aller à ton anniversaire hier soir ...
Olivier: Ça fait rien, on est ensemble maintenant! Mais il faut quand même retrouver le groupe ... J'entends quelque chose, par là ...
Lisa: Moi aussi. J'entends ... comme des assiettes ...
Olivier: Viens, donne-moi la main. On va prendre cet escalier.
Lisa: Là-bas, il y a une porte ...
Olivier: Ah! Qu'est-ce que c'est?
Lisa: Mais ce n'est rien ... ((zu sich:)) Bloß Spinnweben!
Olivier: Beurk! Des toiles d'araignées!
Lisa: Viens, essayons d'ouvrir la porte ...
Olivier: Quelle chance, elle est pas fermée!
Lisa: Tiens, un sac de farine!
Olivier: Ah! Je sais où on est: sous la pâtisserie de la place des Héros! On va monter et on pourra sortir par la boutique.
Lisa: Ouf!

Leçon 7 A *(p. 68)*

Le public: Ouais ... Super ... Klasse ... Bravo ... War super ...

La journaliste: Pardon, monsieur, vous savez qui est la pianiste?
Le professeur: Oui, bien sûr. C'est une de mes élèves de 3e, Claudine Camus.

La journaliste: Salut, Claudine.
Claudine Camus: Bonjour.
La journaliste: Bravo. Tu as bien joué, tu sais.
Claudine Camus: Merci.
La journaliste: Je suis journaliste au «Républicain Lorrain». Je fais un petit papier sur le spectacle.
Claudine Camus: Un papier?
La journaliste: «Papier», ça veut dire «article» chez nous, les journalistes. J'ai trouvé le spectacle très bien: les sketches, les chansons, le groupe de rock. Dis-moi, c'est la première fois que des lycéens allemands jouent dans l'orchestre du collège?
Claudine Camus: Non, non. On joue souvent ensemble. Nous, on va chez eux. Et eux, ils viennent chez nous.
La journaliste: Tu veux étudier la musique plus tard?
Claudine Camus: J'aimerais bien, oui.
La journaliste: Tu avais quel âge quand tu as commencé?
Claudine Camus: Huit ans.

Séverine Camus: Claudine, papa et maman nous attendent dans la voiture.
Claudine Camus: Séverine, ma petite sœur. Bon. Excusez-moi, mais il faut que nous rentrions à la maison maintenant. Au revoir.

Bildquellen

Archipel, Ile-D'Yeu: Einband – Bayard Presse, Paris: 28 und 29.1; 26.5; 32.3; 34.2; 55.3; 73.2 – Norbert Becker, Mainz: 46.2 – Le Bien Public, Dijon: *(Didier Mandritch)* 74.1 – Pierre Bizalion, Castillones: 54.1 – Bongarts, Hamburg: 70.1 – Gilles Bonotaux, Paris: 87.1 – François Boucq, Lille: 67 – Roland Bühls, Bremen: 98.1 – Cine Plus, Paris: 48.2; 49.1 und 2; 51.2; 53.1; 56.1; 89.1 – Mario Colonel, Chamonix: 15.2 – Editions Dupuis, Charleroi: 62.2 – Editions de Fallois, Paris: 52.2 – Editions Gallimard, Paris: 26.1-4; 39.1 – Gamma, Paris: 37.1; 70.3 – Giraudon, Paris: 39.2 – A. HOLLAN, illustrations pour l'Ademe/Agence de l'Environnement et de la Maîtrise de l'Energie, Angers: 74.2-5 – Les Humanoïdes Associés, Paris: 14.1; 57.1 und 2; 58; 59 – I.M.P.S., Genval, © Payo 1995-Licence I.M.P.S. (Brussels): 62.5 – Editions Jack, Louannec: 7.1-3 – Jerrican, Paris: 70.2; 78.1 und 4 – Kinoarchiv, Peter W. Engelmeier, Hamburg: 50.1 und 2; 51.1; 52.1 – Jürgen Kleine, Ammerbuch: 77.4 – Klett-Archiv *(A. Turbot)*, Stuttgart: 17.1; 39.3 – Lucky Production, Genève: 62.4 – Marco Polo *(F. Bouillot)*, Paris: 23.1 – Mairie de Calais, Calais: 44.1 – Mauritius, Mittenwald: 77.1 und 2 – Michelin Reifenwerke KGaA, Karlsruhe: 69.1 – HERGE/MOULINSART – 1966, Bruxelles: 62.2 – Neumann und Zörlein, Stuttgart: 77.3 – OCCE, Paris: 42; Vorsatz hinten *(Karte)* – Rapho, Paris: 72.1; 78.3 – La Redoute, Roubaix: Vorsatz hinten 2 – Région Nord-Pas-de-Calais, Lille: 43.1; 46.1 – Le Républicain Lorrain, Metz: 76.1 – Editions du Seuil, Paris, dessin de Nestor Salas , tiré de «Les Idiomatics français-allemand»: 25.1 und 2; 71.1 und 2 – SCOPE, Paris: 11.2;; 38.2; 46.4 und 5; Vorsatz hinten 4 – Sportimage, Hamburg: 91.1 – Studio X, Paris: 19.2; 46.3; 48.1; 78.2 – Agence Top, Paris: 8.2; 9.2; 63.1; 64.1; Vorsatz hinten 3 und 5 – Office de Tourisme, Arras: 38.3 – Verrerie d'Arques, Arques: Vorsatz hinten 1 – Zone cinq, Gilly sur Isère: 75.1

Bedauerlicherweise konnten wir trotz aller Bemühungen nicht alle Nutzungsberechtigten ausfindig machen.

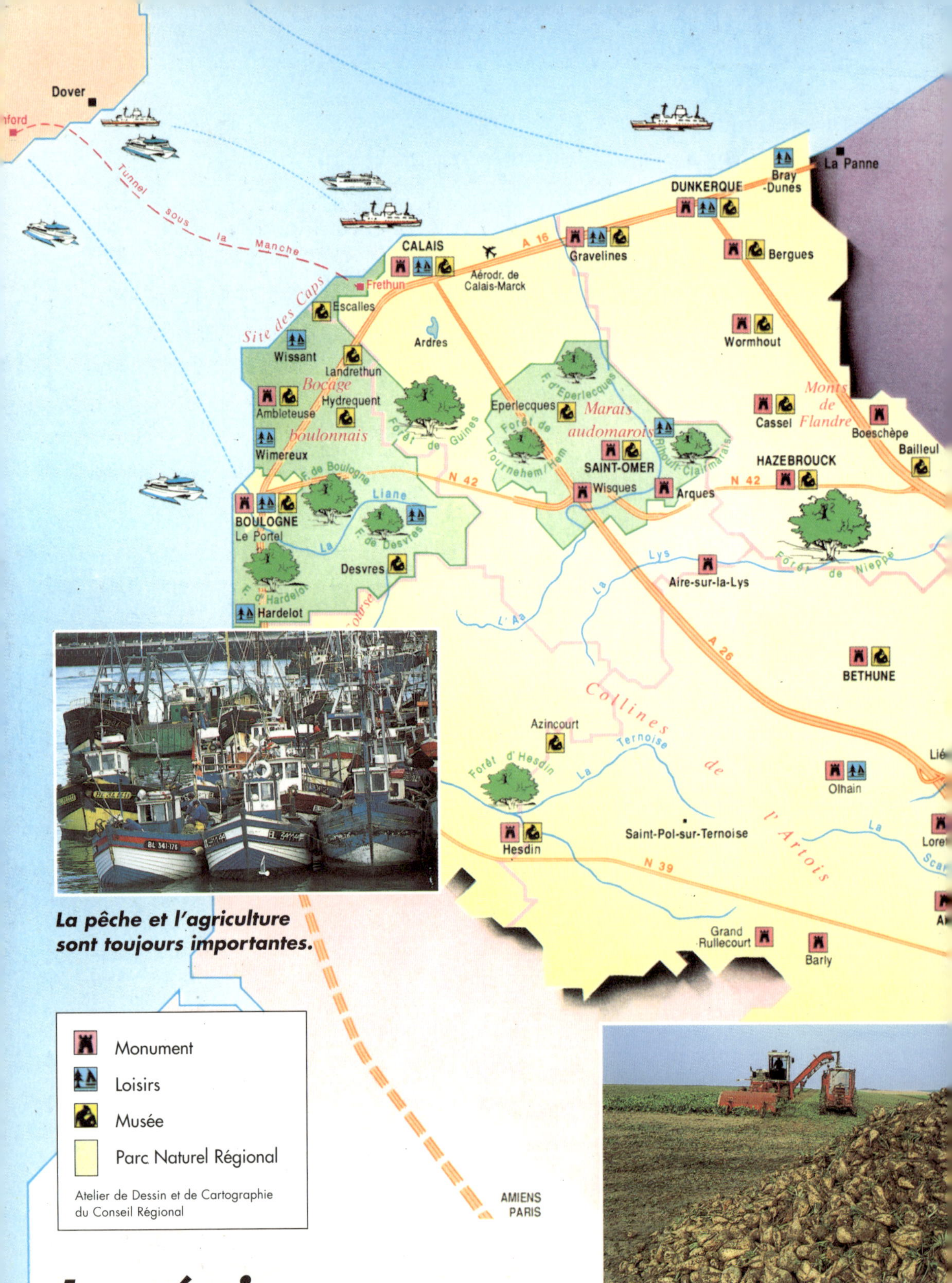

La pêche et l'agriculture sont toujours importantes.

La région Nord-Pas-de-Calais